旅游经济发展研究
——转型中的新思考

厉新建 著

旅游教育出版社
·北京·

前　言
发展战略产业，提升国民生活水平

2009年12月1日，国务院发布《关于加快发展旅游业的意见》，提出要"把旅游业培育成国民经济的战略性支柱产业和人民群众更加满意的现代服务业"，将旅游业提高到了一个非常高的战略高度。这是我国旅游业发展史上具有里程碑意义的纲领性文件。

对此，无论是旅游产业界还是旅游学术界都已经进行了大量的解读和探讨，形成了大量具有重要价值的研究成果。不过，我们还有进一步研读的必要，只有思考到位了，行动才会高效。实际上，也的确有些问题值得进行深入的思考。这里需要重点强调的是，在未来很长一段时间内，旅游业应该围绕着国民经济的战略性产业和人民群众更加满意的现代服务业来科学转型、加快发展。也就是说，我们首先要将旅游业作为国家的"战略产业"来认识，着眼于发展战略产业，提升国民生活水平；发展战略产业，推进文化复兴；发展战略产业，提升软实力；发展战略产业，推动产业融合。而后在条件成熟的时候——比如旅游产业增加值达到GDP的5%以上（注：2010年旅游业增加值占GDP的比重约为3.95%，按照国务院《关于加快发展旅游业的意见》设定的目标，到2015年，旅游业增加值在GDP中的比重将达到约4.5%左右），突出强调旅游业在国民经济中作为支柱产业的重要地位。

从现在及未来一段时间内的发展趋势看，旅游业完全符合战略产业的概念界定。一般认为，战略产业能整合几乎所有产业，是现有产业转型发展、增值发展、深化发展的催化剂与融合剂；是国家未来发展战略性方向的产业载体；是社会和谐、环境友好的战略工具。其中,有一类战略产业本身的立基市场虽然小,但外部溢出却很大。

首先,发展旅游这个战略产业能推动产业融合。这些年旅游业与其他产业融合发展,在为其他产业创造新的产业形态和消费市场方面发挥了重要的作用,甚至可以说,几乎每个现有的产业都可以找到与旅游业的融合点,农业、工业、商业、房地产、信息产业等等都可以在与旅游业融合发展中发现自己新的成长空间,旅游产业俨然是各产业发展的"融头"。通过发展旅游业带动的其他产业(诸如农业、手工业、林业等)产品就地销售还有助于提升这些产品的附加值,推动这些产业的转型发展、增值发展、深化发展。通过发展智慧旅游,大大地推动了信息技术的实践应用,也为典型企业找到了新的市场空间。国务院《关于加快发展旅游业的意见》也明确提出,要"大力推进旅游与文化、体育、农业、工业、林业、商业、水利、地质、海洋、环保、气象等相关产业和行业的融合发展。"

第二,发展旅游这个战略产业能提升国民生活水平。我国 21 世纪的国家战略是,把人民的根本利益作为出发点和归宿,充分发挥人民群众的积极性和创造性,在社会不断发展进步的基础上,使人民群众不断获得切实的经济、政治、文化利益。也就是说,国家发展的核心目标是要改善人民的福祉,要让人们更有尊严、更加幸福地生活。旅游业的发展以及基于此而进一步深化的休闲产业发展恰恰是在人们生活本质上的一种回归,这不仅仅是"民生"的问题,其实从长远的历史发展视角来看,这也是"国计"的问题。从这个意义上说,旅游以及更广泛意义上的休闲的发展,是与健康、教育等具有同等重要意义的大事。我们虽然还不能说现在中国可以进入福利社会,完完全全地进入休闲社会,放弃那种艰苦奋斗的思想作风,但是从社会民生的角度看,旅游以及更广泛意义上的休闲的发展是社会生产力发展和社会进步的重要标志,是一种社会文明的进步。从这个意义上讲,旅游业与休闲产业是提升人们生活质量的重要载体,完全可以称之为是一个幸福产业,我们甚至有必要强调休闲以及休闲带来的生活质量的改善也是一种财富,从社会意识的高度来发动一场新财富革命或者发起一场新生活运动。

同时,在中国转型发展的过程中,把扩大消费需求上升为国家战略。在扩大消费中,需要更加重视低收入人群的消费问题,应该采取措施,破除障碍,在政府公共化供给中专门为低收入人群的旅游与休闲配置相应的资源,制订诸如"中国人游中国"之类的发展计划,保障这些人最基本的旅游与休闲消费需求得以实现。同时，这也是保证社会和谐的重要手段。

第三，发展旅游这个战略产业有助于推进文化复兴和提升国家软实力。文化与旅游有着密切的关系，没有文化的旅游就没有魅力，没有旅游的文化就没有活力。这些年的发展经验告诉我们，旅游为文化产品提供了一个巨大的消费市场，正是由于有了巨大的旅游与休闲需求，文化的延续才不断展现出它的持续性和生命力。《中共中央关于深化文化体制改革、推动社会主义文化大发展大繁荣若干重大问题的决定》强调指出，"要积极发展文化旅游，发挥旅游对文化消费的促进作用"。

另一方面，旅游尤其是国际旅游的一项重要功能就是促进文化交流、文化理解，我们应该将发展旅游作为公共外交的重要组成部分来认识。所谓公共外交，指的是一国政府通过文化交流、信息项目等形式，了解、获悉情况和影响国外公众，以提高本国国家形象和国际影响力，进而增进本国国家利益的外交方式。新公共外交强调双向对话，将公众视为意义的共同创造者与信息的共同传递者，是"巧实力"武库中的重要工具。我们可以相信，随着出境旅游的深入发展，越来越多的中国人走向外部世界，这既有助于提升国民的国际视野，同时也有利于推动外部世界通过出境旅游者认识中国。更重要的是，通过入境旅游的大力发展，吸引越来越多的境外旅游者走进中国大地，更频繁地在中国大地旅行，切身感受中国的文化和变化，亲身感受中国、理解中国。这其中的价值绝不是用现在的旅游创汇可以衡量的。

当然，未来中国旅游与休闲的发展必须考虑城市发展与旅游的关系，必须关注老龄社会对经济活力以及随之而来的需求的影响，必须关注支线飞机国产化以及高速交通时代对旅游的影响，必须关注未来市场无国界、供给无国界、资源无国界、管理无国界所带来的挑战，必须关注旅游咨询中心体系以及3G、4G对旅游服务的革新性影响，必须关注从软实力构建的角度来认识青年旅舍、修学旅游、露营地建设等方面的问题。如此等等，旅游业发展任重道远。

作者在此只是就新技术环境、高速交通发展以及目的地发展理念创新等方面进行了初步研究，并就旅游经济发展过程中智慧旅游、出境旅游、创新模式等提出了一些粗浅的看法，以求教于读者诸君。在此过程中，新技术环境下旅游目的地营销创新和智慧旅游等方面的研究得到了国家旅游局科研课题（10TABG013）的经费资助，高速交通发展对旅游的影响、高速铁路旅游服务体系构建以及高铁旅游购物问题的研究得到了铁道部科研课题（Z2010-011）的经费资助,全域旅游及世界级旅游城市问题研究得到了北京市教委重点项目、北京市哲学社会科学规划项目(SZ201110031016)及北京市科技创新平台(PXM2011-014221-113527)与北京市属高等学校人才强教计划资助项目的经费资助。本书还得到了《旅游业转型环境、制度和构造研究平台》(PXM2008-014221-067298)课题的出版资助。在研究过程中,得到了计金标教授、李文新主任、彭建华处长、张凌云教授、戴斌教授、韩玉灵教授、曾博伟博士、厉新权等人在学术研究环境以及课题调研工作等方面提供的大力支持,陈梅、王真真、李静、王雪东、万文平、张芳芳、许文婧、王圆圆等参与了一些资料整理工作,在此一并表示感谢。

厉新建

目 录
CONTENTS

第一篇 全域视角下的旅游目的地发展

旅游目的地的全域化发展理念创新 ⋯⋯⋯⋯⋯⋯⋯⋯⋯⋯⋯⋯⋯⋯⋯ 3
 一、外部发展环境的变化 ⋯⋯⋯⋯⋯⋯⋯⋯⋯⋯⋯⋯⋯⋯⋯⋯⋯⋯ 3
 二、目的地发展转型 ⋯⋯⋯⋯⋯⋯⋯⋯⋯⋯⋯⋯⋯⋯⋯⋯⋯⋯⋯⋯ 9
 三、全域旅游：目的地发展理念的创新 ⋯⋯⋯⋯⋯⋯⋯⋯⋯⋯⋯⋯ 11
 四、全域旅游的全面体现 ⋯⋯⋯⋯⋯⋯⋯⋯⋯⋯⋯⋯⋯⋯⋯⋯⋯⋯ 12
 五、全域旅游的概念性总结 ⋯⋯⋯⋯⋯⋯⋯⋯⋯⋯⋯⋯⋯⋯⋯⋯⋯ 14

全域旅游目的地的业态转型：城市的视角 ⋯⋯⋯⋯⋯⋯⋯⋯⋯⋯⋯ 17
 一、抓好三大标准，突出休闲业态 ⋯⋯⋯⋯⋯⋯⋯⋯⋯⋯⋯⋯⋯⋯ 17
 二、探索旅游产业园，提升目的地吸引力 ⋯⋯⋯⋯⋯⋯⋯⋯⋯⋯⋯ 25
 三、创设旅游商品创意大集，打造永不落幕的夜生活 ⋯⋯⋯⋯⋯⋯ 27
 四、全域旅游目的地的相应思路：以绍兴为例 ⋯⋯⋯⋯⋯⋯⋯⋯⋯ 31

城市中央休闲区的现状与发展 ⋯⋯⋯⋯⋯⋯⋯⋯⋯⋯⋯⋯⋯⋯⋯⋯ 36
 一、城市中央休闲区的发展及其研究状况 ⋯⋯⋯⋯⋯⋯⋯⋯⋯⋯⋯ 36
 二、国内主要城市中央休闲区状况的调查 ⋯⋯⋯⋯⋯⋯⋯⋯⋯⋯⋯ 38
 三、对休闲区建设的建议 ⋯⋯⋯⋯⋯⋯⋯⋯⋯⋯⋯⋯⋯⋯⋯⋯⋯⋯ 49

建设世界级旅游城市的关键问题 52
一、世界级旅游城市是世界城市建设的突破口 52
二、世界级旅游城市的核心在于集聚性和扩散性 53
三、建设世界级旅游城市要处理好的几个关系 54
四、建设世界级旅游城市的相关问题 55

第二篇　高速交通体系下的旅游经济发展

高铁的旅游影响与服务体系建设 61
一、我国高铁发展状况 61
二、高铁发展对旅游目的地发展的影响 64
三、高速铁路发展对铁道系统的机遇和挑战 65
四、高铁旅游服务体系建设 69

"高铁旅游"品牌打造与系统内优化整合 76
一、打造"高铁旅游"品牌，推进运输与旅游的融合 76
二、优化铁路系统的其他领域发展 83

高铁旅游购物的发展 89
一、旅游商品的类型与旅游购物的特性 89
二、高速铁路旅游商品开发经营模式构架 92

自驾游与汽车营地建设 110
一、自驾车旅游和汽车营地发展现状 111
二、我国自驾车旅游与汽车营地建设的问题 116
三、我国自驾车旅游与汽车营地建设的相关建议 119

第三篇　新媒体环境下的旅游目的地营销

目的地营销存在的问题与基本理念 …………………………… 123
　一、国内外研究简述 ………………………………………………… 123
　二、相关观念的辨析 ………………………………………………… 125
　三、基本理念 ………………………………………………………… 127

目的地营销创新框架与典型渠道 …………………………………… 131
　一、旅游目的地营销创新框架 ……………………………………… 131
　二、典型创新营销渠道 ……………………………………………… 137

2010 中国各省市旅游局营销创新评论 …………………………… 145
　一、传统营销方式在旅游局营销中的创新运用 …………………… 145
　二、新型营销方式的运用 …………………………………………… 149
　三、2010 年旅游局旅游市场营销存在的不足 …………………… 151
　四、促进旅游市场营销有效开展的几点建议 ……………………… 153

武当山旅游营销评估和战略设计 …………………………………… 155
　一、武当山营销评估 ………………………………………………… 155
　二、武当山市场分析 ………………………………………………… 164
　三、市场营销战略 …………………………………………………… 170
　四、市场营销方案 …………………………………………………… 172

第四篇　散论旅游经济发展问题

智慧旅游的畅想：旅联网 …………………………………………… 187
　一、旅游的移动性消费与旅联网的概念 …………………………… 187
　二、旅联网将极大地改善旅游安全与可持续发展环境 …………… 188
　三、旅联网将极大地方便旅游者的出行 …………………………… 189

四、旅联网将极大地帮助游客进行移动旅游服务搜索 …… 190

出境旅游市场发展的三个问题 …… 191
一、中国出境市场增长趋势的可持续问题 …… 191
二、中国出境市场的结构问题 …… 192
三、中国出境市场是否可以承载缓解贸易摩擦的重任 …… 196
四、中国出境市场的相关数据 …… 197

文化旅游发展的问题与对策 …… 205
一、如何理解文化旅游 …… 205
二、文化与旅游是相互促进、融合发展的关系 …… 205
三、文化旅游发展中存在的问题 …… 206
四、文化旅游的要求和发展着力点 …… 207

传统大型旅行社的变革：技术和转型视角 …… 209
一、透明环境下的变革 …… 209
二、技术变迁下的变革 …… 210
三、细分市场深耕下的变革 …… 212
四、传统角色转换的变革 …… 212

华侨城的产业融合发展 …… 215
一、以文化底蕴兴办主题公园 …… 215
二、以文化表演活化主题公园 …… 216
三、将文化要素注入主题酒店 …… 217
四、将文化氛围融入主题地产 …… 217
五、"利润奶牛"与"利润侵蚀"的症结 …… 218
六、着力于双赢，打通旅游与地产衔接通道 …… 219

假日制度与旅游发展 …… 221
一、旅游需要时间，假期提供时间，交通影响时间 …… 221
二、旅游提升国民，假期造福国民，意识限制国民 …… 222
三、旅游需要转型，假期可以完善，战略加快调整 …… 222
四、旅游需要发展，假期需要配套，措施亟待深入 …… 223

上海世博会与休闲旅游的发展 …… 224
一、不应只关注数字,更应关注数字背后的意义 …… 224
二、城市让生活更美好,休闲让城市更美好 …… 225
三、拆除的是场馆,留下的是理念和环境 …… 226
四、世博会后的休闲发展问题 …… 228

目的地旅游资源分析:以五台山为例 …… 229
一、旅游资源评价的基本原则 …… 229
二、旅游资源的基本构成 …… 230
三、旅游资源的开发性评价 …… 233
四、ASEB 分析 …… 236
五、VECO 分析 …… 239

目的地旅游产品开发:以北镇为例 …… 241
一、开发过程中的主要问题 …… 241
二、产品策划的基本思路 …… 243
三、产品策划的关键 …… 244

论旅游规划的转型 …… 248
一、旅游规划现状及评价 …… 248
二、影响规划转型的几个因素 …… 252
三、旅游规划如何转型 …… 255

附 录 …… 257
附录1:中国旅游企业跨国经营的问卷调查结论 …… 257
附录2:高铁旅游商品开发与经营模式调研情况 …… 271

参考文献 …… 277

第一篇
全域视角下的旅游目的地发展

旅游目的地的全域化发展理念创新

一、外部发展环境的变化

(一) 旅游需求的转型

1. 旅游体验诉求的转型

客观上讲,在大众旅游时代,人们的出游诉求更多地停留在"表面经历"的阶段。对这个阶段的典型描述包括:旅游就是"一个骗子带着一群傻子像疯子一样转来转去",旅游就是"上车睡觉、下车撒尿、景点拍照",旅游就是小旗一挥、齐进齐退的半军事化拉练。停留在"表面经历"诉求阶段的旅游者追求的是"到此一游"的效果,对旅游目的地的要求是"可看、好看"。基于这种旅游诉求而形成的旅游目的地发展模式就是传统的"门票经济"模式。

随着人们旅游阅历的不断丰富,越来越多的旅游者开始追求在旅游目的地的深度体验,他们希望能够主动地走进旅游目的地,希望能够在旅游目的地更从容地停下来,能够参与、融入到旅游目的地的文化中去,有些人甚至希望能够在旅游目的地更长久地停留居住下来。因此,深度体验的出游诉求就要求旅游目的地能够从"可看、好看"上升到"耐看、再看",能够挖掘出目的地的丰富文化底蕴,展现目的地与众不同的韵味,使游客觉得"真不虚此行",而且让游客有一种想反复到这个地方来旅行的冲动。基于这种旅游诉求而形成的旅游目的地发展,强调的是旅游的综合性带动功能和广泛的融合性作用,强调的是旅游发展所带来的包括经济效应、文化效应、社会效应、环境效应等多种效应在内的综合效应。

2. 从小康旅游到旅游小康的转型

所谓小康旅游就是指,旅游行为的产生是人们收入增加的结果,旅游成为人们生活水平改善的重要标志,是小康生活的指代性符号,正所谓"吃有肉,住有楼,还有闲钱去旅游",追求的是旅游行动本身,而不是旅游行为的结果。

而旅游小康则是指,人们对旅游消费本身是有层次之分的,以前那种"花钱买罪受"的旅游方式显然只能产生"温饱型"旅游者,而现在越来越多的人出去旅游不再是因为价格、而是因为服务。这时候,越来越多的人开始追求"花钱买享受",市场上会有越来越多的"小康型"旅游者,旅游成为人们改善生活质量、提升生活品质的重要方式。

当然,这种转型变化就要求旅游目的地改变旅游供给时秉持的理念和态度,尤其是要摒弃那种希望借着旅游者处于信息不对称中的劣势一方而欺骗旅游者、侵犯旅游者权利的机会主义行为,要真正地让旅游者能够体会到尊贵客人的感觉,能够不断地通过产品创新、环境创新来改善旅游者的福利剩余。

(二)旅游产品的转型

从旅游目的地的角度看,旅游者已经不再局限于到旅游景点观光的游客,而是已经进一步泛化涵盖了旅游者、休闲度假者、商务旅行者等各类消费群体;旅游活动也不再局限于观光游览,而是进一步泛化涵盖了景点游览、城市旅行、文化体验、度假休闲、特种专项等多元复合的各类消费形态。也就是说,需要深刻把握从单一观光产品到复合型休闲产品的转型趋势。

因此,旅游目的地需要提供的不仅仅是围绕传统的旅游景区展开,而且需要研究、挖掘更广泛的旅游吸引物构成,需要研究更广泛消费者的需求特征,提供更加多样丰富的旅游目的地产品;需要围绕需求转型的本质寻求新兴旅游供给的突破,围绕着休闲的本质和主流目标市场寻求规划建设的方向性突破,比如主题化目的地产品的规划建设、面向新兴年轻人这一日渐凸显的主流消费人群而开发有针对性的目的地产品,逐步形成主题餐饮、主题住宿、主题交通、主题街区等系列化主题供给,创新性发展城市徒步、背包旅行、夜间消费、自驾线路、特色休闲等系列化消费形态,协调处理好吸引点的建设与吸引场的打造、产业点的建设与产业群的培育、形象的外观和丰富的内涵等之间的关系。

(三)旅游消费的转型

旅游消费的转型实际上就是指,游客将从之前的平面式消费向综合性消费转变,这种转变的速度不仅取决于游客自身的成熟,更取决于目的地在发展理念和实践方面的创新引导。

在平面消费阶段,游客对旅游目的地的贡献主要集中在景区,形成"一张票、一瓶水、一泡尿"的畸形旅游消费模式,并没有通过旅游景区的核心带动作用形成衍生消费,旅游目的地的配套供给因为没有充足的需求做后盾,升级换代进程缓慢。衍生消费越是不足,旅游目的地的发展就越是依赖门票收入,从而形成旅游消费深化和目的地深入发展方面的恶性循环："过度依赖门票——配套供给受限——强化对门票的依赖"。

过度依赖门票的发展模式显然不是旅游目的地所希望的,尤其是对于那些区域经济比较发达、产业配套能力比较强的旅游目的地,更是不希望看到的。这种状况突破出现在2002年的杭州。当年杭州市政府决定对西湖南线景区实行免费开放,到2003年4月,没有围墙、不收门票的完整西湖被还给了广大市民和国内外游客。免门票不仅没有给杭州市财政带来负担,反而增加了游客在杭州的消费,获得了良好的综合效应。有人形象地将西湖免费政策概括为"241"模式,即让游客在杭州多停留24小时,杭州市的年旅游综合收入增加100亿元。这促使越来越多的各类景区走向了免门票的发展道路[①]。

不过,杭州"门票新政"带来的思考绝不仅仅在是不是收取门票这个具体的问题上,而是提醒各个旅游目的地,应该走出原来那种封闭式发展旅游的模式,走向更广阔的开放性空间;并不只是在围墙内的资源才是资源,那些敞开式空间的生活方式、文化遗存同样可以成为独特的旅游吸引物;旅游消费绝不仅仅是景区门票的收入,而应该是旅游者在目的地停留期间产生的综合消费。

(四)旅游模式的转型

任何利益都是存在于网络化的关系之中的,对于旅游目的地而言也是如此。在便捷的交通网络没有形成的时候,每个旅游目的地尚有可能以孤岛的形式存在,尤其是某些具有独特旅游吸引物的旅游目的地可以以增长极的方式在特定区域内存在。但随着交通的便捷化发展,极化效应很难持续,扩散效应相应形成。旅游目的地想要继续封闭式地独立发展将变得越来越困难,而是需要考虑在一个结构性的发展框架中的发展问题,需要通过与周边地区的区域性合作,形成差异发展、互惠互利的利益共同体。

正是基于这种相互交织的格局,旅游目的地在发展旅游经济的过程中,不仅要抓好资源整合、产品开发、项目推进等工作,同时更要抓好形象定位、概念塑造等工作。要通过准确把握目的地赋存资源的特质,形成目的地形象的科学定位,打造具有市场号召力的旅游概念,构建具有强大客源吸附能力的旅游场,从而推动目的地的竞争性发展。

---

① 当然,免票政策也需要有序科学地加以推进,如果配套建设无法同步跟进、或者对游客流向以及目的地性质(过境地还是目的地)没有科学分析和判断的话,免门票也可能是一个得不偿失的行为。

下面以绍兴为例展开分析。

绍兴具有强大客源吸附能力的旅游场就是古城区（即"体验场"），就是对人文、自然、历史、水体等单体景点（即"体验点"）进行的多元整合，就是具有丰富的历史信息和文化内涵的元素的聚集，就是通过各种创新设计的廊道（即"体验线"）连接在一起的大大小小的历史街区、休闲社区和各种各样的休闲空间（即"体验面"）。通过对散落分布于全城范围内的"体验点"的挖掘，以乌篷船、三轮车等特色交通工具或密布城中的巷弄串联形成"体验线"，丰富多样、主题鲜明的"体验线"交织形成"体验面"，最后构成绍兴古城旅游发展的战略目标——"体验场"。

从绍兴古城区内分散分布的旅游体验节点景区现状及巷弄资源，可以规划绍兴慢行道系统，设计绍兴文化体验之旅的黄金步行线路。国外很多城市都通过这种方式来挖掘、展示自己的文化遗存。比如澳大利亚的墨尔本市旅游地图上就有一条黄金地段遗产路线（Golden Mile Heritage Trail）和一条原住民文化遗产步行线路（Aboriginal Heritage Walk），前者串联的就是维多利亚州黄金潮时期的遗迹，沿着这条全长大约4公里的遗产线路，有很多拱廊街道和隐秘的巷道，分布着众多风格各异的精品店、别致的居家用品店、浓香四溢的咖啡馆。配有专门的导游小册子，售价8澳元。

另外，绍兴古城区还需要考虑对区内交通的创新性安排，至少需要关注非机动车与机动车更好的空间区隔，需要对游客旅游过程中的主要交通做出创新性安排，比如需要在主要旅游体验节点、主要历史街区等的连接方式上安排专用的自行车道、三轮车道（甚至形成像美国波士顿、法国阿尔等地一样的特色解说与交通结合形式，具体见下文案例），这些专用道与机动车专用道之间最好能够有一定的高差，彻底避免机动车占用非机动车道的情形。

为此，应该将自行车打造成为绍兴除乌篷船、三轮车之外的重要旅游休闲交通工具，不仅要配置设立专门的自行车道（或自行车休闲大道），而且还应该考虑形成专门的自行车租赁站（或免费共享站）、为自行车爱好者提供淋浴和行李寄存等服务设施、成熟固定的自行车骑行游览线路、自行车骑行游览指南及地图。

还需要对三轮车进行精致化改造，毕竟古朴是需要的，但赏心悦目的美感也是需要的，同时需要对三轮车的运营和服务进行相应规范，对三轮车夫进行相应的导游专门知识培训。这样，乘坐三轮车游览整个古城才会成为可以让游客放心、可心的选择。

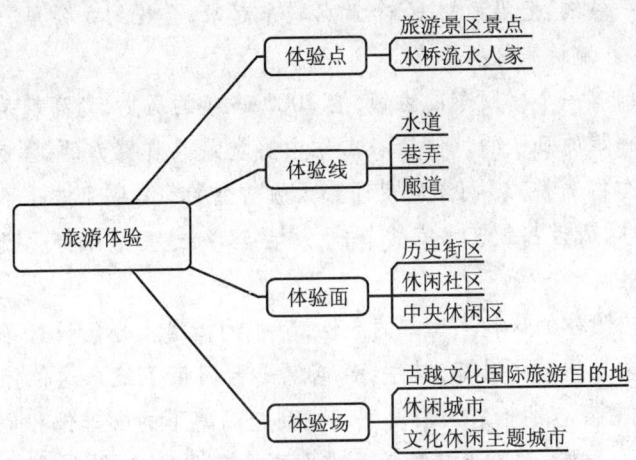

图1 旅游体验的"点线面场"

图2 意大利桃尔米纳巷道
以及灯、百叶窗和栏杆的完美组合

案例指南：波士顿、阿尔

波士顿是美国著名历史文化名城，城里有美国革命的历史遗迹。波士顿也是一座滨海老城，城区街道复杂，外地游客容易迷路。为方便旅游者，当地旅游观光部门别出心裁,设置了一条旅游专线——"自由之路",在街道的人行道上,用红砖砌成一条线,把沿途的 16 个景点联系起来,全程约 5 公里。游客循此路线,可以很容易地游完这些景点。

法国南部有一个叫阿尔的古镇,有 2000 多年的历史,梵高就是在这里度过他一生中最辉煌的日子的。他诸多杰作中感觉最具震撼力的《星夜》就是在此创作的,《阿尔的吊桥》、《阿尔的夜间露天咖啡馆》等作品都描绘了当时阿尔的生活。在阿尔,天天都是艺术家的节日,从古至今,这里从未停止吸引来自各地的艺术家。

为了突出阿尔的这独一无二的个性,阿尔的街道上专门设计了黄、绿、蓝三种颜色指引前来旅游的游客,其中,黄色就是专门为了纪念这位伟大的天才画家而设的,循着黄色的标志人们便可以找到梵高笔下的咖啡馆和他曾经居住过的"黄房子"。另外,为了让游客易于辨别不同年代的建筑,他们设计绿色来指引中世纪建筑的所在,蓝色来指引罗马时期的建筑。

图 3　佛罗伦萨乌菲兹博物馆和罗马纳沃纳广场的特色旅游交通工具

图 4　罗马古城和巴黎老城的观光巴士

二、目的地发展转型

(一)从发展旅游产业转型到发展旅游目的地

从发展旅游产业的角度看,重要的是开发规划旅游景区,并围绕着旅游景区吸引力所带来的游客数量配套建设相应的吃住行游购娱等要素,形成住宿设施、交通设施、问询设施等相关产业。但结合旅游业边界模糊化、泛化的发展趋势,充分重视旅游者泛化、旅游活动泛化、旅游空间泛化、旅游经济泛化的客观现实,发展旅游目的地就必须超越"吃住行游购娱"这六个旅游要素,抓好"文化、科教、资讯、环境、制度"等相关要素,做好"人、事、地"等文章。

这里的"人"是指,必须培养对目的地特别熟悉或对目的地某个领域具有深刻了解的行家,这个行家可以是研究某个特定地区的专家学者、也可以是对该地区风土人情、历史掌故非常了解的本地普通居民,也可以是专门从事导游服务的导游等各类服务人员。只有有了这样的"人",游客才能对目的地形成深度体验。这里的"事"是指,要从游客的视角,充分挖掘目的地的节事庆典等活动,尤其要形成具有标志性意义的节庆活动,构建"大中小结合、时序得当、常有常新"的节事活动体系。这里的"地"是指,旅游目的地不仅要有适宜大众游客观光游览的地方,也要有充分体现目的地特质的独特吸引物,这些吸引物或者借助历史的传承而创新,或者因应市场的需求而创意。

在发展旅游产业的理念里,旅游产业尽管是综合性产业,但强调的是其他部门对旅游产业发展的支持,而在发展旅游目的地经济的理念里,旅游产业强调的不仅是其他部门对发展旅游产业的支持,更是突出旅游产业与其他产业的融合发展,强调的是抓旅游就是抓经济、抓产业、抓经济结构调整,抓旅游就是抓文化、抓精神文明建设、抓可持续发展,抓旅游就是抓城市知名度、美誉度。在这里,旅游不再是服务中心、服务大局的边缘产业,而是融入中心、纳入主流的融合产业。以往所说的"旅游搭台、经贸唱戏"的说法显然低估了旅游业在后工业化社会中的产业融合能力。

(二)从封闭式发展旅游到开放式发展旅游

旅游目的地应采取"点—线—面—网"的发展模式,通过水道、交通等方式将散落的旅游节点(景点)串联成线,通过点线结合,形成具有独特主题的片区(即"面"),同时需要将这些片区连接成网,整合形成后的"统一场",形成对游客的综合吸引力。

因此,旅游目的地不能简单地将发展局限在传统的核心景点景区上,而是要将特定旅游目的地周边的特色旅游吸引物作为外围节点纳入到整个旅游目的地打造的战略体系中来,从而形成以该目的地为中心的蜂窝式旅游模式、基营式旅游模式。另外,旅游目的地的发展一定要建立在开放的交通格局中,要研究如何在交通的开放性前提下发展自己,研究开发出真正具有吸引力的产品,通过差异化突出自身的发展优势。

(三)从发展旅游到推动休闲

旅游与休闲有着不同的含义。一般而言,旅游更加重视结果,强调的是具象的景观,而休闲更重视过程,强调的是虚化的环境;观光旅游往往需要具有震撼力的景观,休闲消费则着眼于具有浸润力的环境;观光旅游常常表现在外部的"观",而休闲则更多体现在内部的"融"。相对而言,观光旅游更强调经历,而休闲则更强调体验。

深度的旅游就是要鼓励游客以主动的姿态去发现目的地之美,融入到目的地的生活中去共同创造目的地的文化,获得与目的地共知的完美体验。为此,在继续发展目的地观光旅游的同时,需要将更多的努力放在如何改善目的地休闲环境、规划休闲设施、创新休闲形态方面,需要在目的地休闲化改造过程中找到行之有效的工作抓手。从目前的情况看,目的地尤其是城市型目的地可以考虑加强与全国休闲标准化技术委员会之间的合作,积极争取获得《城市公共休闲服务与管理导则》、《城市中央休闲区质量规范》等国家标准的优先试点。

(四)从深厚的历史到轻松的阅读

我国很多旅游目的地都有着丰厚的历史积淀和文化传承,这些历史和文化总是难免显得厚重、沉重。的确,没有旅游的文化没有活力,没有文化的旅游没有魅力,但文化并不会天然地转化为旅游的魅力。如果要想让历史文化型的目的地的每一个吸引要素都能转变为可以销售的旅游产品,那我们就必须找到合适的路径,解决如何让厚重的文化能够轻松地阅读、如何让久远的历史可以时尚地解读的问题。比如,有着浑厚积淀的古城必须辅以能让人们感受到温柔轻松的河道水巷,否则游客承载不了如此深厚的文化与历史,无法沉浸其中,唯有快快逃离。

三、全域旅游①：目的地发展理念的创新

旅游目的地的发展绝不能局限于旅游景区，也不能仅仅局限于饭店、旅行社、旅游交通等相关要素的发展，而应该从资源、产品、产业和市场等四个层面进行有效拓展，在全新的资源观、产品观、产业观和市场观的基础上来谋划创新发展、转型升级。

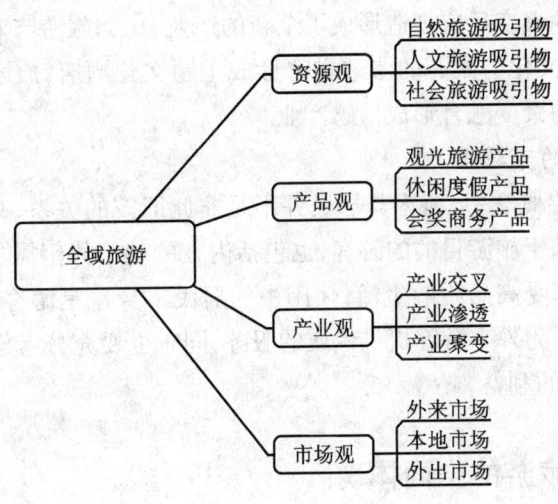

图5 全域旅游"四观"理念图

（一）全新的资源观

在全新的资源观上，不仅旅游吸引物的类型需要从自然的、人文的类型再进一步扩张到社会的旅游吸引物，还需要将吸引物自身与吸引物所处环境结合在一起，否则孤立的吸引物就如同博物馆中的展品，很容易丧失其鲜活的生命力和吸引力。对于中国多数具有文化底蕴的旅游目的地而言，都需要进一步厘清自身的文化特质，需要加快进行自身文化的整理和重建，而文化的整理和重建同样离不开生发出文化的地域背景及其存在环境。

（二）全新的产品观

也正是因为这样，全域旅游的产品观就不仅仅是要包括吸引物、吸引物所

---

① 这部分内容与张凌云教授合作完成。

在的环境,还需要包括吸引物所处环境中的居民,目的地的文化不仅体现在建筑上、文物上,同时也体现在当地居民的交流语言、生活态度、行为方式、文化取向上,居民的参与是全新产品观的重要体现,居民对所居城市的记忆和体验是游客感受目的地的重要媒介和信息来源。

(三)全新的产业观

在全域旅游概念中,旅游的发展不是孤军奋战,而是在产业融合中共同发展着的,有些形成了产业之间的交叉,有些形成了产业之间的互相渗透,有些则通过产业之间的聚变反应创造形成了全新的产业,比如旅游与农业的交叉融合形成观光农业,文化与旅游的渗透融合形成主题文化酒店,旅游与食品饮料行业中的酿酒业的聚变融合形成情感产业。

(四)全新的市场观

在全域旅游概念中,游客与居民并不是非此即彼的关系,其市场主体也不局限于外来的基于旅游目的的游客,也包括内在的基于休闲需求的居民。居民可以从休闲中享受高品质的生活,休闲中的居民本身也是游客体验的兴趣点。全域旅游不仅要为外来游客提供优质的服务,同时也要充分考虑"生于斯、长于斯"的本地居民的利益。

四、全域旅游的全面体现

全域旅游理念落地,需要在全要素、全行业、全过程、全时空、全方位、全社会、全部门、全游客等八个层面加以落实。

(一)全要素

全要素即将整个目的地作为旅游的吸引物,依附在整个目的地的一切可以利用的资源都有可能成为吸引人们前来旅行的吸引物。为此,应该拓展旅游吸引物的范围,全面挖掘自然旅游资源、人文旅游资源和社会旅游资源,跳出景区看旅游、跳出旅游看旅游,跳出旅游目的地看旅游目的地。只要对旅游者有吸引力,无论是物化的元素还是非物化的元素,都应该成为全域旅游发展的吸引物。

(二)全行业

全行业就是指旅游在整个目的地产业结构中具有突出的地位,是目的地未来产业发展的融合点、动力点与核心点。随着目的地产业结构的调整,目的地的工业、商业、房地产业、手工业等产业都可以打通与旅游业之间的关系,用旅游业来改造、提升这些产业的附加值,通过产业融合来推动这些产业与旅游业的共同发展。

(三)全过程

所谓全过程即指从游客进入目的地开始,一直到游客离开目的地,在这整个过程中,目的地都应能给他提供旅游体验,无论是在旅游景区的游览观光,还是在非景区的休闲消费,无论是在目的地期间的餐饮、住宿、娱乐消费,还是离开目的地之后带走的承载美好记忆的旅游纪念品,无论是在一个个具体的休闲旅游体验点,还是在从一个体验点到另一个体验点的途中,旅游体验无处不在。从这个意义上看,全域旅游也可以称为全程旅游。

(四)全时空

全时空就是指在目的地旅游发展的过程中,无论是淡季还是旺季,无论是白天还是夜晚,无论是目的地核心旅游区域内还是核心旅游区域外,都能够给游客提供满足其体验需求的产品和服务,让其满怀信心而来,带着十分满意而归。比如,目的地的夜间表演不仅要专门创造面向旅游者的旅游文化演出活动,也要充分挖掘当地特色的娱乐表演方式。

(五)全方位

即不仅要满足游客在"吃住行游购娱"方面的体验需求,同时还应该增加"文化、科教、资讯、环境、制度"等相关要素上的供给,从主题化、舞台化、场景化等多层次给游客提供旅游体验。全域旅游必须在资讯上多下功夫,比如历史文化与资讯之间的结合、旅游设施(如厕所)与资讯系统之间的结合。全域旅游应该开发基于历史文化的移动解说系统、开发基于GPS的厕所分布引导系统等,需要在旅游休闲、解说服务、游览引导和现代技术结合方面做出创新,形成全域性、全方位的应用。

(六)全社会

即吸引目的地最广泛的居民参与到旅游业服务、经营中来,使得最广大的人民群众都能从参与旅游中获得各自的利益,同时也通过最广大人民群众的积极参与,提升目的地的好客度,全面满足游客的旅游体验,提高旅游体验的满意度。

(七)全部门

即全域旅游发展要吸引目的地各大部门积极参与到旅游开发、建设、管理中来,从而既推动旅游业的发展,同时也可以通过旅游业的发展来拓展本部门的价值。比如,税务部门在积极支持旅游业发展的同时,可以通过旅游业的发展强化税基,从而提升本部门的价值。虽然我们不一定要求每个部门都承担推广旅游的指标任务,但的确需要从制度上规定各个部门在目的地营销中的角色分工,尤其是要就各个部门在全域旅游战略理念推广、全域旅游市场推广中的角色和义务作出明确规定。要形成全域旅游推广的规范性文本,以便各部门在对外联络推广时统一口径,形成目的地旅游的统一形象。

(八)全游客

即在目的地发展旅游的过程中,游客与居民之间的交融,要体现"游客即居民、居民即游客"、"人人为旅游、旅游为人人"的理念。从本质上看,游客只不过是在一个相对短暂时期内、在异地他乡短暂居住生活而已。在这个相对短暂的时期内,游客就是这个旅游目的地的居民,要真正将游客的身份融入到居民的身份中去,游客在目的地的体验才能深入,游客在目的地的归属感才会强烈,游客在目的地的停留时间才能长久,游客才能真正意义地成为这个旅游目的地的回头客。另一方面,居民在为外来的旅游者提供良好的服务,创造良好的环境的同时,自己也身处其中,享受着良好旅游环境(包括人文环境、自然环境等)、休闲环境所带来的生活质量的改善、幸福感的提升。

同时,在全域旅游战略下的居民与游客的融合,目标是让旅游目的地真正成为居民的家园、游客的"家园",而不是成为游客的"主题公园",居民更不是"主题公园"中的演员。在全域旅游战略中,居民是"家园"的主人,游客也是这个"家园"中本来的一分子。主题公园只能短暂停留,只有家园才是可以永远值得挂念的地方。

五、全域旅游的概念性总结

基于上述认识,我们可以将"全域旅游"界定为,各行业积极融入其中,各部门齐抓共管,全城居民共同参与,充分利用目的地全部的吸引物要素,为前来旅游的游客提供全过程、全时空的体验产品,从而全面地满足游客的全方位体验需求。"全域旅游"所追求的,不再停留在旅游人次的增长上,而是旅游质量的提升,追求的是旅游对人们生活品质提升的意义,追求的是旅游在人们新财富革命中的价值。

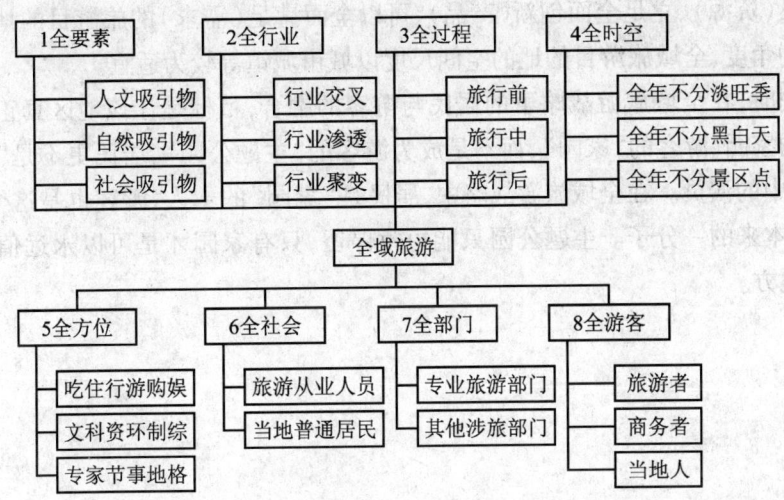

图6 全域旅游"八全"结构图

相应地,全域旅游目的地就是指,全域范围内一切可资利用的旅游吸引物都被开发形成吸引旅游者的吸引节点、旅游整体形象突出、旅游设施服务完备、旅游业态丰富多样、能吸引相当规模的旅游者的综合性区域空间,是以全域旅游理念打造的全新目的地。

第一,在这个空间中,各类吸引物被通过适当的方式进行了良好的整合,使整个空间作为一个整体吸引物展现出了鲜明的特色和独特的魅力。或者更简单地讲,在这个空间中,吸引力是来自于整体的城市文明蕴含的魅力,来自于整体的城市旅游形象。

第二,在这个空间中,游客与居民达到了无形的融合,游客能够以居民的身份融入当地的生活,获得全面深入、完美难忘的体验,而居民则能够以游客的身份享受改善了的环境品质,感受着"生活在景区中"的惬意和舒适。

第三,在这个空间中,各个产业被通过适当的方式进行了有效的融合,使旅游业成为该区域空间内的产业融合的"触媒",通过旅游业的发展能够促进旅游目的地内其他相关产业的发展变化、改善提升,旅游业扮演着其他产业良性发展的催化剂的角色。

简而言之,全域旅游目的地指的就是一个旅游相关要素配置完备、能够全面满足游客体验需求的综合性旅游目的地、开放式旅游目的地,是一个能够全面动员(资源)、立足全面创新(产品)、可以全面满足(需求)的旅游目的地。从实践的角度,全域旅游目的地的空间尺度以城市城镇等较为适宜。

同时,在全域旅游战略下的居民与游客的融合,目标是让该地区真正成为居民的家园、游客的"家园",而不是成为游客的"主题公园",居民更不是"主题公园"中的演员。在全域旅游战略中,居民是"家园"的主人,游客也是这个"家园"中本来的一分子。主题公园只能短暂停留,只有家园才是可以永远值得挂念的地方。

全域旅游目的地的业态转型：城市的视角

一、抓好三大标准[①]，突出休闲业态

1933年的《雅典宪章》曾明确指出，城市的主要功能应该包括居住、工作、游憩和交通。处于转型变革中的城市需要确立基本的休闲理念，在城市发展过程中，应重新审视因盲目混乱发展而被忽略了的休闲功能，要突出休闲之于城市的意义，充分利用城市及城市周边的各种资源和条件，大力开发多种多样的休闲设施和产品，加强休闲服务，改善城市形象，提升城市品牌，增强城市感染力。要旗帜鲜明地强调，发达的休闲服务和繁荣的休闲市场应成为城市现代化的重要象征，通过大力发展休闲，既为外来的游客提供一种舒适、惬意的旅行环境，也为居民提供一种活力、健康的生活方式，把休闲与教育、健康一样，作为保证生活质量的重要指标。"休闲，让城市更美好"应该成为每个城市追求的目标和理想，应该从"城市（场）—区域（面）—社区（片）"的框架上来落实。

（一）推动休闲城市建设

所谓休闲城市，是指那些具有丰富的休闲设施，休闲活动在城市生活中普遍存在，休闲产业在城市发展中占据重要地位，具有品牌影响力和强大市场吸引力的城市。休闲城市要符合宜居城市、人文城市、特色城市、和谐城市等多元的要求，环境适宜人居住，具备欢迎外来者的人文精神，本地传统文化要挖掘到位，社会各方面要做到和谐发展。

根据不同的情况，休闲城市又可以分为综合型休闲城市、特色型休闲城市和功能型休闲城市。其中，特色型休闲城市一般要求城市空间范围内休闲资源特色突出，休闲产品专业化程度高，休闲在城市发展中占有重要地位，有鲜明的

---

① 《城市公共休闲服务与管理基础术语》（GB/T28101-2011）、《城市公共休闲服务与管理导则》（GB/T28002-2011）、《城市中央休闲区服务质量规范》（GB/T28003-2011）

休闲城市形象。根据所依赖的主体休闲资源的不同,特色型休闲城市包括滨海型休闲城市、山地型休闲城市、温泉型休闲城市、河湖型休闲城市与历史文化型休闲城市等。

从大的方面看,休闲城市的创建应该有基于休闲城市内在要求的休闲城市创意与规划,要塑造城市的休闲性格与形象,要挖掘城市的休闲文化,培育城市的休闲特色,要完善城市的休闲设施,改造城市的休闲环境,要配置城市的休闲空间,完善城市的休闲管理,要丰富城市的休闲活动,提升城市的休闲服务,还要有符合休闲城市特质的营销传播创新,要加强休闲意识的教育和引导。

从城市休闲特色培育角度看,第一,要通过休闲资源普查、评价与休闲市场研究、分析,创造新的休闲活动与新的休闲业态,发现并激活城市已有的休闲特色;第二,要重新认识资源价值,加强资源的休闲化利用,通过新的利用方式和表现方式,充分利用已有资源来生成适应市场需求的休闲特色;第三,要结合休闲城市的类型定位和特色定位,跟踪社会休闲潮流和新的大众参与方式,创造休闲资源,开发特色休闲产品,创造出城市的休闲特色。

为此,可以利用目的地的特有文化资源,对传统的"吃住行游购娱"实施主题化设计和改造,形成主题餐饮、主题酒店、主题交通、主题景区、主题购物、主题娱乐,把文化休闲体验的文章做到位。比如,现在各旅游目的地都重视旅游文化演出,希望能够创新出一台具有视觉冲击力、震撼力的大部头旅游文化演出作品。如果能够结合地方特色创作出一部这样的标志性作品固然可喜,但主题娱乐未必一定是这样的大剧场作品,完全可以是小剧场的作品,如果众多的小剧场作品能够在某个特定的空间聚集,多个小剧场汇聚形成的吸引力未必就弱于大剧场,而且更能百花齐放、适应市场,更具有市场生命力。

从城市休闲空间配置角度看,第一,要规划一定的公共休闲空间,提升环境的亲和力,要打造包括廊桥、骑楼等在内的富有人性化的城市休闲步行系统;第二,要对城市社区进行休闲化建设,既满足社区成员的休闲健身活动需求,同时也让这些可以提高居民幸福感的社区成为休闲城市的重要体验节点;第三,要形成社区公园、城市公园、中央公园等多层次的公园系统,挖掘老字号、饮食文化等资源,发展包括酒吧街、美食街、字画街等类型多样的休闲商业街;第四,发展包括水域游憩区、城市外围游憩带、旅游度假区甚至空中休闲活动等在内的

图1 澳大利亚森林公园简易型BBQ
(Barbecue,烧烤大会)和滨湖公园现代型BBQ

各类休闲业态和方式,鼓励和支持民间休闲设施建设和业态发展,如私人博物馆、书画院、展览馆、音乐室、手工技艺作坊等。

图2 布里斯班河岸边的骑行道、戏水乐园、攀岩点和小帆船

比如，中国很多旅游目的地环城河道的价值不仅仅是作为水上游的通道，更重要的是如何开发环城河的大片绿地的休闲价值。应该尽量将环河及其岸边绿地系统开发为面向旅游市场的环河游憩带，提供不同于城内的文化休闲方式选择，引导人们在这个游憩带上进行骑行、露营、烧烤、垂钓、极限运动等多样化的现代休闲消费，并提供这些现代休闲所需的相关设施。环河游憩带的设施需要充分考虑休闲化设计需要，比如道路系统既要有利于自行车骑行的车道系统，又要有利于人们步行的悬浮木栈道系统，同时还需要有随意性摆放的木质躺椅，要注意植被配置和地形配置，合理安排树林和草坪的比例、各类种植主题的比例、适宜不同人群休闲需求的空间配置比例、平地与山丘的多种地形比例等。

案例策划：什刹海历史街区休憩配套设施规划

为了拓展旅游产品内涵、增加旅游者停留时间、丰富旅游者体验水平、强化旅游经济辐射能力，突出什刹海"北京历史街区、城市休闲的人性空间"的目的地形象，应该进行相关的配套设施建设，尤其是剧场等配套设施的建设与挖掘工作。

鉴于什刹海"北京历史街区、城市休闲的人性空间"的旅游与休闲双重定位，围绕戏院、剧场以及下面所要涉及的酒吧、茶馆而开发的衍生产品将成为什刹海重要的产品支撑。

戏院与剧场的基本定位是：什刹海主打的晚间旅游活动，"历史街区"旅游的保留节目，国际化运作的精华产品，最终形成类似伦敦西境（West End）和纽约百老汇（Broadway）那样以表演舞台剧（音乐剧、歌舞剧和话剧）为主的剧院街区（Eight & Nine，取老舍先生故居小杨家胡同 8 号与梅兰芳先生故居护国寺 9 号而名；且 9 乃大数，up to the nines 乃"考究地、十全十美地"之意）。

什刹海"历史街区"可供挖掘的戏剧资源有京味小说家老舍的剧目、梅派演出剧目的精品《宇宙锋》、《贵妃醉酒》、《霸王别姬》、《断桥》、《奇双会》等戏、被尊为相声界具有开创性的一代宗师、语言大师侯宝林的《戏剧与方言》、《大相面》、《扒马褂》、《捉放曹》等经典相声作品以及苏叔阳的《太平湖》等相关作品。对这些相关作品可以通过再筛选，形成什刹海"历史街区"的保留节目。

由于这些保留节目是面向流动性很强的旅游者的，而且节目的演出又是在什刹海这样一个契合的背景中进行——"将景点本身作为一个舞台或剧院的背景"本身就是一个很好的卖点,自然会平添不同凡响的吸引力。为了保持节目的丰富度,也可以不定期上演其他曲艺节目,并充分挖掘人民剧场实验话剧的市场空间。

"历史街区"戏剧演出的旅游者市场指向完全不同于一般的居民市场指向,其市场效果是有保障的。不过,一方面,剧院的规模不要太大,宁愿使一部分旅游者抱憾而归,也尽量不要出现剧院大面积空座的现象,以保证戏院和剧场的人气,从而有利于市场的后续发展;另一方面,对"历史街区"戏剧资源的挖掘、整合应该采取市场运作的方式,甚至可以考虑引进国际资本,通过国际化资本运作获取足够的市场开发和管理经验。

戏院和剧场还可以进行一些纪念品以及旅游者互动活动的衍生开发。包括著名京剧艺术家剧照、京剧戏装、京剧脸谱等衍生开发,以及请专门的化妆师为旅游者着戏装、画脸谱并摄影留念等。

资料来源:厉新建.中国旅游经济发展与创新研究.北京:旅游教育出版社,2009:109页。

(二)打造中央休闲区

合理、科学建设中央休闲区,是有效改善城市休闲发展水平的重要路径。一般认为,城市中央休闲区应具有相对明确的区域边界、相应的管理机构和较大的规模,有足够的免费公共空间,能深度体现城市文化底蕴,休闲设施集中,休闲氛围浓郁,休闲业态丰富,享有较高知名度和鲜明的形象,对当地居民和外来游客有较强聚集效应。通过施行《中央休闲区质量规范》标准,可以有助于提高城市生活品位,促进休闲城市创新,深化休闲资源利用,完善休闲基础设施,加快城市休闲发展。

拥有良好的休闲环境是城市中央休闲区的最重要要求之一。应该充分重视中央休闲区在休闲空间、休闲广场、景观系统、自然和人文环境等方面的规范,要做到休闲空间类型丰富、布局合理,绿地空间、广场空间、自然开敞空间等公共空间要体量适宜、舒适惬意,同时处理好公共空间与非公共空间之间的关系;休闲广场应满足可亲近、可停留、可消费、可体验、可游憩的要求;景观系统要和谐融通,区内生态环境质量优良,继承传统文化,保持历史风貌,保护历史文化和自然遗产,体现城市人文、自然景观的特色。

从运营设施上，要秉持并体现"可慢生活，能深体验"的基本原则，要能满足消费者多层次、多样化的休闲消费需要，要能体现包容开放、兼收并蓄的风格，充分体现多元化的休闲消费方式和内容，要立足协调共享的原则，形成丰富的供给层次，既能满足高端消费，也能满足基础消费，既能满足外来游客消费，也能满足本地居民消费。同时，还应注意加强休闲产品方面的创新，推动本区域的持续发展。

要强化问询设施建设，提高休闲服务意识与水平。中央休闲区内应规划建设包括问询处、问询电话、电子查询设施等在内的问询服务设施。这些相关的问询服务设施要空间分布合理、功能齐全、运转正常，通过网络、电视墙、引导牌等多样化的宣传引导手段，满足消费者多样化的休闲信息服务需求。中央休闲区内企业的服务应注重细节、热情周到、以人为本，高度重视休闲消费者满意度，在休闲服务项目、休闲服务技能、休闲服务效率、休闲服务态度和休闲服务时间等方面做出合理、有效的安排及规范，加强休闲服务质量的监控。此外，针对在区内开展的各种休闲活动，都应考虑制定相应的消费者指南，达到引导休闲消费，提高休闲消费满意度的目标。

专题分析：中央休闲区运营设施和休闲广场的要求

中央休闲区的运营设施包括餐饮酒吧、购物设施、文化娱乐设施、休闲健身设施、住宿设施等，每个具体的运营设施都有各自不同的要求，但不管怎样，这些运营设施都应该满足以下这些总体要求：

➢ 秉持并体现"可慢生活，能深体验"的基本原则。

➢ 数量充足，类型多样，能满足消费者多层次、多样化的休闲消费需要。

➢ 合理布局，突出地方特色，能方便消费者的休闲消费，吸引消费。

➢ 能体现包容开放、兼收并蓄的风格，充分体现多元化的休闲消费方式和内容。

➢ 立足协调共享的原则，形成丰富的供给层次，既能满足高端消费，也能满足基础消费；既能满足外来游客消费，也能满足本地居民消费。

➢ 充分考虑到一天之中的时段平衡，一年之中的动态运营，处理好淡旺季和时段的供给差异。

> 加强业态创新方面的引导和支持,推动本区域的持续发展。

休闲广场的主要诉求不是广场的形态与载体意义,而在于其广场休闲的活动、在于广场上能够展示中国多数广场不曾有的广场文化。这种文化既可以是静态的展示,也可以是动态的表演。只有有了文化活动的休闲广场才真正是一个有生命力的、活的广场。广场不是用来炫耀的,而是用来消费的。

休闲广场是中央休闲区的重要组成部分,对中央休闲区休闲环境的好坏有着举足轻重的作用。从总体上看,休闲广场应满足可亲近、可停留、可消费、可体验、可游憩的要求。具体而言,休闲广场还应满足以下一些具体要求:

> 在区内设置相应数量的休闲广场,面积大小要适宜。

> 休闲广场有相应的主题,广场周边设施和建筑围绕主题进行规划配置,给游客提供足够数量的长椅等休憩设施与公众休憩空间。

> 休闲广场及周边宜形成小商业聚集,并规划骑楼等相应的避雨遮阳等设施或景观拱形长廊。

> 配置小型表演设施,包括配置小舞台、相应电力设施。

> 安排公益性的广场艺术表演等文化活动,鼓励广场演出活动、新兴休闲方式的自我展示和消费者参与性的表演活动。

> 休闲广场宜设置直饮水设施。

图3　国外古城街头的艺术家

图4　罗马纳沃纳休闲广场一角

(三) 建设休闲社区体系

所谓休闲社区,可以有两种形态,一种是以休闲生活为主体的社区建设和组织方式,也就是通常所说的第二居所的聚集区域,另一种就是对城市原有社区进行休闲化建设,为社区居民提供有特色、多样化的便利休闲设施与服务,提高社区的生活品质,为整个城市的休闲化发展做出贡献。

为了推动休闲社区的建设,从长期看,旅游目的地城市可以参与《城市休闲社区质量等级划分与评定》标准的验证等工作;从当前看,则可以优先从以下几个方面入手来建设休闲社区体系:

➢ 共建休闲社区,共享社区资源。社区内的机关、学校、企事业单位积极承办社区各项休闲活动,并提供场地、工作人员、器材和资金。

➢ 有指导、示范、培训等多功能的社区休闲场所,并配备一定数量的休闲器材。

➢ 用信息化手段提高社区各单位休闲场地的利用率,实现网上查询、预订,亲民、便民、利民,促进资源充分利用。

➢ 建立社区休闲管理机构,配有休闲管理人员,积极宣传、发动、组织居民开展经常性的休闲健身活动。

➢ 建立社区休闲指导员和志愿者队伍。每年有计划地选送休闲骨干参加社会休闲指导员培训;固定休闲活动场所须配备社区休闲指导员。

➢ 建立具有管理和培训社会休闲知识、休闲技能的社区休闲指导中心,指导基层群众的休闲活动。

➢ 鼓励建立群众性社区休闲组织。
➢ 将休闲工作列入社区工作计划,每年召开一次社区内各单位参加的休闲工作会议,解决休闲队伍建设、休闲场地开放、休闲经费筹措、评比表彰等实际问题。

二、探索旅游产业园,提升目的地吸引力

(一)旅游产业园与产业集群

这里所说的旅游产业园,在国外更多地表现为旅游产业集群(区域),比如在南加州的主题公园集群、阿尔卑斯的滑雪旅游产业集群、美国蒙大拿州的旅游产业集群、旧金山纳巴谷葡萄酒旅游集群、拉斯维加斯的娱乐业集群、好莱坞的娱乐业集群,在国内则主要是深圳华侨城、西安曲江度假区、珠海海泉湾等。

从产业集群的角度看,有些是自发性的集群,也就是自下而上发展起来的集群,即先有一个企业,后来相继有大量相关企业进入同一区域,形成集群;有些则是设计性的集群,是自上而下发展起来的,是预先规划后发展形成的。一般而言,这些集群都是区域性的,具有开放性,没有严格的边界。旅游产业园与旅游产业集群的最大区别就在于产业园是有明确边界的。旅游产业园的概念有利于与现行的工业园区、科技园区、创意园区、创业园区等形式对接,从而有助于比照获得相应的政策。

(二)旅游产业园的类型

从旅游产业园的类型来看,大致可以分为四种:

第一,旅游装备制造业园区,旅游装备制造业是国务院高度重视的发展方向,也是国家旅游局一直以来寻求突破的方向。当然旅游装备可以是重型装备,也可以是轻型装备。

第二,旅游服务产业园区,主要考虑与未来旅游相关的服务,这些服务在空间上聚集之后可以产生诸如成本节约等相关正效益。比如与旅游预订密切相关的呼叫中心服务就完全可以考虑吸引到服务产业园区中来,再有就是可以考虑将一些非生产性的总部在空间上聚集,比如营销总部、策划总部等也可以考虑放在服务园区中。

第三,旅游休闲消费产业园区,就是围绕旅游休闲消费的各个产品形态,进行产业链的延伸,比如围绕文化休闲、医疗养生、户外休闲、水上运动等相关消费而构建形成多链条、多元化的聚集。当然,在园区内也可以形成单主题、单链条的旅游产业聚集。

第四,全产业链旅游产业园区,这种全产业链的旅游产业园区多数是围绕旅游需求的价值链而形成的,在产业园区内,游客的各类消费需求都可以得到满足。

(三)旅游产业园的聚集方式

第一,主题聚集,主题就是概念,树立一个好的市场概念在激烈的市场竞争中比创新出一个具象的旅游产品、旅游项目更重要。旅游产业园一定要有一个主题,围绕主题形成聚集,主题要求明方向、有关联、合潮流。如果在目的地能够打造若干个艺术聚集区、文化聚集区等具有特别意义的主题聚集空间,定能赋予某些区域以特殊风貌,从而成为目的地文明塑造的重要媒介和方式。

第二,项目聚集,主要是与旅游发展有关的传统要素的聚集,或者围绕这些传统要素形成的相应项目的聚集,也就是围绕"吃住行游购娱"形成项目配置。但是在项目聚集的过程中需要考虑到需求变化之后项目配置能否因应这种变化,也就是说在项目配置过程中,要考虑安排一定的预留地块,以便应对休闲旅游潮流的变化,增加旅游产业园的回旋余地。在聚集项目的选择上,要尽量考虑所选项目是否可享受现行的文化创意、创业基金、总部基地、工业园区、科技产业园等方面的优惠政策。

第三,品牌聚集,初期可以考虑形成众多知名休闲旅游装备品牌的聚集,形成休闲旅游装备的奥特莱斯。未来发展过程中逐步扩展到其他与休闲旅游消费相关的品牌聚集,并逐步形成旅游产业园区自身的品牌,为旅游产业园未来体系化、网络化发展奠定基础。

第四,创意聚集,既需要有文化创意,也需要有创意活动,同时需要考虑创意的展示和交易。旅游产业园能不能在创意上形成聚集,是园区本身能不能可持续发展的重要因素。比如,可以引进旅游策划、规划、营销、传播、旅游传媒、设计(比如旅游纪念品的设计等)等方面的创意工作室,形成独具特色的旅游创意园区。

第五,创新实践的聚集,也就是要紧跟国家重大发展战略思路的出台,在园区内先行先试,形成一些创新实践样板。比如从低碳经济角度切入,在旅游产业园区内的旅游企业都是环境友好型企业,都采取了环境友好型技术,并以此形成特色。

三、创设旅游商品创意大集,打造永不落幕的夜生活

(一)创设旅游商品创意大集

旅游目的地发展最头疼的问题主要有两个,一个是旅游购物没有特色,一个是旅游者停留时间短。其实,中国人从来不缺乏创意,缺乏的是自由的舞台,缺乏的是让民间创意得以展示的舞台。应该在目的地选择一定的街区或巷弄,创设旅游商品创意大集。这不仅为那些非主流民间艺术家的创意提供了展示和价值实现的平台,是改善城市文化层次,提升城市素质和环境的重要举措,也是寻求可供销售的创意进而创新旅游商品最好的方式之一,可以大大改善旅游购物缺乏特色的状况。对于旅游者而言,这有助于他们通过一站式购物方式购得真正独特的旅游纪念品,丰富他们在目的地的旅游经历,提升目的地旅游体验效果;对旅游企业而言,则可以通过这种方式获得有创意的商品设计,寻求规模化生产的潜在价值。显然,这是一种多方共赢的模式。

类似的市场在澳大利亚的很多著名旅游目的地都有,比如在悉尼的岩石区市场(The Rocks Market)和布里斯班黄金海岸的海滨市场(Beachfront Markets)。岩石区市场销售礼品、古董及手工艺品,可在路边咖啡座和酒吧享受片刻悠闲时光,每周六、周日上午10:00至下午5:00开市;海滨市场通常每周三、周五晚上5:30到10:00之间开市,有70多户商家销售自己的产品,绝对是购买当地特色产品、手工艺术品的好去处。

另一方面,可以学习北京市创建"北京礼物"品牌的做法,模仿打造目的地的"××礼物"模式,积极吸收那些具有地方特色、充满创意元素的旅游纪念品纳入"××礼物"的清单中。只要入选这些清单的旅游纪念品都可以进入"××礼物"的旗舰店或连锁店销售,这些纪念品也构成目的地各政府部门对外交往的礼品。"××礼物"的旗舰店和连锁店主要分布在该目的地旅游集散中心以及各大代表性景区和主要历史休闲街区。

图5　悉尼岩石区和布里斯班黄金海岸的手工艺品大集

创意举例：十八年后的礼物[①]

传说很久很久以前,绍兴东关有一员外埋酒十八载,待女儿出嫁之日,掘所埋之陈酿以宴宾客,众人争相尝饮,无不为其晶莹瑰丽之色、甘洌爽口之味倾倒。于是,千百年间,绍兴一带沿袭了这个"生女必酿女儿酒、嫁女必饮女儿红"的习俗。后来,家里生男孩时,也依照着酿酒、埋酒的风俗,盼望着儿子中状元时庆贺饮用,故"女儿红"又有称"状元红"。"女儿红"完全堪当"中国第一情感美酒",可是,如何利用"女儿红"蕴含的浓浓情感创造出新的市场概念,充分挖掘其市场价值,并利用"女儿红"来带动绍兴旅游发展,这方面还有很多不足。

改善黄酒包装以解决携带问题、创新黄酒取材以丰富产品系列、改变酒瓶设计以提高艺术气息等都是"女儿红"开拓市场的重要方式,但这些方式都没有

---

① 创意与张凌云教授共同完成。

充分把握"女儿红"作为"第一情感美酒"的本质。

如果能够将"女儿红"以"十八年后的礼物"(或者"爱得如此深沉"等)的概念推向市场,让这一具有深厚文化底蕴和社会号召力的市场概念成为每个为人父母者内心的推动力,从而让全国的父母在孩子出生当年到绍兴来购买"女儿红",作为十八年后孩子成人时的礼物,那将是一个多么庞大的潜在市场(我国每年新增人口大概1600万左右)。

如果能够跟成人礼相结合的话,这又与现在的素质教育等主旋律有了方向性的结合;如果能够与父母的关爱和儿女的感恩结合在一起的话,更能引起市场的共鸣和响应(佛教有四重恩曰:父母恩、众生恩、国家恩、三宝恩,分别指家庭、社会、国家、宗教,在这里突出的是父母恩)。

围绕着"十八年后的礼物"还可以有很多衍生拉动:"女儿红"酒瓶需要创意设计(包括外形、父母寄语等)、"女儿红"的可追溯系统(因为18年毕竟是一个不短的时间)、"女儿红"的储存系统(可以为顾客提供更专业的存储管理)、"女儿红"的物联网和物流系统(为了18年后这个定制的产品能够顺利从绍兴的储存系统运输到顾客手中,也可以让父母通过在线预订等方式完成预订),甚至绍兴的公证处也可以与旅游相结合(公证的确是18年前的酒)等。这些各具特色、充满创意的"女儿红"存储空间本身会构成重要的旅游吸引物,"女儿红"的生产车间则将成为重要的体验式空间,前来购买"女儿红"的客流自然就成了绍兴全城旅游重要的客源来源。那时候,"女儿红"酒厂的企业性质可能就不再是生产黄酒的工厂,而是存储情感的体验空间,基于旅游业和酿酒业相互融合的产业聚变产生了一个全新的情感行业!

图6　意大利桃尔米纳小巷中的旅游纪念品创意

（二）打造永不落幕的夜生活

我国有很多目的地城市拥有大量的博物馆、名人故居等旅游资源，那如何充分利用这些资源，增强游客夜间游览的体验，是一个很值得探索的课题。如果能够打造一个类似"×××，夜未眠"的体验产品，对增加游客在目的地的停留时间将是一个不错的选择。

打造"×××，夜未眠"同样需要对目的地进行专门的夜景规划与设计，要有反映城市性格、具地方特色的文化符号；要广泛采用节能技术，实施亮化、美化工程，打造城市夜景名片；要保证道路照明适度，景观照明合理，以利于营造休闲氛围；服务设施和重点景观应采取多种照明，有专门的夜景营造安排；水系和游船的灯光设计在保证安全的前提下尽量体现出朦胧感。

除了夜景灯光设计之外，夜间体验的重点还在于视觉（如具有地方特色文化符号特征的照明设施、沿岸按照生态学原则设计的驳岸和绿化效果等）、听觉（如高山流水的古筝、悠扬的小提琴、摇橹划过水面的声音等）、味觉（具有地方特色的美食味道）、嗅觉（如空气中飘散着的江南水乡或民族村寨的气息）、触觉（如踩在朦胧灯光下青石板路上的那种感觉）等感官角度的体验设计。在合适的体验空间，还可以从第六感——秀觉的角度进行规划。

比如，在岸边安排适当的活动性元素（如轻歌曼舞、露天聚会、休闲茶座等），形成水上与岸边之间的互动、乌篷船与古桥之间的互动，在互动中形成难忘的多元体验。在全域旅游发展的大战略下，整个城市都应该强化视觉空间的管理，精心安排多元体验的触发点，从每个细节来提升游客的旅行体验。而实际上，很多目的地城市在这些方面还有太大的发展提升空间。

在法国的塞纳河上乘坐游船时就经常可以看到岸边的活动性表演，游船上的游客与岸边的人群相互呼应。在某湖泊型景区乘坐游船时，迎面可能会碰到一个船头唱歌的美丽女子，美妙歌声升华了游湖的体验，而这个场景正是景区方面创意设计和安排的。在法国塞纳河上乘坐游船时的互动还包括游船上的游客与大桥上游客之间的互动（这时桥上的游客与船上的游客互相成为了对方的风景）、包括游船经过那一座座俨然是艺术品的大桥时的兴奋体验。如果在夜间体验上能够从"小桥、流水、人家"的意境进行规划设计，从基于游客需求的视角进行多元业态的调整提升，一定能取得不错的效果。

图7　威尼斯贡多拉、岸边茶座、到处可见的窗外绿植和优良的水质

图8　威尼斯岸边餐厅和小花园

四、全域旅游目的地的相应思路：以绍兴为例

全域旅游目的地的建设落在目的地城市上是最合适的。这里以绍兴为例作一具体分析。

(一)顺应情势，重在整合

绍兴不可能再回到2500年前的那个绍兴，这是客观现实，城市演化在更多时候是不可逆的。所有要复兴绍兴的战略之基点都应该是承认绍兴城市演化的现实。如果一味停留在留恋过去的辉煌，把全面、完整地恢复绍兴古城作为绍兴全城旅游发展的基础诉求，那我们从一出发时就已经错了。古城保护不是简单地恢复古城的旧面貌，更不是简单地重建旧有的建筑、全盘复古。

全城旅游是基于古城区的整体吸引力,但是整体吸引力并不是来自于古城区的每一个角落,而是来自于古城区中最具代表性的节点。这些节点最重要的意义就是因为它们承载着城市的记忆,承载着城市的灵魂,是现在的人们触摸城市、发现城市的媒介。它们可以以孤立单体的方式存在,也可以以成片聚集的方式存在,但它们一定不是存在于那个2500年前的绍兴城中,而是存在于现在这个经过演进的绍兴城中。我们要做的是城市的复兴,而不是城市的复古。

所以,打造全城旅游目的地的核心在于整合,在于打磨,在于创意,在于精心的设计。全城旅游目的地的建设就是要解决如何对传统的资源进行现代的解读、如何从湮没的价值中进行创新发现的问题,是通过发展旅游的方式重新去梳理城市的文脉和肌理,通过梳理城市文脉和肌理的方式来增强旅游的吸引力。

(二)高端切入,重塑形象

正如《绍兴市全城旅游目的地系统规划2011—2025》中所指出的,绍兴的历史文化、传统生活和艺术成就是绍兴文化悠久灿烂的三大代表,但遗憾的是这些东西已经在时间的长河中湮没,绍兴旅游形象已经被简化为鲁迅故里的意象。鲁迅是中国文化程序中必不可少的一段代码,凭借着鲁迅以及鲁迅文学作品的知名度,绍兴旅游曾经经历过长时间的辉煌。但在变化的市场中、竞争的格局中,绍兴旅游显然不能将自己的全部希望放在鲁迅故里上,而是应该通过鲁迅故里这个增长极的带动作用,扩散到整个古城区中。

这既需要绍兴能够在廊道设计、交通完善等方面下功夫,将鲁迅故里的游客引向绍兴城中的其他旅游体验节点或片区,更重要的是通过对绍兴城中的体验节点或片区进行创新的策划和精致的设计,体现出它们在城市个性和特质方面的价值,强化对游客的拉力。所以,绍兴城应选择具有一定体量规模和资源禀赋的片区,充分利用绍兴本底元素、特色元素,通过集中力量、全方位打造,将它(们)建成为绍兴全城旅游新的吸引力空间,并通过这个新的吸引力空间来重新构建绍兴在游客心中的意象。比如,可以通过绍兴突出的书法底蕴,从历史街区等主体旅游片区的各类型招牌入手,改善店面招牌的艺术性,突出休闲体验环境的精致性;可以通过将古城区内的某些韵味独特的民居开发成具有台门特色的精品酒店,塑造高端形象;可以在镜湖湿地资源开发利用过程中积极引进诸如地中海俱乐部品牌或引进该品牌"一站式"休闲度假的理念,将镜湖休闲度假打造成高端休闲度假的重要节点,突出其作为全城旅游战略节点的重要作用。

图9　四川绵竹利用本地年画传统改造乡村环境

图10　日本京都精致的店面灯箱（书法）

图11　日本京都精致的、充满生机的小店和佛罗伦萨 Villa Azalee 旅馆后院

图12　佛罗伦萨 Villa Azalee 旅馆内景

（三）重视背包客，用好软实力

军事是硬实力，文化是软实力。通过旅游来传播、体现文化软实力是非常有效、可行的路径。尤其是通过积极创造条件，吸引境内外背包旅游者更是值得绍兴有关方面高度重视的事情。一般而言，背包旅游者以年轻人居多，而恰恰是这些年轻人将会成为中国未来能否有良好的外部发展环境的决定性人群。因为，在不久的将来，现在的这些年轻人都会成为各自所在国家的中坚力量。这样一来，如何提高这些年轻人对中国的了解自然就显得无比重要。而要加深这些人群对中国的了解，绝不是简单的文化宣传或孔子学院网络的建设可以一力承担的，也需要通过创造条件吸引这些人群更多、更频繁地在中国旅行的方式，来使其身体力行、亲身感受中国，理解中国。这应该构成中国旅游业国家战略的题中之意，而绍兴作为文化之邦重要的组成部分，自然应该在国家战略实施过程中有自己的声音和贡献。

为此，绍兴应该在全城旅游发展过程中，积极发展面向背包旅游者的住宿等休闲旅游设施，为背包旅游者提供各种相应的旅行便利，为那些以背包旅游者为目标市场的经营者和企业提供政策上的优惠，充分关注背包客旅游市场的消费特征，利用年轻人喜闻乐见的新媒体宣传推广，真正将背包旅游市场做大、做实。

小小创意：绍兴人家

绍兴可以考虑面向背包游客（既包括经济状况较为一般的背包游客，也包括经济状况很好的富裕型背包游客)开发台门旅馆,命名为"绍兴人家",就像北京奥运会期间的"奥运人家"和上海世博会期间的"世博人家"一样,在保证干净、卫生的最基本要求外,可以形成不同的档次。散布在绍兴城中的各个"绍兴人家"都需要在旅游行业主管部门备案,旅游行业主管部门负责对这些"绍兴人家"进行规范(如制定《绍兴人家标准与评定》等)、培训和推广。通过行业主管部门的推广,在"绍兴人家"和背包客之间建立起供求的桥梁,既解决了"绍兴人家"限于规模等方面原因无法自行营销推广之困惑,又解决了背包客寻找既符合自身支付能力、又具有绍兴地方特质的住宿设施和体验空间之期望。

图13 威尼斯点缀花草的小巷和小巷旅馆的钥匙牌

图14 威尼斯小巷旅馆的过道和小院

城市中央休闲区的现状与发展①

休闲是居民生活水平和经济发达程度的重要标志。作为发展中国家,中国距离"休闲时代"的全面到来尚有相当的距离,但随着社会经济的发展,人们的休闲时间在不断增加,休闲生活日益丰富,休闲消费类型多样,相关产业迅猛发展,休闲已经成为社会经济发展不容忽视的重要组成部分。

休闲是城市的重要功能之一。除了满足居住、工作、交通等功能之外,城市还应具有相应的休闲空间、设施和服务,形成有效的休闲产品供给能力,以满足居民和外来游客的休闲需要。城市中央休闲区是重要的体现形式。一般认为,城市中央休闲区是城市标志性区域之一,具有相对明确的区域边界、相应的管理机构和较大的规模,有足够的免费公共空间,能深度体现城市文化底蕴,休闲设施集中,休闲氛围浓郁,休闲业态丰富,享有较高知名度和鲜明的形象,对当地居民和外来游客有较强聚集效应。城市中央休闲区的类型主要包括文化型休闲区、生态型休闲区、商业型休闲区、复合型休闲区,但一般不包括城市公园。

作为城市休闲产品供给和休闲消费的聚集区域,20世纪90年代开始起步的上海新天地是我国城市中央休闲区的重要代表之一。在这之后,各地的中央休闲区建设都取得了较大的发展,并日益引起各界的重视。

一、城市中央休闲区的发展及其研究状况

由于中国休闲业的发展进度问题,中国城市中央休闲区发展的起步也相应较晚一些,于20世纪90年代才开始起步,其标志就是上海新天地。近年来,城市中央休闲区有了较快的发展,其中以上海、北京、杭州、昆明、广州等地区发展得较为突出。

---

① 本文与王真真、李静、王雪东合作完成,发表于《休闲绿皮书2011》。

(一)主要城市中央休闲区的发展

1. 上海中央休闲区发展概况

上海城市中央休闲区主要以人民广场为核心,北面与南京路步行街衔接,南边与淮海路商业街和新天地相联,东到浙江路,西至黄陂路,面积约为2平方公里,具有极其方便的城市公共交通网络,有着快速通畅的轨道交通优势。其市场消费群体由本地市民和外来游客两部分组成。休闲区内的基础设施及休闲娱乐等设施齐全,是上海休闲娱乐产业和休闲活动的汇聚点。

新天地是上海城市中央休闲区的发展标志,以体现上海历史和文化的老房子为基础,形成了体现国际水平的餐饮、购物、演艺等功能的时尚、休闲文化娱乐中心,充分体现了现代休闲生活的气氛,主要吸引上海的小资一族、居住在上海的外籍人士以及到上海的中外游客。

2. 北京中央休闲区的发展概况

北京广为人知的城市中央休闲区是有着丰厚文化底蕴、享有"城市之肺"美誉的什刹海地区。什刹海地区由前海、后海、西海水域、沿岸名胜古迹和民居民俗生活组成,东起地安门外大街,西到新街口北大街,北起北二环,南至平安大街,总面积146.7公顷,是京城内老北京风貌保存最完好的地方,也是古都之源、文化之源,是感受历史、体验民俗、享受时尚的胜地。目前,什刹海地区的休闲餐饮以及休闲设施及活动发展得非常迅速,尤以其酒吧文化及胡同游最为突出。

3. 杭州城市中央休闲区发展概况

杭州的城市中央休闲区是以西湖风景区为依托逐渐发展起来的,其标志性特征是富于文化的水体景观、大型公共绿地和高品位的城市公园。西湖区域作为杭州市的城市建成区,拥有较好的发展环境,其休闲设施以及休闲活动等相关方面发展良好。

4. 青岛的中央休闲区发展概况

青岛具有良好的休闲发展条件,休闲资源多样。这几年来,市北区的特色街发展在青岛休闲发展整体格局中比较突出,包括台东商业步行街、天幕城、红酒坊、体育街、文化街、科技街、啤酒街等多个特色街区,同时强调突出服务品牌的建设,通过品牌来提升每个特色街软环境的改善,加强制度建设,通过制度来提升工作人员的基本素质,提高街区的规范化、标准化管理水平。

5. 广州的中央休闲区发展概况

广州经济发达，休闲需求旺盛，相应的供给也就比较发达，越秀公园、白云山、北京路、上下九步行街等都是广州休闲氛围很浓的区域。其中上下九商业街全长800米，有骑楼式建筑238间。骑楼街是有岭南特色的商业建筑，适合南方气候特点，既可防雨防晒，又便于展示橱窗，招徕生意。沿街分布有永安百货公司等老字号，也有诸如广州酒家等诸多食肆和文昌鸡、姜汁撞奶等各地名菜小吃，附近还有古董街等历史悠久的传统专业街。上下九路是一幅汇集了西关风情的美丽画卷，即使不买东西，只在上下九路走一走，也可以感受到独特的岭南商业文化。

（二）城市中央休闲区的研究现状

城市中央休闲区这一名称的使用在国内并不是很多，使用"中央休闲区"作为题名或关键词在中国知识资源总库检索，检索到的文章只有1篇，使用"中央游憩区"作为题名或关键词检索，也只有4篇文章。从这个角度看，国内对城市中央休闲的研究并不是很多。从这些研究看，大多是基于个别城市对中央休闲区进行地理学和旅游学等方面的研究，尤以上海作为研究个案居多，多数文章的理论性较强，缺乏从游客的角度对中央休闲区的发展现状的分析。

我们则希望在更大地域范围内，以游客的视角分析中央休闲区的发展状况和客源构成特征，了解影响中央休闲区发展的主要因素，提出相关建议。

二、国内主要城市中央休闲区状况的调查

课题组以问卷的形式对国内主要城市（上海、广州、杭州、青岛）的中央休闲区的游客进行了随机调查[①]。调查内容包括游客的基本信息、游客选择休闲区的主要影响因素（共设置13个指标）、游客对休闲区设施和服务的满意度（共16个指标）、游客对休闲区整体满意度（共10个指标）等问题。问卷设置五个满意度水平，满意度从高到低分别为：非常满意5分、满意4分、一般3分、不满意2分、很不满意1分。总共发放问卷440份，最终有效问卷为361份，回收问卷有效率为81%（见表1）。

---

① 上海主要在新天地一带发放问卷，广州主要在上下九步行街等地发放问卷，杭州主要在西湖一带发放问卷，青岛主要在市北区特色街区一带发放问卷。

表1 问卷数量表

	杭州	广州	上海	青岛	总计
发放数量	120	100	100	120	440
有效数量	108	52	88	113	361
样本有效率(%)	90	52	88	94.1	81

(一)中央休闲区客源结构

1. 游客基本信息分析

从整体上看,国内城市中央休闲区游客性别分布基本平衡,男性略多;19～35岁的旅游者是国内休闲区旅游市场中的优势群体;学历则以大学本科学历占最多;休闲区消费者以中等收入群体为主;职业分布上以学生比例最高;从游客客源地来看,休闲区的主要客源是城市本地人,其次以来自华南、华北及华东的客源为多,这说明人们对休闲的认识度与当地的经济有着很大的关系;从游客获取休闲区信息的渠道来看,大多数游客以亲朋好友的介绍作为最主要的信息来源,由此可见,口碑对休闲区的营销的重要性,但随着通过网络获得信息便捷度越来越高,选择这一渠道的比例也在提高,中央休闲区在下一步营销时需要考虑加强网络的运用(见表2)。

表2 游客基本信息表

类别	项目	人数	比例(%)
性别	男	203	56.2
	女	158	43.8
年龄	15～18岁	49	13.6
	19～35岁	285	78.9
	36～55岁	24	6.6
	56岁以上	3	0.8
学历	高中或高中以下	86	23.8
	大专、高职、技校	101	28.0
	大学本科	137	38.0
	硕士或以上	37	10.2

续表

类别	项目	人数	比例（%）
家庭月收入	3000元以下	223	61.8
	3001元~4000元	76	21.1
	4001元~5500元	20	5.5
	5501元~7000元	12	3.3
	7000元以上	30	8.3
职业	学生	131	36.3
	农民	2	0.6
	工人	35	9.7
	公务员	11	3.0
	服务销售商贸	39	10.8
	离退休	5	1.4
	文教技术	21	5.8
	企事业管理	46	12.7
	其他	71	19.7
地区分布	本地	128	35.5
	东北	21	5.8
	华北	43	11.9
	华中	25	6.9
	华东	43	11.9
	华南	58	16.1
	西北	29	8.0
	西南	13	3.6
	其他	1	0.3

续表

类别	项目	人数	比例(%)
信息来源	电视	92	15.2
	网络	105	17.4
	旅行社	13	2.1
	杂志	67	11.1
	报纸	55	9.1
	朋友	175	28.9
	其他	98	16.2

当然,不同的城市,中央休闲区游客的特征也有着不同程度上的差异,需要具体分析。

(1)从游客年龄结构来看,四个城市有很大的相似性,其主要群体是19～35岁的中青年游客(见图1),这在一定程度上说明了我国中央休闲区的建设类型有很大的趋同性。

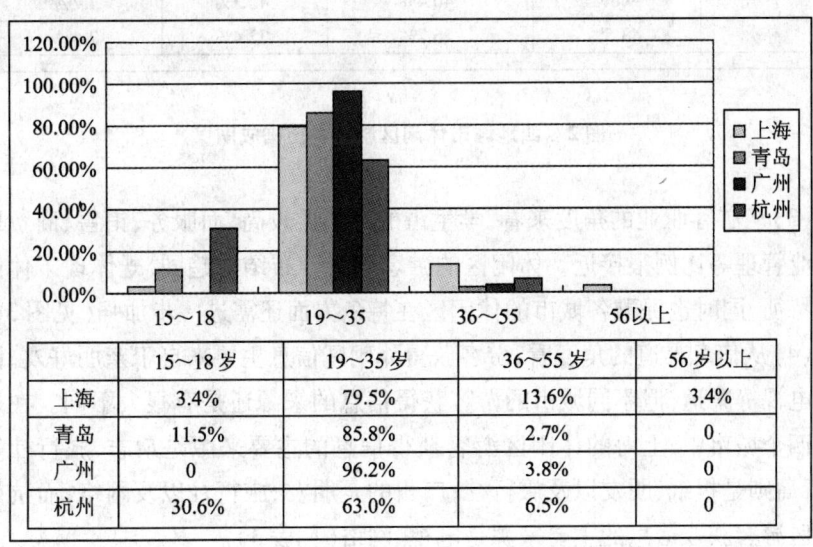

	15～18岁	19～35岁	36～55岁	56岁以上
上海	3.4%	79.5%	13.6%	3.4%
青岛	11.5%	85.8%	2.7%	0
广州	0	96.2%	3.8%	0
杭州	30.6%	63.0%	6.5%	0

图1 四城市休闲区年龄构成

(2)从游客的学历构成来看,上海休闲区的游客学历构成中人数最多的是本科,青岛则是大专、高职、技校类,广州是大专及本科为多,杭州是高中及以下为主。杭州的游客学历落差较大,与其休闲区依托的资源有很大的关系。杭州的城市中央区依托的是西湖风景区,既有浓厚的历史文化积淀,更有优美秀丽的风景,可以适应不同学历层次的游客需求(见图2)。

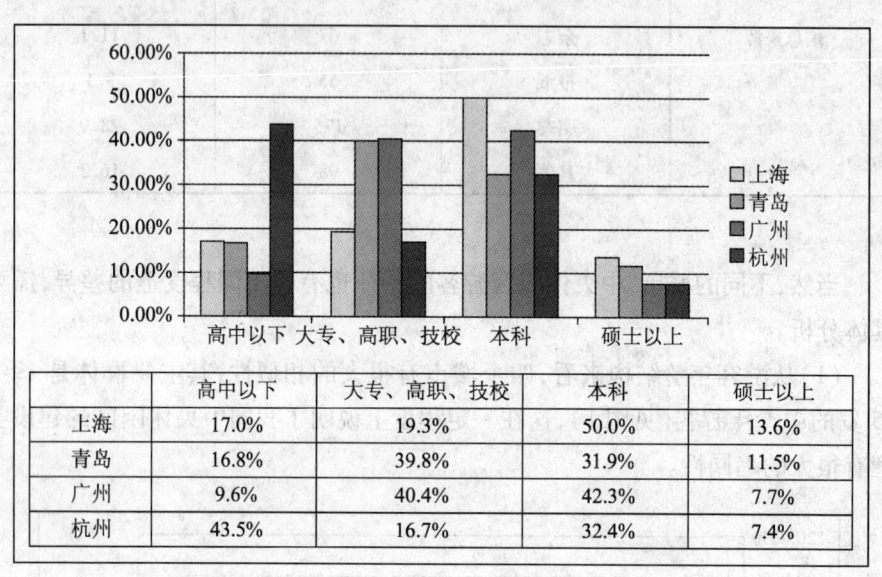

	高中以下	大专、高职、技校	本科	硕士以上
上海	17.0%	19.3%	50.0%	13.6%
青岛	16.8%	39.8%	31.9%	11.5%
广州	9.6%	40.4%	42.3%	7.7%
杭州	43.5%	16.7%	32.4%	7.4%

图2 四地城市休闲区游客学历构成图

(3)从游客职业的角度来看,学生占的比例比较高,而服务、销售、商贸以及企事业管理等比例很接近。休闲区的游客职业分布结构趋同,既体现了休闲群体的特征,同时也提醒各城市的休闲区在特色方面还需进一步加强(见图3)。

(4)从信息渠道的角度看,游客获得休闲区信息主要来自于亲朋好友、网络以及电视等渠道,但不同城市的游客获得信息的来源还是有很大不同。在所调研的四个城市中,上海的休闲区游客获得信息的主要来源是杂志、旅行社等渠道;青岛则是报纸、朋友以及旅行社;广州的是朋友、旅行社以及网络;而杭州的休闲区游客获取信息的主要来源是电视、网络(见表3)。

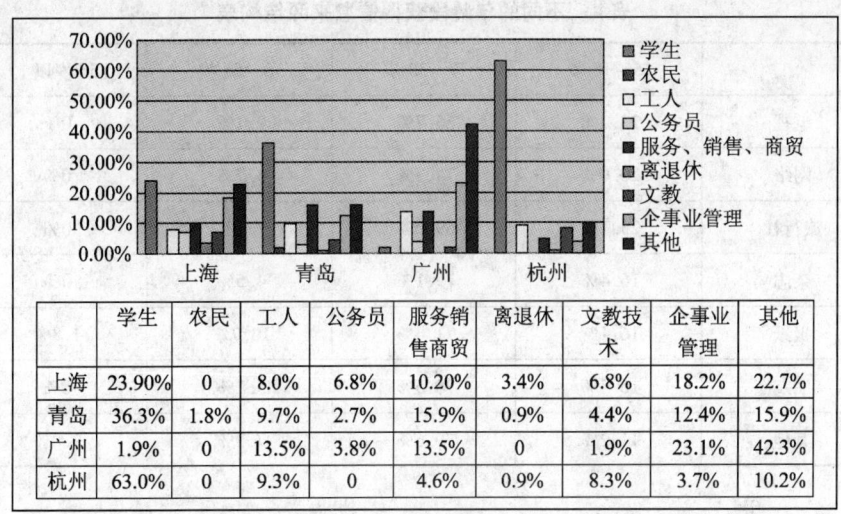

	学生	农民	工人	公务员	服务销售商贸	离退休	文教技术	企事业管理	其他
上海	23.90%	0	8.0%	6.8%	10.20%	3.4%	6.8%	18.2%	22.7%
青岛	36.3%	1.8%	9.7%	2.7%	15.9%	0.9%	4.4%	12.4%	15.9%
广州	1.9%	0	13.5%	3.8%	13.5%	0	1.9%	23.1%	42.3%
杭州	63.0%	0	9.3%	0	4.6%	0.9%	8.3%	3.7%	10.2%

图3 四地城市休闲区游客职业构成图

表3 四城市休闲区信息来源分析

信息来源渠道	上海	青岛	广州	杭州
电视	10.8%	29.0%	12.9%	47.3%
网络	22.9%	25.7%	15.2%	36.2%
旅行社	23.1%	30.8%	15.4%	30.8%
杂志	26.9%	29.9%	13.4%	29.9%
报纸	17.9%	44.6%	10.7%	26.8%
朋友	18.6%	41.2%	16.9%	23.2%
其他	32.7%	27.6%	7.1%	32.7%

不过,不同年龄段的游客获取信息的渠道有所不同。15~18岁年龄段的休闲游客获取信息来源主要是电视;19~35岁游客主要通过杂志、朋友的介绍获取信息;36~55岁游客则主要通过报纸获得休闲区信息;56岁以上的游客主要通过报纸及电视、网络等渠道之外的其他渠道获得相关信息。

表4 不同的年龄段获得信息来源结构表

	15～18岁	19～35岁	36～55岁	56岁以上
电视	23.7%	66.7%	9.7%	0%
网络	20.0%	74.3%	5.7%	0%
旅行社	23.1%	69.2%	7.7%	0%
杂志	16.4%	79.1%	4.5%	0%
报纸	16.1%	71.4%	10.7%	1.8%
朋友	16.4%	78.5%	5.1%	0%
其他	11.2%	79.6%	7.1%	2.0%

(5) 从被调查者的来源地分析,列上海中央休闲区客源地前三位的是本地、华东、华中;列青岛休闲游客来源地前三位的则是本地、华北、华东;列广州休闲游客来源地前三位的则是华南、本地、华中;列杭州休闲游客来源地前三位的则是华北、华南、华东。

表5 四城市客源来源地前三位

地区	排名前三位的地区
上海	本地 39.8% 华东 18.2% 华中 9.1%
青岛	本地 61.1% 华北 15.9% 华东 9.7%
广州	华南 69.2% 本地 19.2% 华中 3.8%
杭州	华北 15.7% 华南 13.9% 华东 14.8%

2. 休闲游客消费状况

这里所指的休闲消费主要包括逗留时间、游览次数、可承受消费水平等因素。

从图4与图5可以看出,游客在休闲区游览时间在1~3个小时的最多,其次是1小时以下的,游览时间超过8个小时的游客仅占1.1%;平均每年到达休闲区3次以上的游客数量最多,占56.8%。可见,游客在休闲区停留的时间较短、游览频率较高。

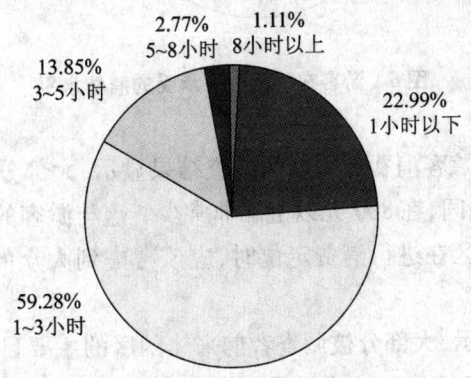

图4 城市中央休闲区游客逗留时间

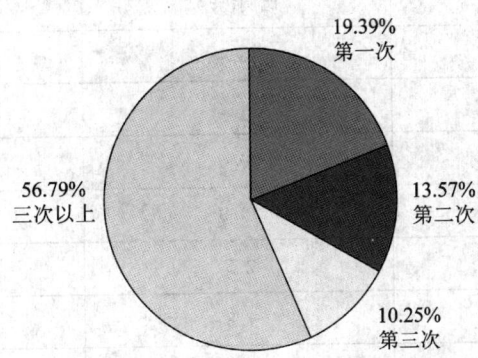

图5 城市中央休闲区游客游览次数

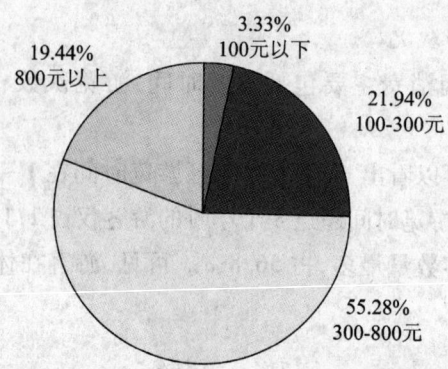

图6 游客在休闲区可承受的消费水平

对中央休闲区游客消费承受度的调查结果显示,大部分游客愿意消费的额度在 100－300 元之间,在 800 元以上的非常少。这与游客的薪资水平有一定关系。城市中央休闲区在进行消费定位时,应该考虑到大众的消费承受能力(见图6)。

调查结果还显示,大部分被调查者前来休闲区的主要目的是为了休息散步(28.4%)、观光游览(24.2%)或娱乐购物(20.6%)。

表6 游客目的地分析表

目的	比例(%)	排名
休息散步	28.4	1
观光游览	24.2	2
娱乐购物	20.6	3
体验氛围	19.0	4
慕名而来	2.5	5
学习交流	1.8	6
商务	1.6	7
探亲访友	1.4	8
会议	0.4	9

(二)影响休闲区发展的主要因素及满意度

1.影响中央休闲区的因素

问卷调查从休闲区的环境、位置、交通状况、区内的消费水平、区内的服务设施、休闲区的知名度、风格、安保设施与服务以及餐饮、购物、休闲娱乐设施和住宿条件等13个因素入手,以分析游客对休闲区相关要素的评价。在问卷中,各个因素被分为非常重要、重要、一般、不太重要以及不重要等5个等级,并分别赋值为5、4、3、2、1。

运用SPSS软件对调查结果进行分析,可以得表7。从表中可以看出,游客在评价中央休闲区时,看重的主要因素是休闲区的环境、休闲区的安保状况以及到达休闲区的交通状况,休闲区内的服务设施以及休闲娱乐设施等也比较重要。

表7 影响中央休闲区主要因素的分值结果表

因素	区内环境	休闲区位置	区外交通	消费水平	服务设施
均值	4.73	3.90	4.41	3.78	4.29
名次	1	8	3	10	4
因素	休闲区知名度	休闲区风格	区内交通	安保状况	餐饮条件
均值	3.68	4.03	4.23	4.65	3.83
名次	11	6	5	2	9
因素	休闲娱乐设施	购物环境	住宿条件		
均值	3.94	3.61	3.32		
名次	7	12	13		

2.中央休闲区设施和服务满意度

为了测度游客对中央休闲区的满意度,调查选取了16个指标,通过运用SPSS软件工具分析,发现对休闲区满意度影响密切相关的因素可分为五个方面:公共基础设施与服务满意度(因子1),主要包括公厕干净度、公厕方便度、休息设施齐全度、安全保障度等项目;休闲娱乐设施与服务满意度(因子2),主要包括娱乐设施丰富度、健身设施丰富度、节庆活动丰富度、引导标志明确度、休闲信息全面度;休闲区餐购设施与服务满意度(因子3),主要包括就餐方便度、购物方便度、开放时间合理度、餐饮特色度;休闲区住宿设施与服务满意度(因子4),主要包括住宿条件满意度、住宿方便度;休闲区交通设施与服务满意度(因子5),即交通方便度。

在此基础上对调研城市中央休闲区的满意度进行分析评价,得到结果如表8。

表8 因子得分排序表

	因子1得分	名次	因子2得分	名次	因子3得分	名次	因子4得分	名次	因子5得分	名次
上海	0.126859	1	-0.01463	3	0.054376	2	0.06442	2	0.240212	1
青岛	-0.18465	3	0.080744	2	0.321696	1	-0.14008	4	-0.09629	3
广州	-0.44035	4	0.248004	1	-0.26342	4	0.076762	1	-0.16901	4
杭州	-0.0136	2	-0.19197	4	-0.25406	3	0.057114	3	-0.0136	2

由表8可见,5个因子的得分排序较混乱,说明各地中央休闲区的满意度存在较大的不同,发展的水平存在较大的差异。从因子得分表的排序来看,上海在5项因子中的排名都很靠前,这说明上海作为我国中央休闲区建设的标志性城市,在休闲相关设施与服务的发展上都比较完善、比较规范,游客对中央休闲区各类设施和服务的满意度都比较高。广州城市中央休闲区的设施和服务的满意度则是相差很大,休闲娱乐设施与服务、休闲区住宿设施与服务方面的满意度非常高,但是其他4项的满意度则很低,值得引起重视。

此外,我们还建立了综合满意度评价体系,以期从总体上把握城市中央休闲区的满意度,其得分情况如表9所示。从得分来看,得分最高的为杭州,最低为广州。杭州被世界休闲组织授予"东方休闲之都"的称号,自有它丰富的休闲资源、深厚的休闲文化和广泛的休闲传统等方面的原因。而其他地区在加快经济发展的同时,既需要进一步重视城市的休闲功能,也需要进一步加强休闲供给,提高休闲服务水平,提高休闲消费的满意度。

表9　城市中央休闲区综合得分表

	因子1排名	因子2排名	因子3排名	因子4排名	因子5排名	综合得分	排名
上海	1	3	2	2	1	0.059205	2
青岛	3	2	1	4	3	−0.05327	3
广州	4	1	4	1	4	−0.16462	4
杭州	2	4	3	3	2	0.086574	1

三、对休闲区建设的建议

从问卷的调查结果及我国中央休闲区的发展总体状况出发，现提出以下简要发展建议：

（一）制定标准，推动科学发展

1. 城市中央休闲区建设亟需标准引导

休闲是城市的基本功能。城市中央休闲区是城市休闲发展重要的载体和标志，合理、科学建设中央休闲区，积极改善中央休闲区整体环境，稳步提升中央休闲区服务质量，是有效改善城市休闲发展水平的重要路径。目前，各地中央休闲区发展已初具雏形，有些地方已经取得了比较好的成绩，但总体而言发展水平参差不齐，亟需制定相关标准，引导各地中央休闲区的建设和发展。通过标准的制定和实施，将有助于提高城市生活品位，促进休闲城市创新，深化休闲资源利用，完善休闲基础设施，对加快城市休闲发展产生积极影响，同时对科学推动中国城市化进程具有重要指导意义。

2. 高度重视规划编制、环境营造、运营设计

科学规划是有效、合理发展城市中央休闲区，不断提高中央休闲区质量的重要基础，同时也是城市中央休闲区获得良好外部发展环境的重要前提。在城市中央休闲区规划过程中，应遵循以人为本、尊重自然、和谐共处等原则。

拥有良好的休闲环境是城市中央休闲区的最重要要求之一。应该充分重视中央休闲区在休闲空间、休闲广场、景观系统、自然和人文环境等方面的规范，要做到休闲空间类型丰富、布局合理，绿地空间、广场空间、自然开敞空间等公共空间要体量适宜、舒适惬意，同时处理好公共空间与非公共空间之间的关系;休闲广场应满足可亲近、可停留、可消费、可体验、可游憩的要求;景观系统要和谐融通,区内生态环境质量优良,继承传统文化,保持历史风貌,保护历史文化和自然遗产,体现城市人文、自然景观的特色。

从运营设施上,要秉持并体现"可慢生活,能深体验"的基本原则,要能满足消费者多层次、多样化的休闲消费需要,要能体现包容开放、兼收并蓄的风格,充分体现多元化的休闲消费方式和内容,要立足协调共享的原则,形成丰富的供给层次,既能满足高端消费,也能满足基础消费,既能满足外来游客消费,也能满足本地居民消费。同时,还应注意加强休闲产品方面的创新,推动本区域的持续发展。

3. 要强化问询设施建设,提高休闲服务意识与水平

中央休闲区内应规划建设包括问询处、问询电话、电子查询设施等在内的问询服务设施,这些相关的问询服务设施要空间分布合理、功能齐全、运转正常,通过网络、电视墙、引导牌等多样化的宣传引导手段,满足消费者多样化的休闲信息服务需求。中央休闲区内企业的服务应注重细节、热情周到、以人为本,高度重视休闲消费者满意度,在休闲服务项目、休闲服务技能、休闲服务效率、休闲服务态度和休闲服务时间等方面做出合理、有效的安排及规范,加强休闲服务质量的监控。此外,针对在区内开展的各种休闲活动,都应考虑制订相应的消费者指南,达到引导休闲消费,提高休闲消费满意度的目标。

(二)明确功能定位,突出特色发展

应该根据城市自身特色和中央休闲区所依托的本底资源,对城市中央休闲区进行科学、明确的定位,并根据所确定的功能定位,形成特色化、差异化发展。

1. 文化型休闲区

文化型城市中央休闲区在建设中要把握住文化的内涵,保留休闲区原生态的内容。比如在历史文化休闲区的建设中要尽量保留街区原有的建筑,并且融入街区的风土人情,这样才能使街区富有人情味。同时要避免简单、传统的博物馆参观式的休闲方式,适当增加能够体现区内特色文化的购物和能体现区域特色的餐饮。此外,在开发时要慎重选择开发商,在开发范围和开发方式上也要作必要的规范。

2. 生态型休闲区

目前国内生态型休闲区"游"的功能已经发挥得比较好,但在"购"和"娱"的方面还有很大的不足,尚需增加建设力度。比如可以在区内修建一些茶吧、书吧、戏院和经济型的小餐厅等与休闲区的整体风格和谐统一的设施。生态型休闲区的休息设施都较为充足,但多以凉亭、长椅为主,下一步应考虑进一步提高休息设施的舒适度。

3. **商业型休闲区**

首先,商业型休闲区应增加公益性休闲设施的建设,提高休闲区整体的舒适度。目前国内公益性休闲设施主要依靠政府建设,融资渠道比较单一,应该吸引更多的企业、团体、个人来投资公益事业。

其次,商业型休闲区必须重视文化的打造,突出城市个性,可以考虑打造现代时尚潮流文化,追求现代流行的文化风潮,或引进国外特色,形成异国情调等。

第三,商业型休闲区的消费标准应向多层次、多样化的方向发展。目前国内休闲区过分重视高层次人群的消费,大众化产品的开发有所欠缺。有些商业型休闲区消费定位比较高,普通消费者无法经常进行消费;或者仅适合外地游客偶尔性游玩和消费,不适合本地居民的日常休闲。这种情况容易形成供给与需求的偏离,使资源得不到充分的利用。

建设世界级旅游城市的关键问题

一、世界级旅游城市是世界城市建设的突破口

世界城市是20世纪末以来最前沿的研究领域之一,在全球化发展日益深化的大背景下,尤其引人关注。一般认为,世界城市是全球化趋势下所产生的新空间形式,它集聚了跨国公司总部、商业服务中心和国际金融中心、信息传播中心等,兼具各种功能,并且是控制全球经济的重要节点。围绕着世界城市概念,形成了内容丰富、体系多样的判断标准。比如,美国的《外交政策》杂志选取了涉及商业活动、人力资本、信息交流、文化体验和对全球政策制定与对话的影响力等5个方面共计25个指标,推出了"全球城市指数排名(2010)",中国的香港(5)、北京(15)、上海(20)、台北(39)、广州(57)、深圳(62)、重庆(65)都位列其中。

建设世界城市是中国城市化进程不断加快、城市化水平不断提升背景下的战略选项之一,同时也是中国城市融入世界经济的重要渠道,是中国城市在世界政治、经济、文化交流中发挥积极作用的重要途径。

当然,创建世界城市的任务非常艰巨,如何在全球化、信息化、网络化的时代中找到建设世界级城市的突破口,将成为建设世界城市能否顺利推进的关键问题。中国的北京、上海等地都具有成为全球性世界城市的潜力,有些城市则具有成为区域性世界城市的潜力。无论如何,在将潜力转化为现实的过程中,需要充分发挥潜力城市的综合优势,在某些领域实现跨越式发展,而旅游由于其对于推动不同地区、不同文化的人们之间的交流,由于旅游流对商务流、资本流、信息流、文化流、科技流有着强大的带动作用,因此旅游业完全有可能成为这些潜在世界城市中能够率先实现突破的领域之一。也就是说,建设世界级旅游城市是建设世界城市的重要途径之一。

二、世界级旅游城市的核心在于集聚性和扩散性

如同世界城市一样,世界级旅游城市的要义也在于"超越地理界限的影响力"。这种超越地理界限的影响力可以分为两个层次,其一是集聚性影响力,其二是扩散性影响力。

所谓集聚性影响力,就是指由于旅游城市的吸引力所产生的对全球旅游市场的影响力,主要表现为某旅游城市所吸引的外国入境旅游过夜人次数。如果以北京为例,则可以发现,北京与伦敦、纽约、巴黎等城市相比还有很大的差距。2010年北京接待的入境过夜游客为490.1万人次、旅游创汇50.44亿美元,而伦敦在2007年就已接待了1530万国际游客,国际旅游收入为83亿英镑(约166亿美元),初步预计2010年将接待1600万国际游客;纽约2008年接待国际游客达到9463万人次,国际旅游收入约为170亿英镑,预计到2013年国际游客数量将下降到9297万人次;巴黎2008年接待的国内外游客数量大约为3510万人次,估计到2013年该数字将上升到3710万人次;2008年罗马接待入境国际游客为562.9万人次,预计到2013年国际入境游客约为660万人次。即便是泰国的曼谷,2008年接待的国际游客数量也达到了1021万人次。

所谓扩散性影响力,大概可分三个小层次,即传播的扩散性、创新的扩散性和管控的扩散性。可以想见,在当前传播媒体如此发达的环境中,如果无法通过各种全球主流媒体将自己推送到全世界各个角落,那显然难以称为世界级旅游城市;一个世界级旅游城市无法通过产品创新、商业模式创新等方面对世界其他城市的旅游发展产生足够的影响,或者该旅游城市所驻有的旅游类跨国公司全球总部或地区总部的数量少得可怜,则显然也难以对全球旅游业"发号施令"。比如,从2004年至今的Google搜索量看,若以北京的网络搜索为基准的话,巴黎是北京的14倍,伦敦是北京的16倍,纽约是北京的15倍,罗马是北京的2倍;据1998年的资料,四大城市中巴黎的联合国机构及国际组织总部的数量最多,达208家,其次是伦敦57家,再次是纽约21家,东京为16家,而北京才2家。

三、建设世界级旅游城市要处理好的几个关系

第一，要处理好突出的"点"和广阔的"面"之间的关系。世界旅游城市在一定的区域范围内是极化的增长极，是突出的，但是一个没有广阔纵深的旅游城市是不可能真正成为世界级旅游城市的。要想成为世界级旅游城市，一定要发挥城市的枢纽、通道作用，加强与周边城市之间的联动、联合。

第二，要处理好鲜明的形象与多元的内涵之间的关系。一个世界级旅游城市一定要在市场上形成鲜明的形象，让人一听到这个城市的名称，就能在脑海中形成特定的城市意象。但很多潜在的世界级城市往往是综合性大都市，其世界级城市的内涵显然应该是多元的，这样才能在主体意象之下，吸引各个层次、怀有不同旅游预期的人们前来旅行。

第三，要处理好大师的建筑和公众的讨论之间的关系。世界级旅游城市需要有大师的建筑作为发展中的世界级旅游城市的地标，但世界级旅游城市的地标不应该高高在上，应该能够谦卑地允许公众的讨论，而且还应该构建适当的渠道，使这种讨论能够从民间反馈到大师那里，反馈到决策者那里。只有允许公众讨论的地标建筑才是可亲的、值得记忆的地标建筑。在震撼力和亲和力、冲击力和感染力之间，世界级旅游城市应该更关注整体环境的亲和力、感染力。

第四，要处理好城市的扩张和广场的焦虑之间的关系。世界级城市并不意味着一定要修建无比宽阔的马路和无比雄伟的广场。宽阔的马路虽然可能有助于改善交通状况，促进交通顺畅，但同时也会阻碍旅行者"徜徉"其间；广场太宽则容易没有活力，没有可亲感，形成精神病专家所说的"广场焦虑"，这是应该避免的。

第五，要处理好丰富的遗产与开放的心态之间的关系。拥有丰富的遗产有助于提升城市旅游吸引力，是世界级旅游城市的重要因素，但更重要的是有开放的、包容的心态，并以这种开放的心态来吸引更多流动的文化、生长着的文化，从而形成新的文化遗产的实现和展示机制，这对于世界级旅游城市才是一种持久的生命力。

第六，要处理好固化的发展指标与动态的能力建设之间的关系。指标固然重要，但是仁者见仁智者见智，不同指标下，评价结果会有很大不同。如果迷信

指标,容易在世界级城市发展的过程中迷失了城市自己。指标性的评价往往是对过去的肯定,如果没有能力建设在后面支撑,这样的结果肯定是不稳定的,不可持续的。

第七,要处理好相同的市界和不同的空间之间的关系。城市无论大小,都有市界,但是却有不同的纵深空间,因此在所谓的外国入境过夜人次的概念表现上会有不同。比如,伦敦之于英国,因为英国国土面积相对小,所以大量的游客可能是国际游客,北京之于中国,因为中国的国土面积相对大,所以大量的游客可能是国内游客,但是这些游客到北京的旅行距离未必比那些英国周边国家游客到伦敦的旅行距离为短。也就是说,如何在两个国土面积、人口总量完全不同量级的体系中确认世界级旅游城市的标准,如何处理国际入境游客在世界级旅游城市确认中的地位和权重,还需要深入地、实事求是地思考。

四、建设世界级旅游城市的相关问题

"中国的城市化与美国的高科技发展将是深刻影响 21 世纪人类发展的两大课题……中国城市化将是区域经济增长的火车头,并产生最重要的经济利益。"诺贝尔经济学奖得主斯蒂格里茨的话蕴含更多的是一种寓意,以旅游城市构建区域性旅游目的地已成为 21 世纪旅游发展的新趋势,这也正是我们在建设国际型旅游城市的过程中一直在反思的主题。

我国已经有很多城市提出了建设国际型旅游城市的目标,而且追逐这个目标的城市数量还会随着旅游目的地之间竞争程度的加剧而不断增加。

应该说无论是国际化、城市化还是旅游,都是当前社会热点。应该看到,我们正在积极有效地融入到全球化进程中,正在不断拓宽国民的国际化视野。当然,无论是国际化还是城市化都将与旅游有着千丝万缕的联系,国际化和城市化有利于旅游经济更好更快地发展,同时旅游经济的发展也将成为国际化和城市化的重要推动力。

(一)标准

总体的建设目标必须要有细分的标准来支撑,这样大家才能遵照设定的标准来一步一步完成最终的发展目标。标准设定合理与否将会影响到建设过程的效率和效果,但有的时候标准可能会让人误入歧途,如果撇开学术的界定,我们不妨通俗地从两个方面来理解国际旅游城市:就供给角度而言,国际旅游城市是指旅游供给达到国际水准的旅游城市;就需求而言,国际旅游城市是指为国际旅游市场所熟知且具有一定美誉度的旅游城市。

因此,建设国际型旅游城市大体可以从四个方面来衡量:首先要有足够高的国际交往程度。其实这也是国际化城市所强调的。主要可以通过诸如国际性组织和世界大型企业总部和代表机构的数量、举办大型国际会议数量、外籍居民的数量和比例、接待境外旅游者人数、国际航班数量等多个方面来体现。

其次,在国际上要有明确的城市旅游形象。目的地形象是目的地多因素综合匹配后作用于市场的一个总体印象。这对吸引国际客源具有重要的意义。

第三,接待设施要完善,尤其是要充分保证国际游客使用的便利性。这是国际旅游城市区别于一般旅游城市的重要标志之一。包括标识系统要符合国际通用标准(包括标识外语翻译的准确性)、要考虑使用人群的国别差异,居民的友善程度及与国际游客基本交流的能力等。接待设施的完善则既包括类型的多样,还要保证档次配置的合理性。

第四,需要具有国际吸引力的旅游产品和独特的人文环境,这其中包括国际知名的景区、会展活动等。之所以强调人文环境,一方面是因为人文环境往往是一个城市的灵魂所在,没有了她,城市就没有了精神;另一方面则是因为独特的人文环境往往是吸引国际游客的重要因素,是城市核心竞争力的来源。但是独特人文环境并不反对多元文化的融合。

(二)瓶颈

当我们旅行于各个城市之间的时候,推开窗户,我们无法明确地告诉自己这是在哪里;当我们在多数城市的街道漫步的时候,映入眼帘的是"千城一面"的高楼大厦。这显然不是国际旅游城市所应该追求的,可却恰恰是我们目前的一种真实写照。

国际型旅游城市应该具有国际性的凝聚力,城市吸引力和游客市场要能够辐射到海外,能够接待来自世界多个国家的游客。因此,严格地说,我国目前提出建设国际旅游城市目标的城市在标准的适应性方面都含有一定的差距。

从国际组织的角度看,差距显然不小。以北京为例,截至 2011 年,北京已经拥有《财富》杂志评出的世界 500 强企业总部中的 41 家,仅次于东京,不过这 41 家企业都是中国企业。据国际大会及会议协会(ICCA)的统计,2008 年北京如果从旅游消费方式和旅游消费结构来看,我国的旅游业中大部分属于观光旅游,即走马观花式的参观型旅游活动居多,而修学、健身、寻根、考察、探奇、了解风土人情的专项特色旅游较少。要改善这种情况,就要求国际型旅游城市要对城市发展内在肌理、特质文化等进行梳理和展现,加快旅游观光与休闲体验之间的融合,优化城市环境,满足"宜居、宜游"的要求。

随着我国社会主义市场经济建设步伐加快,以及参与国际经济大循环,我国国民经济必将持续、稳步、健康发展。国内政治稳定,社会安定和经济勃勃发展,为建设国际型旅游城市提供了良好的外部环境。近年来,我国城乡人民生活水平得到改善,生活质量稳步提高,消费观念发生了根本变化。人们已不满足封闭式的家庭生活,而是迫切希望通过旅游满足开阔视野、陶冶性情的高层次的需求,旅游将成为人们物质文化生活的一个组成部分。

"旅游"作为一个年轻的产业要实现国际化,城市是最好的突破口。为此就要求城市进行产业结构优化,旅游外汇收入占当地进出口总值达30%以上,旅游业与相关产业的协调度和整合度高,旅游业对国民经济的贡献率高,旅游业总收入占GDP的比重超过10%,成为城市经济的主导产业……

举办的国际会议①数为73次,巴黎为139次、伦敦和东京都是68次。据国际协会联盟(UIA)统计,2008年北京召开的国际会议②数量为75次,而排在第一位的新加坡有637次、第二位的巴黎有419次,此外东京有150次、首尔有125次。据有关资料显示,巴黎的联合国机构及国际组织总部的数量最多,达208家,其次是伦敦57家,再次是纽约21家,东京为16家,而北京才2家③。

旅游是人生的一种文化体验,古已有之。在国际型旅游城市的建设过程中,在城市文化传承与城市化进程关系的处理方面,我国的很多城市显然也有很大的差距。

国外的理念认为,城市应该是一个开放的巨系统,城市的文脉与肌理应该具有一定的延续性。因此,老建筑没有必要全盘保留,在城市的保护和利用过程中,最重要的是复兴城市的灵魂。此外,国外在城市化发展过程中对于老城与新城的关系处理已经形成了行之有效的模式,诸如新老分离等。可是在我国,经常发生的往往是要么在城市化商业利益的驱动下,大片的历史建筑、历史街区消失在铲车下,仿古建筑大量涌现,无国别的建筑大量涌现;要么不管三七二十一,只要是古代的东西就不能动,就需要保护。这两者都是极端,都与国际先进水平有很大的差距。

(三)方向

面对全球化的挑战,对应城市化、现代化、国际化的发展,旅游产业需要在传统的运行轨迹上转型,才能顺应发展的需要。

这其中自然就包括根据资源的特质和市场的需求进行旅游产品的创新和升级。在建设国际型旅游城市的过程中要实现核心旅游产品的国际化,使之具有国际性的吸引力。国际型旅游城市应拥有世界级的高品位的旅游资源和世界罕见的旅游景观,更要按照国际标准建成具有国际竞争力的核心产品。

要瞄准国际型旅游城市的目标,就要建立面向国际的目的地营销体系和适应国际散客化发展的旅游接待体系,包括保证国际化便利的旅游集散中心、引入国际知名的城市观光品牌等。

---

① 至少有50个参加者,定期组织、举行会议(不包括一次性会议),必须在至少三个国家轮流举行过。
② 与会代表至少来自五个以上的国家;参会人数在三百人以上;会期在三天以上。
③ 1997年成立的国际竹藤组织和2002年迁址北京的联合国亚太农业工程与机械中心(AP-CAEM)。

高铁的旅游影响与服务体系建设[①]

中国是世界上高速铁路发展最快、系统技术最全、集成能力最强、运营里程最长、运营速度最高、在建规模最大的国家。目前已投入运营的高速铁路达到6920公里,正在建设的高速铁路有1万多公里。

到2020年,我国铁路营业里程将达到12万公里以上,主要繁忙干线实现客货分线。其中,新建高速铁路将达到1.6万公里以上,加上其他新建铁路和既有线提速线路,我国铁路快速客运网将达到5万公里以上,连接所有省会城市和50万人口以上城市,覆盖全国90%以上人口。到时,邻近省会城市将形成1至2小时交通圈,省会与周边城市形成半小时至1小时交通圈,北京到全国绝大部分省会城市形成8小时交通圈,高速铁路的发展将大大满足人们日益增长的出行需求。

相比于世界发达国家和地区而言,火车作为主要出行选择的习惯在我国还远没有形成。平均每个日本人每年乘火车出行约70次,每个瑞士人每年乘火车出行约47次,而目前我国每人每年乘火车出行只有1次多点,乘火车出行显然还存有极大的发展空间,强大的市场需求同时也将给高速铁路旅游的发展带来巨大的商机。

一、我国高铁发展状况

根据国务院2004年批准的《中长期铁路网规划》(2008年进行了调整),到2012年,我国将建成客运专线42条,形成"四纵四横"铁路快速客运体系,总里程1.3万公里,其中时速250公里的线路有5000公里,时速350公里的线路有8000公里。

"四纵":一是北京—上海高速铁路,全长1318公里,贯通环渤海和长三角东部沿海经济发达地区;二是北京—武汉—广州—深圳(香港)高速铁路,全长

[①] 部分内容发表于《旅游绿皮书2011》。

2350公里,连接华北、华中和华南地区;三是北京—沈阳—哈尔滨(大连)高速铁路,全长1612公里,连接东北和关内地区;四是上海—杭州—宁波—福州—深圳高速铁路,全长1650公里,连接长三角、东南沿海、珠三角地区。

"四横":一是青岛—石家庄—太原高速铁路,全长906公里,连接华北和华东地区;二是徐州—郑州—兰州高速铁路,全长1346公里,连接西北和华东地区;三是上海—南京—武汉—重庆—成都高速铁路,全长1922公里,连接西南和华东地区;四是上海—杭州—南昌—长沙—昆明高速铁路,全长2264公里,连接华中、华东和西南地区。

同时,以环渤海地区、长三角地区、珠三角地区以及辽中南、山东半岛、中原地区、江汉平原、湘东地区、关中地区、成渝地区、海峡西岸等经济发达和人口稠密地区为重点,建设高速铁路,覆盖区域内主要城镇。

到目前为止,已投入运营的高速铁路包括北京—天津、北京—上海、武汉—广州、郑州—西安、上海—南京、合肥—南京、合肥—武汉、石家庄—太原、济南—青岛、宁波—台州—温州、温州—福州、福州—厦门、成都—都江堰、上海—杭州、南昌—九江、长春—吉林等高速铁路。到2012年,哈尔滨—大连、北京—石家庄、石家庄—武汉、广州—深圳、南京—杭州、杭州—宁波、天津—秦皇岛、蚌埠—合肥、厦门—深圳、汉口—宜昌、南京—安庆等高速铁路将建成通车。

表1 高速铁路运营对旅行时间的影响

铁路	正式运营	时间影响
京津城际	2008年8月1日	北京到天津运行时间不到30分钟
合宁客专	2008年8月1日开行动车组	合肥到南京由原来的4小时缩短至1小时内,合肥到上海缩短至3小时内
石太客专	2009年4月1日	两地实现1小时到达,比以往缩短了4个小时,北京到太原可3小时左右抵达
合武客专	2009年4月1日	两地运行时间由原来的8小时缩短至2小时,南京至汉最快2小时50分;上海到汉口最快4小时45分可达
甬台温铁路	2009年10月1日	宁波到温州的时间从原来的近4个小时缩短至1个半小时,宁波到福州的时间由20多个小时缩短至3小时
温福铁路	2009年10月1日	温州到福州2小时,福州到上海缩短至5小时

续表

铁路	正式运营	时间影响
武广高铁	2009年12月26日	两地最短运行时间3小时16分,缩短了7个多小时
郑西高铁	2010年2月6日试运营	两地最短运行时间从原来的6个多小时缩短至2小时以内
福厦高铁	2010年4月26日	两地由原来的11个小时缩短到1.5个小时
成灌高铁	2010年5月11日	全程耗时30分钟左右
沪宁高铁	2010年7月1日	两地最短运行时间73分钟
昌九城际	2010年9月20日	全程只需45分钟,比过去缩短一半,从南昌到武汉只需2.5小时,比过去缩短1.5小时
沪杭高铁	2010年10月26日	两地运行时间为45分钟
广深高铁	2010年10月	两地运行时间缩短至25分钟
宁杭高铁	2010年10月26日	全程2小时45分钟
长吉城际	2011年1月11日	两地运行时间缩短至半小时以内
京沪高铁	2011年6月中旬开通	提前开通,两地最快4小时可达
京广高铁	2012年投入运营	两地运行最短时间8小时左右
哈大高铁	2012年投入运营	两地运行时间由目前的4小时缩短为2.5小时
京石高铁	2012年投入运营	两地运行时间由目前2小时缩短为1小时
石武高铁	2012年投入运营	北京至武汉时间将由9小时左右缩短为4小时
杭甬高铁	2011年底建成	两地运行时间为26分钟,缩短90分钟
津秦高铁	2012年投入运营	天津到秦皇岛约需1小时,秦皇岛至唐山仅20多分钟
合蚌高铁	2012年投入运营	合肥至蚌埠半小时抵达,合肥至北京3小时抵达
厦深高铁	2012年投入运营	全程2小时
宁安城际	2012年投入运营	两地运行时间约为1.5小时,上海到安庆3小时
汉宜客专	2012年投入运营	重庆到武汉5小时内抵达
广深港高铁		广州到深圳段2005年12月开工,深圳至香港段2010年1月16日立项,届时与京广高铁联通,则从香港到广州将会由原来的两个小时缩短到40分钟;香港到北京也会由现在的24个小时压缩到8个小时;香港到上海会由现在的18个小时缩短到6个小时

二、高铁发展对旅游目的地发展的影响

显然,高铁将极大地改变人们对远程目的地的空间距离感知,显著增加人们出行的便利性,拓展人们的出行区域范围,推动区域间旅游客源互换,加快旅游经济的地区间融合发展。数据显示,2010年前三季度,湖北省接待游客同比增长43.4%,旅游收入增长51.6%。作为高铁枢纽城市的武汉市则开始出现游客量"进"大于"出"的现象,导致武汉的高星级饭店等设施供给无法满足市场需求;武汉旅游局等有关方面及时根据高铁开通的客流变化,开发形成十大主题旅游活动,分别以"春、夏、秋、冬"组成不同的旅游产品进行推介,并加强了相关设施的建设和协调。2010年2月,郑西高铁开通时,西安市宣布乘坐郑西高铁到西安旅游的游客可凭高铁车票在西安各主要景点享受最低五折的优惠;郑州市也相应推出了针对西安游客的持高铁门票享受门票优惠措施,范围包括了少林寺在内的15个景点,由此极大地带动了两地间客源互动交流。

但高铁对旅游发展的影响远不止这些,还将在以下几个方面产生更深远的影响。

(一)将推动旅游目的地的分工

高铁发展必将影响到各个旅游目的地的专业化区域分工,旅游目的地的类型将会进一步分化为旅游集散地、旅游地、休闲地、旅游主体功能区等,从而会使得旅游经济发展进程中,包括"吃住行游购娱"等在内的产业结构的区域协调、利益博弈成为紧迫需求。高铁的发展将深刻地影响到区域内资源配置、产业配置、要素配置的调整,旅游咨询中心的价值凸显,公共服务体系的需求上升,休闲环境的营造和休闲产品与服务的供给将成为能否深化发展的关键。

(二)推动集散地与目的地角色的调整

由于高铁的发展改变了旅游客流方式和消费者对旅游空间距离的感知,从而使得很多资源型地区可能面临被动地成为集散地的资源飞地,旅游集散地可能没有丰富的旅游资源,但完全可以利用资源所在地的资源来发展除了景区之外的其他旅游衍生消费。如果资源所在地(即传统意义上的旅游目的地)不积极推进目的地休闲化的纵深发展、产业融合、多元发展的话,旅游者在该地停留的时间将会缩短,从而导致旅游资源所在地的发展前景发生根本性变化,传统

的过分依赖门票获取旅游经济效益的发展方式将面临严峻挑战,购物、住宿等方面的重要性日益凸显。

(三)网格化结构将成趋势

传统的旅游目的地演进基本遵循"点-轴"式发展的模式,而随着高速铁路的发展,尤其是高速铁路网络的形成,旅游目的地的演进模式将可能会转换为"点-轴-网"结构,从而使得旅游目的地与旅游客源地之间原有的圈层辐射效应消失。目的地吸引力大小从波浪式空间演进转换到跳跃式空间演进,离客源地客观距离近的旅游目的地未必比离客源地客观距离远的旅游目的地更有吸引力和交通优势,从而既扩展了旅游目的地空间竞争的范围,也要求各个旅游目的地从孤岛型发展向集群化发展转变,加强区域内各目的地的内聚化发展。

(四)对乡村旅游发展提出更高的要求

从高速铁路发展的规划看,其关注的重点在城市,而对农村的关注度相对较低。这可能会对农村发展带来一定的负面影响,包括对城乡一体化的进程以及乡村旅游发展的吸引力。为此,下一步需要通过旅游作为介质来推动乡村经济的发展,改善乡村的交通可达性,同时需要改善乡村旅游的发展水平,尤其是通过创意生活、乡村气息的强化来突出乡村旅游的吸引力,以及通过高速铁路与高速公路等路网衔接来增强乡村旅游的生命力。

(五)迫使旅游发展做出更大的变革

一方面,随着高铁的发展,各地、各企业发展旅游业的方式和思路将被迫作出变革,尤其对那些希望通过免门票的方式推进旅游发展的地区挑战更大。高铁发展对航空领域的变革将更为深远,对廉价航空的发展是一个推力;营销媒体和方式也必须作出调整,列车媒体尤其是高铁列车媒体将走向前台,凸显出其独特的旅游营销价值。

另一方面,高速交通发展能推动旅游的发展,同时高速交通效益也需要旅游的支撑。旅游发展规划需要充分考虑交通变革的影响,同时也需要在交通设计时充分关注旅游流的时间特性、空间特征和规模价值。

三、高速铁路发展对铁道系统的机遇和挑战

(一)乘客结构的变化

铁道部在2010年7月28日举行的中国高速铁路成就暨第七届世界高速铁

路大会新闻发布会上发布的数据显示,目前全国铁路共投入运用动车组 355 组,累计安全走行 2.8 亿公里,运送旅客 5 亿多人,动车组列车的运行正点率保持在 97% 以上。2010 年 7 月 1 日以来,全国高速动车组列车日均开行 1000 列左右,日均发送 88.1 万人次,平均上座率达到 120% 以上。

在高速铁路运营过程中,不仅运营速度和频率与传统铁路有很大差异,高铁乘客构成也与普通列车人群构成有所不同。

铁道部有关调查数据显示,特快列车旅客月收入在 1000 元以下的占 13.79%、1000-3000 元占 56.06%、3000-5000 元占 18.24%、5000-10000 元占 8.79%、10000 元以上占 3.12%,直达列车旅客月收入各档占比分别为 7.45%、42.16%、24.99%、19.03%、6.37%,动车组列车旅客月收入各档占比分别为 6.74%、43.95%、23.95%、18.13%、7.23%。总体而言,列车档次越高,则相应的乘客中高收入比例也越高,乘客对列车的相关服务要求也会相应提高,对长期供不应求的铁路服务部门自然也提出了新的要求和挑战。

以高速铁路运营为主的北京南站和以传统铁路运营为主的北京站为例,新生代市场监测机构的调查发现,在北京南站,公务和商务人群的比例很高,约达 53%,普通火车站(如北京站)的人群结构中商务客流约占 32% 左右。北京南站月薪 3000 元到 5000 元的是主力人群,占到 70%,在北京站坐车人群当中,月收入 3000 元以下的占到 55% 左右。此外,从职业背景看,北京南站客流中企业中高层管理人员、企业白领阶层、企业技术人员、教师/律师/医生等的比例约达 91%,各分职业比例都高于北京站客流中相应比例,北京站客流中以学生、个体商户以及企业白领阶层为主,约占 53%。高铁以商务客流为主的特征则预示着高铁的商业经营空间和模式必须作出相应调整,只有这样才能真正抓住客流商务化给铁路带来的无限商机。

(二)经营空间的变革

目前,我国铁路运营面临着两个重要问题,第一是总体上呈现低运价状况,尽管我国的物价总体水平不断上涨,但现在客运基本票价率仍在执行 1995 年 10 月制定的标准,第二是铁路需要承担着大量公益性减免等责任。因此,我国的铁路客运总体上一直处于亏损状态。即便是高铁客运同样存在这个问题。以京津高铁为例,其设计年运量约 3000 万人次,但是从 2008 年 8 月到 2009 年 9 月底,其旅客运量 1870 万人次,营业额 11 亿多元,收支相抵亏损约 7 亿元,第二年的运客量达到了 2226 万人,但仍难以改变总体亏损的趋势。

当然，这也与人们对铁路经营空间的认识有密切关系。传统上，铁路客运收入的主要来源是票务收入、餐饮收入和广告收入，铁路车站的经济收入来源也主要放在一些小商品销售、餐饮和广告上。不过，随着高铁时代的到来，我们不仅需要重视传统的餐饮空间的价值，未来还需要关注车站作为商业空间、信息空间、金融空间、娱乐空间、休憩空间等多重空间整合的价值，高铁列车的经营空间甚至需要从当前以餐饮空间为主调整到以商业空间为主、餐饮空间为辅的格局上来。

这一方面是因为高速列车运行的速度越来越快，人们在列车上的用餐需求可能会明显地下降，当然，同时也意味着高铁列车经营需要加快研究车上商业空间开发的步伐，尤其是开发与高铁乘客需求相适应的各类商品，尽快提升高铁列车经营效益。在这方面京津高铁已经做出了积极的探索。据初步统计，周一至周四，京津城际每天平均销售收入一万元以上，周五至周日，每天平均销售收入在一万五千元以上。

另一方面，人们对高铁车站的形象认知较之于普通车站发生了很大的改变，为车站的商业开拓奠定了需求基础，乘客对车站的需求也将逐步从简单地候车过渡到休闲娱乐享受，将把车站作为重要的获取信息的渠道。根据新生代公司 2008 年 10 月在北京南站、天津站、青岛站调研的数据显示，人们对三大高速铁路车站最直观的评价为"整洁 85.6%、舒适 58.6%、明亮 57.0%、美观 25.3%、高档 20.1%"。从调研结果来看，被访者普遍认为高铁火车站整体感觉比普通火车站档次更高，占总体的 88.4%；高铁火车站与普通火车站相比，其舒适、干净、硬件设施等方面获得了绝大部分乘客的认可。

另外，从北京南站的情况看，约 88% 的人会提前 30 分钟到车站，提前到达车站的平均时间约为 48.3 分钟；100% 会在候车大厅等候，其中 49.4% 的旅客等候时间在 30~45 分钟，13% 的旅客等候时间为 45~60 分钟，5% 的旅客等候时间在 60 分钟以上。相信随着高铁车站商业开发的深入，高铁车站的吸引力将不仅仅在于车站本身，还将因为车站的内容完善与价值挖掘而进一步增强。

(三) 经营资源的变化

铁路客运的创岗增效既需要在现有经营范围内对既有经营资源的创新性利用，更需要把握发展趋势和动态，不断发现、挖掘新的经营资源，以新资源为基点，构建"产业点—产业线—产业面—产业场"的模式，创造新效益。

高铁的发展提供了很好的机会。我们应该看到,高铁及其站域不仅仅是完成旅客运输的载体,高铁将是经停城市的城市经济、社会等各方面发展的"触媒",尤其是高铁的发展必将改变所在城市的商业布局,影响所在城市的商业客流流向和消费者的消费行为。

因此,围绕高铁展开的多种经营创新及其发展应该是整个铁路多经系统创新发展的"触媒"。如果说我们以前关注的主要是路内资源的话,现在则需要更多地关注路外站域资源。随着运营里程的增加和网络化构架的形成,高铁的触媒角色将越来越深化,以高铁旅游商品及旅游产品开发、延伸与运营的创新发展为切入点,高铁旅游服务体系的全面构建为标志,铁路多种经营必将在更广的领域得到更快的发展。同时,也就要求铁路多经系统能够因应局势变化,既要争取各种政策措施支持,又要加强自身的创新求变。

（四）发展定位的变化

由于以往铁路客运能力紧张,在黄金周期间、春节期间更是往往一票难求,故铁路客运一直以来强调"走得了",将主要精力放在运输旅客上。可是现在高铁发展迅速,不仅运行速度快,而且运输能力强、运营间隔短,票源紧张的问题将基本解决,加之高铁所运输的主要是商务客和游客,故高铁客运的重点就要立足于让旅客走的舒适、走的快乐,工作的重心就要放在衍生的服务上,高铁客票则要从原来的销售向运能极大释放后的经营转型,票务不再是简单的供给主导型的销售问题,而是要制定灵活的票价政策,科学经营票务,以求不断提高高铁运能利用率,在高铁与民航的竞争中获胜。

这其中尤以加快高铁与旅游的整合为要。只有把高铁客运的中心放在衍生的旅游服务上,进一步提升铁路多经系统在铁路客运系统整体架构中的地位,充分整合铁路多经系统中旅行服务公司、饭店以及文化广告公司等多种业态,高铁才能真正形成配置科学、运行有效的高铁旅游服务体系,高铁与旅游之间才能真正做到良性融合发展。

高铁客运工作的中心逐渐向旅游服务转型,这是市场的内在要求。以我国第一条高速铁路客运专线——京津城际的运营服务对象为例,86.5%的外地来津乘客是以旅游（或相关旅游范畴）为目的,这些游客中以休闲、观光、旅游、度假为目的的占28%,以商务、会议、文化交流为目的的占44.7%,以探亲访友为目的的占27.3%;这些游客的常住地以北京居多,占60.4%。我国台湾高铁开通初期,乘客搭乘的动机中,以旅游需求为最高,占38.5%,其次为新鲜感,占

35.8%，第三是商务需求，有13.8%，回答因票价比飞机低的只有5.5%；当没搭过高铁的受访者被问及"何种原因会让你未来可能去搭乘高铁"时，有18.4%的受访者会因有"旅游需求"时、16.2%的人会在"票价下降"时选择搭乘高铁。

四、高铁旅游服务体系建设

(一)重视高铁旅游服务体系的必要性

无论是从运行速度、运输能力、适应环境和节能环保等方面，高铁都有非常强大的优势，但是要把这些技术优势真正转化为社会经济优势，就需要积极推动高铁衍生服务产品的开发和经营。只有在继续深耕高铁运输主业的同时，不断开发和丰富高铁衍生服务产品，高铁才能跳出传统的"票务经济"的限制，取得更大的发展。

从高铁自身的发展潜力和未来模式的认识上，要摈弃原先铁路运输经济的单一思维，要把高铁站域经济放在与临空、临港经济相提并论的高度来认识(姑且称之为"临高经济")，只有这样才能在海陆空运输体系中给高铁找到合适的、应有的定位。

而在众多的高铁衍生服务产品中，旅游服务体系的建设是最合适的发展方向之一。《铁路旅客运输管理规则》第六章即为"旅行服务管理"，在"旅行服务"一节中首条即指出，"旅行服务工作的任务是满足旅客在旅行中吃、住、行、购、娱等多方面的需求。旅行服务要向多元化、多功能、多层次的一条龙服务发展"。目前的旅行服务主要还是餐饮供应服务，前述的拟强化的"高铁购物"也只是整个旅游服务体系多个要素中的一环而已。高铁可以介入的旅游服务体系至少还应该包括高铁咨询、高铁旅游、高铁饭店、高铁营销等相关内容。

(二)打造"高铁问询"品牌，推动高铁集散体系建设

1. 高铁集散体系建设是客观要求

(1) 从综合时间角度看优势

从出行综合时间考虑，高铁的最佳经济运行区间是在4小时以内的行程区域范围之内，4小时以上的区域则航空运输占优势。以法航和TGV为例，旅行时间2小时的市场，TGV占90%以上份额；3小时的市场TGV占60%的份额；4小时及以上的客运市场，TGV只占38%的市场份额。

到2012年高铁"四纵四横"格局形成后,邻近省会城市将形成1至2小时交通圈、省会与周边城市形成半小时至1小时交通圈。以广东这个我国最大的旅游客源地为例,贵广铁路建成后,广州到桂林只需2个小时,广州到贵阳只需4个小时;南广铁路建成后,南宁到广州只需2个小时;昆明到广州只需6个小时;西部沿海通道建成后,1个半小时就可到湛江,2个小时到海口,3个小时到三亚。"四纵四横"的高铁网络形成后,将会涵盖中国民航58%的市场,显示出高铁相对于民航的竞争优势。

(2)从旅游需求角度看优势

高铁不仅在技术上有自身优势,而且相对于纯粹点对点的航空交通而言,乘坐高铁出行还可以更多地欣赏到沿途的风景,"一路风景一路行"是一种别样的享受。可以预见,如果高铁能够很好地解决目前存在的高铁车站到市中心以及高铁车站到主要旅游景点的交通接驳问题,则高铁在人们出行交通工具选择中将表现出领先优势。

另一方面,从国内旅游情况来看,散客化、自由行、区域游已经渐趋潮流。从国家旅游局公布的信息看,2009年国内出游人次为19.02亿,其中通过国内21649家旅行社组织出游的为1.01亿人次,有组织出游的比例仅为5.31%。当然,散客化、自由行比例的提高,增强了游客对终端信息的需求。以前由旅行社集成信息的工作必须由游客自己承担,而且游客未必会在出行前搜集所有的信息,很多旅行的信息需要在旅途中补充和完善,这样一来,如何帮助游客更便利地获得出行有关信息以及旅游目的地相关信息就将是各个旅游目的地政府和旅游企业必须高度重视和积极应对的问题。

高铁渐成优先选择的交通工具,高铁车站自然就成为人们旅游出行最重要的集散中心之一,成为游客进入旅游目的地的最重要门户区域之一;国内游散客化的趋势及其对信息的多样化需求,使得高铁车站在承载客流集散的功能之外,同时还需要承载起旅游信息中心、旅游问询中心的功能。此外,还需要通过培训,提高列车乘务人员的旅游知识和服务技能,在流动中为乘客提供旅游相关咨询服务,并结合高铁专门购物车厢设立高铁旅游问询服务台。

(3)国内外的实践经验

实际上,武汉市已经在武广高铁开通之后,深刻感受到了高铁开通对武汉旅游业发展的深远影响,已经在汉阳、武昌和汉口三个火车站站口设立了旅游咨询服务中心;郑西高铁开通后,西安市旅游局也已经向市政府提出申请,拟在西安北客站设立旅游集散中心,并且已经征得了交通部门和规划部门的同意。

在国外,火车站的旅游问询中心功能表现得更为完善。比如,法国火车站不仅出售火车票,还向旅客提供周密的旅游方案。法国国营铁路公司与旅馆、租车公司及各大旅游景点建立了伙伴关系,多数火车站不仅可为旅客预订旅店、租赁汽车,还可提供著名景点的旅游线路及开放时间等信息,旅客可在买火车票的同时将行、住和游都规划妥当。英国路网公司运营、管理着 17 个较大车站,车站均设有咨询台,为旅客提供问讯服务、免费列车时刻表等,通过提供优质的服务,方便旅客出行。在瑞士,很多开放式火车站台附近也都设有旅游问询服务点(尽管这些问询中心的规模未必很大),而且这些旅游问询服务中心同时还是旅游纪念品的销售点(如图 1 所示)。

图 1　瑞士琉森火车站旅游问询中心

2. 高铁问询品牌发展

(1) 预留空间

庞大的市场需求要求目的地政府将高铁车站及其车站附近区域打造成目的地旅游公共服务体系的重要门户,同时也使得铁路系统打造高铁旅游问询品牌之事(以下简称"高铁问询")应该尽快提上议事日程。

为此,在高铁客站规划建设标准中,应充分考虑到"高铁问询"发展的需要,预留出相应的位置和空间,并对高铁旅游问询中心进行专门的设计,向高铁乘客呈现出鲜明的形象和专业的服务。先期可以选择北京、上海、广州、武汉等客运专线枢纽站进行试点。

图2 墨尔本 Flinders 街火车站附近的旅游问询中心等

(2) 标志设计

"高铁问询"的标志要进行专门创意设计,设计元素应包括高铁(Gaotie)的"G"字母、信息(Information)的"I",最好能包括高铁车体形象,以使人们一看就知道是"高铁问询"。从标志的基色选择看,应考虑到标志与消费者行为之间的关系,初步考虑宜选择蓝白搭配的颜色,白色为我国高铁主色调,而蓝色能给人以舒适、宁静、亲和的感知效果,有助于拉近高铁咨询与消费者之间的距离。

3. 高铁问询的合作方选择与品牌细化

(1)"高铁旅游去哪儿"品牌

"高铁问询"不仅要备有充足的纸介质旅游信息,还应该有动态性的实时信息,包括酒店、机票、休闲度假产品等全方位休闲旅游信息。因此,"高铁问询"的发展不能闭门造车,而是要善于利用外部资源,通过建立战略伙伴关系,与前沿性旅游电子商务企业合作,共同发展线下实体性质的旅游问询体系,合作发展"高铁旅游去哪儿"品牌;共同开发线上虚拟性质的旅游信息服务,打造"高铁旅游网"网站。

"高铁旅游去哪儿"是到"高铁问询"来咨询的旅游者心中共同的疑惑("乘高铁去哪儿旅行最好呢?"),因此选择它作为旅游问询品牌的名称很容易被市场所接受和记忆。当然,符合"高铁问询"定位的旅游信息化企业数量不少,在此可以考虑优选"去哪儿"(Qunar.com)作为合作的对象,合力打造"高铁旅游去哪儿"的高铁旅游咨询品牌。这不仅是因为在名称上两者有契合点,更重要的是"去哪儿"网自身的实力。"去哪儿"网是全球最大的中文在线旅游媒体平台,其独立用户访问量已突破 4200 万,可以搜索超过 600 家机票和酒店供应商网站,向消费者提供包括实时价格和产品信息在内的搜索结果,实时搜索 4 000 条国内、国际航线,60 000 家酒店,20 000 条度假线路,同时,"去哪儿"火车票频道也是国内最大的火车票查询平台之一。这完全符合"高铁问询"发展的方向。

(2)高铁旅游网的建设

"去哪儿"网有非常优秀的技术团队,可以在铁路多经的指导下,充分利用"去哪儿"网现有的资源,共同开发"高铁旅游网",提供围绕高铁站的行程推荐、景点推荐和饭店推荐,方便自由行游客的高铁旅行。同时可以吸引景点、饭店在"高铁旅游网"上投放广告,成为未来高铁营销的重要渠道。

4. 高铁旅游集散的接驳问题

要打造高铁旅游集散体系,不仅要做好"集"的工作,更要做好"散"的工作,而且游客在高铁车站的"集"是为了最终能够"散"到各旅游景点、"散"到最终目的地。

(1)构建"铁公机"的有效接驳系统

通过高铁与汽车、民航等其他交通工具的有效接驳设计,高铁乘客下了火车就能非常便利地通过高铁站旅游集散中心的大巴直接转往希望到达的旅游景区或旅游目的地。这种旅游集散体系在上海、杭州等地已经做得比较成功。

高铁与民航之间则可以从合作共赢的角度加强空铁联运模式的探索,协调好高铁、机场、航空公司三者之间的关系,推出无缝对接的空铁联运服务,使得旅客在火车站即可办理值机手续并托运行李,到机场便可直接登机,这毫无疑问将大大提高高铁的市场吸引力。西安铁路、旅游与东方航空正在利用空铁之间的互补探索共同开拓市场。比如,郑州没有直接飞四川九寨沟的飞机,那么可以吸引郑州游客乘坐郑西高铁到西安,通过无缝对接服务,将游客从高铁车站转运至机场,再从机场飞往九寨沟。上海虹桥站已经具备了空铁联运的基础,并在积极探索通过高铁集聚长三角客源,通过东航国际航班出境的模式;东方航空则将在南京、镇江、常州、无锡、苏州、昆山、嘉兴、杭州8个城市的火车站开通"空铁联运"的远程值机服务。这样一来,无论是铁路还是航空都开拓了各自的市场,互利共赢。当然,高铁的火车票也应该允许通过合作的航空公司订票网络进行预订,而且在列车发车时刻安排方面尽量配合航空旅客转机的时间。

(2)与自驾车租赁系统(企业)的衔接

一方面,中国汽车租赁行业正在经历20多年以来最好的发展机遇,至尊、神州和一嗨等三大本土租车业龙头尽管商业模式并不相同,但都得到了投资者的青睐,神州租车获得了联想投资10亿的融资,至尊租车与腾讯财付通结盟,高盛牵手财团向一嗨租车投资7000万美元,欧美和香港等地的资本也在低调抢滩中国租车市场。

另一方面,有关省份的调查数据显示,自驾车旅游已经成为重要的旅游方式。《2008年浙江省国内旅游抽样调查报告》显示,2008年以自驾车方式到浙江省旅游的游客占15.2%。依此计算,估计其规模大概为1950万人次。《2008珠三角自驾车旅游消费调研报告》数据显示,有72.6%的车主首选出游方式为自驾车,其中,有63.3%的车主每季度会出游1次,31.5%的车主每季度会出游2次;82.6%的车主会选择周末出游,而不受出游时间约束的车主则占了31.3%。总体而言,我国的自驾游市场发展迅速,且以中短途自驾尤其是周末郊区自驾为主。

租车网络不断完善,国内自驾游市场蓬勃发展,使得未来极有可能会出现"高铁+租车"的新型旅游方式。为此,高铁系统需要考虑与这些租车企业之间的接驳。实际上,国内租车企业近些年成功的经验之一就是,在城市内尽量沿着地铁线进行布局。谁说未来的租车企业不会沿着高铁网络进行布局呢?

(3) 与市区之间的集散衔接

一定要做好高铁与吃住游购等其他要素供应商之间的集散接驳设计。在这方面,可以研究开通"高铁巴士"的可行性,通过高铁巴士方便乘客前往吃住游购等消费集中区域(如各地的中央休闲区),也有助于消费者从这些区域前往高铁车站乘车。

在台湾地区,高铁从北到南共设了台北、板桥、桃园、新竹、台中、嘉义、台南、高雄左营共8个站,除了台北、板桥和高雄左营站设在市区内以外,其他5个站都设在未开发的土地上,目前这5个站都开设有免费的接驳巴士到市区,让乘客很方便进入市区。

(4) 客票代售点转型为高铁旅行中心

可将现有若干有条件的火车客票代售点转型为"高铁问询"网络的节点,同时承担售票、咨询的任务,另外还要扮演高铁旅行中心的新角色,承担高铁旅游销售的任务。

目前国内大型航空公司多数已经开始积极涉足"机票+酒店"的旅行产品销售。而在国外,不仅航空公司这样做,铁路系统也在积极推进"火车+旅行"产品的融合发展。比如,德国联邦铁路局于2010年5月在北京设立了中国销售中心,除销售火车票外,还为乘客提供包括机票、住宿在内的全方位旅游支持;除满足个人旅行需求外,德国联邦铁路局还根据商务人士的特殊需求开发了多种商旅套餐,并可按客户需求订制整套商旅方案。

"高铁旅游"品牌打造与系统内优化整合

一、打造"高铁旅游"品牌，推进运输与旅游的融合

（一）高铁是重要的旅游吸引物

上海磁悬浮不仅是重要的交通工具，更是到上海旅游的重要吸引物之一。与磁悬浮一样，不论对国内游客还是对国际游客而言，高铁本身都可以构成重要的旅游吸引物。开发高铁旅游是有很大的市场需求的。有很多人之所以乘坐高铁就是图新鲜，觉得好奇。

正是因为认识到高铁作为旅游吸引物的价值，很多地方旅游局才有兴趣与铁路部门一起合作进行旅游促销。对此，铁路部门应该积极响应，在促销经费等方面适当给予支持，毕竟这对于高铁开拓客源市场大有裨益，而且也有助于推动"高铁旅游"品牌的发展。更何况，高铁旅游还是高铁技术出口、中国软实力输出的重要载体。

（二）加快完善旅游专列产品

旅游专列与旅游包机没有本质的差别，但在实际运营上却有不少差距，其差距主要表现为旅游专列车辆质量、数量、服务等方面尚存在不少问题。由于我国目前铁路运输的压力还是比较大，很多路局车皮只能保证常规运输，而无法腾出富余车皮用于旅游专列运输，因此会导致一些本来在车库中存放的、拟淘汰的车皮被用于旅游专列的现象出现，旅游专列远未能满足市场需求。这样拼凑起来的旅游专列内部设施质量可想而知，游客对旅游专列车辆服务的要求一般要较普通客运车辆高，因此这样的旅游专列也面临更多的服务投诉。

为此，需要从战略上重视旅游专列产品的开发，认识到旅游专列的开行既可提高高铁的旅客发送量，增加铁路运输和多经收入，又能给旅游目的地带去更多客源，带动当地旅游经济发展，增加地方财政收入，促进当地旅游就业。

为此，要尽快解决旅游专列车辆数量不足的问题，鼓励各路局多经系统加强旅游专列开发能力，加强旅游专列产品创新，丰富旅游专列产品类型，加强各

路局之间旅游专列产品开发的经验交流,如可以在全路系统内专门举办一次"旅游专列产品开发经验交流与研讨会"。要充分利用社会关注焦点和相对成熟的经典旅游线路,灵活安排旅游专列时间,改善旅游专列车上服务设施,提升旅游专列车上服务质量,尤其要丰富旅游专列上的娱乐服务,将现行高铁上的服务设施设计理念嫁接到旅游专列上,或者提升旅游专列的档次,改用高铁车辆开行旅游专列,而不是之前的"绿皮车"专列。比如,法国开行的双层高速列车上层为"安静区",下层则为"娱乐区",旅客可使用移动电话、DVD 播放机和游戏机,并设有酒吧。

可以充分利用各路局管内线路资源,与多经系统旅行社共同研究开行时间、编组、线路和组织形式等具体问题,积极尝试围绕节假日开行相对固定的假日旅游专列,与不定期的旅游专列形成互补。这种定期的假日旅游专列有利于市场对该产品形成习惯性认知,而稳定的供给总是有利于市场需求的形成的,也有利于铁路运能利用、运力调配,有利于多经系统科学安排此类专列旅游产品的营销推广。

(三)开行旅游观景列车

条件成熟时,可选择相关路段开行旅游观景列车。这些列车配置可以是高铁配置,也可以是其他档次的列车配置,这取决于观景列车的定位。

美国、瑞士、加拿大、南非、秘鲁等国家都有相应的观景列车。观景列车的内部设施要齐全舒适,还可配备休闲娱乐设施。比如南美洲希朗—宾汉豪华火车设有 4 节车厢,一节是车厢兼餐车,游客可以边享受美食边观赏美丽的风光;一节是酒吧车厢,可以一边品酒一边畅聊;还有一节车厢是装备极其现代化的厨房。瑞士黄金列车也很经典,它由三种观景火车接力完成,包括由琉森至茵特拉根的布宁观景快车、茵特拉根至兹怀斯文的蓝色列车、兹怀斯文至蒙特勒的水晶观景快车。这种观景火车,路线沿途均风光明媚,火车上设有特大的玻璃窗,好让乘客的眼睛不错过任何风景。其中冰河列车以游览冰川景观为主,时速仅有 35 公里,有"全世界最慢的观景列车"之称。奥地利阿亨湖蒸汽火车是世界上仅存的蒸汽火车,也是运行历史最长的,现在被用作"观景列车"。列车沿途风光明媚,视野开阔,并根据不同的线路采用不同的行驶速度,从而使游人能更好地欣赏景观。

(四)打造"高铁假期"品牌

1. 加强高铁假期产品的开发设计

"高铁假期"品牌需要有经典的、有生命力的高铁旅游产品作为支撑。这其中,铁路多经系统的旅行社、旅行服务公司等自有旅游接待体系要开动脑筋、创新发展。毕竟,思路决定出路。当然,要争取在高铁站点、车厢等广告位方面给予铁路多经系统旅游企业的广告宣传提供适当优惠,最好是能够将"高铁假期"品牌以及高铁旅游线路宣传纳入路局窗口单位的一体化宣传中。同时也要开放胸怀,善用外脑,借鸡生蛋。这既包括积极与路外旅行服务机构合作进行高铁旅游产品的创新,也包括积极与地方旅游部门合作,举办围绕高铁旅游的旅游产品设计大赛,邀请旅游者来主动体验主题设计。甚至可以考虑充分利用高铁自身的媒体资源、外部的视频媒体资源,将高铁旅游产品设计大赛办成开放性、展示性的媒体节目,将大赛本身策划成高铁旅游的营销活动事件。

其实,围绕高铁运输开发旅游产品,打造自身品牌的事例在国外并不鲜见。比如,德国联邦铁路目前在中国销售火车票的同时也销售八个短程旅游产品(柏林、德累斯顿、法兰克福、汉堡、科隆、莱比锡、慕尼黑、斯图加特)。其中,围绕柏林就有三个产品:柏林自行车行产品,209 欧元(起),含两晚四星典雅酒店住宿和早餐,并含德国铁路自行车使用权和德国铁路任意城市抵达柏林并从柏林返回德国任意城市的高速铁路普通舱火车票;柏林自游行,109 欧元(起),含一晚三星酒店住宿和早餐,和德国铁路任意城市抵达柏林并从柏林返回德国任意城市的高速铁路普通舱火车票;春季特价,149 欧元(起),含三晚住宿和早餐,并含德国任意城市抵达柏林并从柏林返回德国任意城市的高速铁路普通舱火车票。

2. 改善针对游客的服务质量

打造"高铁假期"品牌,其特色不仅在交通工具上,也要体现在价格和服务上。为此,需要在高铁旅游票务上创新,吸收国外先进经验和做法,同时要突出"高铁服务"品质,在高端旅游团队和要客服务方面要引入饭店金钥匙服务、航空头等舱服务、豪华经济舱服务等服务理念和标准,与地方旅游部门和企业共同建立高铁旅游应急处理机制和投诉处理机制。在条件允许的情况下,要面向铁路旅行社组织的团队提供一些独特的服务,以帮助路内旅行社突出竞争优势。在重点旅游地区要协调好旅游团队停车落客等相关事宜,开通高铁旅游团队绿色通道,在落客、进站、候车、上车等方面提供"优先服务",安排旅游团队专门落客点、专门进站通道、候车专区,并由专人为旅游团队提供候车引导服务。

3. 打造高铁旅游批发商

要在北京、上海、广东等主要客源输出地打造几个大型高铁旅游产品批发商,推动高铁旅游产品的研发。武汉铁路局下属武汉铁路旅游总公司已经计划与地方旅行社合资成立华运高铁旅游公司,打造高铁旅游的经营平台,专门面向华东、华北、华南高铁和动车组沿线的客源市场,策划包括旅游专列、旅游专线等在内的高铁旅游产品。这是一个有益的尝试,也是高铁旅游发展的重要方向,对做大高铁旅游市场、推动高铁旅游的发展大有裨益。对于这样的大型高铁旅游批发商,铁路部门应该在客票保障、专列安排以及领队导游的票务减免或客票销售奖励等方面积极给予支持,执行《铁路旅客运输规程》相关规定,落实旅行团票价优惠,并根据旅行社组团规模趋势灵活调整优惠门槛,提高旅行社对高铁交通的采购倾向性。据了解,从2010年1月4日起,武广高铁动车组列车已推出团体购票优惠举措。在非春运期间,满20人团购可免收1人票价,20人以上每增加10人再免收1人票价。以此类推,满100人团体购票则可以免收9人票价,相当于票价9.1折。在我国台湾地区,为了服务团体乘客,对于人数在11人(含)以上的,只要其起点、终点、车次和车厢种类相同,即可以买团体票,统一打折优惠,折数由高铁公司统一规定。

铁路多经系统自身现有旅行社或旅行服务公司则需要研究自身"统一品牌、集团发展"的可行性。在这方面,可以参照日本的近畿旅行社[①]。该旅行社隶属于日本近铁集团,创立于1955年9月,注册资本75亿日元,总部设在日本东京。有国内分社160个,国外34个城市42个地区有25个事务所(34 overseas cities,42 bases,25 offices),共有员工3537人。2009年的销售额达3763亿日元。组织会员身份包括:日本旅行协会(JATA)、国际航空运输协会(IATA)、世界旅游代理协会联盟(UFTAA)、美国旅行社代理商协会(ASTA)、太平洋亚洲旅游协会(PATA)、日本观光振兴会(JNTO)。旅行社为国外游客提供一系列的服务,其中包括:团体观光、特种旅游、团体奖励、商务会议和国际团体会议以及日本国内举办的各种体育与文化方面的活动等。

---

① 其实,日本最大、全球排名第四的JTB(日本交通公社)也与铁路有密切关系,其最大股东是日铁(东日本铁路公司、西日本铁路公司和中央日本铁路公司) - Japan Railway(East、West and Central Japan),此外还包括九州铁路公司、北海道铁路公司和四国铁路公司。

4. 与地方旅游部门合作推动高铁旅游产品发展

要积极与地方旅游管理部门合作开发高铁专项旅游线路。西安、武汉、上海等地的旅游管理部门都非常看好高铁旅游市场，都希望与铁路部门合作，充分利用高铁资源，开发好旅游市场。尤其是武汉市深切地感受到高铁开通对自身旅游发展的积极影响，已经开发了诸如"动车千里行一日江城游"、"广东双休一日游"、"长隆野生动物园二日游"、"乘高铁游长韶二日游"、"乘高铁泡温泉"等高铁旅游线路。有些旅行社还专门开发了"航空+高铁"、"游轮+高铁"、"特快+高铁"等多种交通组合的旅游线路。比如武汉有旅行社开发了乘长江三峡游轮到上海看世博、乘高铁从上海回武汉的旅游线路；上海则有旅行社开发了从上海乘特快列车去西安，由郑西高铁到郑州，最后由郑州乘坐动车返回上海的"郑汴洛西"四大古都畅游线路。

通过与当地旅游部门的合作，可以争取在景区票务、酒店入住等方面获得相应折扣。比如，乘坐动车到厦门旅游的游客持动车车票进入厦门 4A 级以上景区（点）游玩，门票一律八折优惠（有期限要求）；凭当日动车车票入住厦门 36 家三星级以上酒店，享有酒店标准房门市价 4.5 折优惠（另加收 2% 价格调节基金），并赠送双早（有期限要求，不含节假日）。再比如，郑西高铁开通时，西安市宣布乘坐郑西高铁到西安旅游的游客可凭高铁车票在西安各主要景点享受最低五折的优惠；郑州市也相应推出了针对西安游客的持高铁门票享受门票优惠措施，范围包括了少林寺在内的 15 个景点。2010 年 5 月 1 日（至 2010 年 12 月 31 日，面向散客市场的持高铁票优惠政策包括了西安的 18 个景区、郑州的 11 个景区、洛阳的 12 个景区、三门峡的 11 个景区。

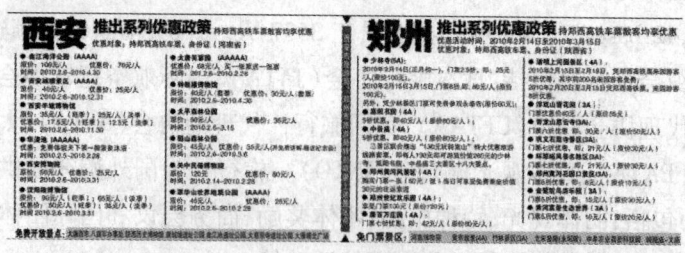

图 1　郑西高铁开通后的优惠政策

通过与当地旅游部门的合作，可以争取让铁路部门成为各地近些年竞相发放的旅游消费券的发放载体,高铁车票视同旅游消费券。这样既节约了当地旅游部门旅游消费券的印制和发放成本,同时也可以增强高铁对潜在乘客的拉力。可以通过与当地旅游部门联合发放旅游幸运卡、旅游优惠卡、高铁旅游一卡通等其他相关卡或券,为高铁乘客旅行游览提供优惠。

5. 力推"铁+酒"自由行产品

"机(票)+酒(店)"模式是目前最流行的旅游自由行模式。从高铁与民航的竞争关系来看,力推"铁+酒"的高铁自由行产品是可行的。台湾地区的长荣航空公司就曾与日本近铁集团共同开发了类似的产品,名曰"近畿铁道之旅",从名古屋进、大阪出,行程共5天,以铁路干线作为串联旅游的主轴,以铁路为主要运输工具,产品包括"近铁电车交通券"、机票、住宿、早餐和晚餐。如果能够在下述"高铁饭店"的整合上见到成效的话,则高铁旅游的内部联动性也将得到良好的发挥,可以通过高铁旅游产品的开发带动高铁饭店的经营发展。

大力推行"铁+酒"自由行产品有赖于两个方面工作的深化,其一是"铁+酒"之外的产品及其价格的吸引力;其二是围绕着旅游而进行的高铁票务创新程度。

对于第一个问题,可以充分利用高铁在旅客流向上的渠道作用和集成价值,开发开放面向旅游景区、饭店、餐饮、休闲娱乐企业的"高铁旅游·景点优惠计划"、"高铁旅游·饭店优惠计划"等多个优惠计划申请平台,打造"高铁+住宿"、"高铁+景点"等双向优惠套餐,既为高铁乘客争取了优惠,又为旅游相关企业开拓了市场,也增加了高铁对乘客的吸引力。可以利用铁路系统淘汰的车厢,进行适当改造,联合有关景区或投资方共同开发"火车厢露营地",打造高铁特色的户外休闲地。

对于第二个问题,则要从高铁综合效益角度出发,加快高铁票务创新,为打造"高铁旅游"品牌提供良好条件,也有利于保证运能释放后高铁上座率的稳定性。毕竟只有增加了上座率才能带来更多的二次销售机会,包括旅游购物的销售机会。关于便利游客、吸引游客的票务设计方面,JR 的"日本铁路周游券"、欧洲的旅行通票和美国的旅游套票(包括全线通用、西部通用、东部通用以及西海岸通用等)可资借鉴。

日本铁路周游券是 JR(日本铁道)集团向在日本的外国人销售的车票类型。有了日本铁路周游券,游客就可以几乎毫无限制地(新干线的新型特快列车"希望号 Nozomi"除外)接连乘坐与 JR 新干线以及与 JR 有关的巴士和轮渡了。游客需要事先在海外的日本旅行社代理店买好"周游券的兑换票",到日本后再去指定的换票处换取日本铁路周游券。7 天有效的周游券的票价分别是普通车 28300 日元、绿色列车(即特等车辆)37800 日元,14 天有效的则分别是 45100 日元和 61200 日元,21 天有效的分别为 57700 日元和 79600 日元,6 到 11 岁的儿童享受半价优惠。

除了上述日本铁路周游券之外,JR 各公司还发行能在北海道全区使用的"北海道铁路周游券(Hokkaido Rail Pass)"、能在东京以北除北海道之外的区域使用的"JR 东日本铁路周游券(JR-East Rail Pass)"、能在关西区域或山阳区域使用的"JR 西日本铁路周游券(JR-West Rail Pass)"以及能在北九州区域或九州全区使用的"九州铁路周游券(Kyushu Rail Pass)"。

(五)多部门战略合作完善高铁旅游产品

1. 与国家旅游局的高铁旅游发展合作

应与国家旅游局建立战略合作关系,联合开展高铁旅游的专题调研,共同推进高铁旅游集散中心建设,指导高铁饭店的创新、规范与发展,鼓励高铁旅游商品参加国际旅游商品博览会,支持高铁旅游的品牌化、集团化发展,联合举办"高铁建设与旅游发展研讨会",适时共同举办全国性高铁旅游交易会;同时高铁方面应积极参与并支持地方旅游发展,优先围绕国家 5A 级景点、优秀旅游城市、全国旅游强县等国家旅游局评定的目的地开行旅游专列,合作推进青藏铁路沿线区域旅游发展,充分利用高铁运能资源协助国家旅游局开展有关的旅游公益性宣传、公益性游客消费行为调研,发挥高铁在旅游营销中的突出作用。

另外,也要围绕旅游企业的需求,帮助旅游企业尤其是旅行社解决开发高铁旅游过程中面临的实际问题,除了解决旅行社团队乘坐高铁的票价优惠和票源保障等问题外,还要关注旅行社团队乘坐高铁时行李运输与现行车厢的行李架设计不协调问题以及旅行社团队乘车专用通道、旅游团队专门车厢等相关问题。如果能够很好地解决这些问题,相信旅游流将成为高铁客源构成中最重要的组成部分之一,而旅游业也可以借助高铁的发展更上一层楼,谋得更大的发展。

2. 与气象部门合作开展高铁旅游气象服务

应与气象部门合作,为高铁乘客提供针对性更强的气象服务,尤其是高铁沿线旅游景区的气象服务。由于越来越多的旅游者根据天气来安排自己的出游计划,气象信息已成为旅游者出游所必需的公共服务信息之一,因此要重点在高铁旅游问询中心、高铁旅游集散中心等场所提供更加精细化的旅游气象服务,针对高铁沿线旅游景区,提供高质量的气象预报。

3. 与邮政部门开展旅游纪念品等方面合作

应与银行、邮政等部门合作,研究通过银行、邮政网点销售火车票和高铁旅游产品的可行性,在高铁购物、高铁问询等服务品牌方面提供银行和邮政服务。比如高铁可携手客运专线枢纽站所在地旅游局与邮政进行战略合作,合作内容可以包括:利用邮政系统名址库资源,面向全国寄发介绍高铁枢纽站及其所在地旅游资源的明信片式信函,提高该地旅游的知名度和影响力;利用邮票、明信片资源,制作展示该地民俗文化的旅游纪念邮册、风光系列明信片,作为铁路系统及该地旅游活动的特色旅游纪念品;围绕四纵四横高铁网络制作沿途特色景点的系列旅游明信片,作为高铁特色旅游纪念品之一;指定邮政为高铁旅游商品核心提供商和服务商,合作建立"邮政高铁特色纪念品商店";邮政可利用其网点代理高铁车票、该地旅游年票等,充分发挥邮政网络优势;利用邮政网点开展高铁旅游宣传、旅游报名、票务预订等业务,联手打造邮政高铁旅游超市;开发明信片式高铁旅游调查反馈函、明信片式景点门票、明信片式高铁车票。

4. 与地方政府和保险部门的合作

与地方政府合作,推动其出台乘高铁公务出行的相关规定,高铁方面则尽量在票额安排等方面给予便利。福厦高铁刚开通时,厦门市财政局曾专门下发通知,鼓励全市公务人员尽量乘动车出差,并规定凭本人动车组车票可按公杂费新标准领取相应补助。

与保险部门合作,推出高铁旅行保险服务,鼓励高铁系统成立专业旅行保险公司;高铁协助保险部门进行公益性旅行安全宣传,传播旅行保险知识。

二、优化铁路系统的其他领域发展

(一)打造"高铁饭店"品牌,优先发展站域内商务会议酒店

1. 饭店的品牌化与融合性发展

铁路系统饭店业资产庞大,分布广泛,几乎各个铁路局都有自己的饭店,各铁路局还有规模、数量不等的招待所、度假村和疗养院。总体算下来,全路大小饭店数量整体规模将超过千家。截止2008年底,全路组建专业饭店管理公司13个,管理着至少78家多经系统的饭店,其余则基本都处于单体经营状态。铁

路系统饭店的发展离铁道部2010年工作会议上提出的"大力推进旅游、广告、饭店业加快资源集中，统一品牌，规模经营，增强市场竞争力"的要求还有很大的差距。相比我国铁路系统超千家的饭店规模，德国联邦铁路旗下只有32家酒店，却有自己统一的品牌——InterCity Hotel。

铁道系统饭店能否借助高铁快速发展对人们出行方式的影响，优选相关饭店进行品牌化、特色化发展试点，或将成为完成铁道部要求的重要路径。在存量整合的过程中，同时要高度关注高铁站将成为商务客流、会议客流的重要集结地所带来的商机，在饭店等增量发展方面选准突破方向。

一方面，如果存量铁路系统的饭店分布在高铁站附近，则应该优先考虑将这些饭店改造为商务型饭店、会议型饭店①，突出高铁饭店的商务特色，以满足商务、会议市场的需求；也可考虑突出铁路元素，打造铁路主题饭店。这样，逐步形成"高铁商务"饭店、"高铁会议"饭店、"高铁快捷"饭店、"高铁假期"饭店等饭店系列品牌。

另一方面，要积极推动高铁旅行与饭店之间的融合发展，互利共生。通过高铁"铁+酒"的模式促进铁路系统饭店的市场新生。如果这些饭店本身离高铁车站比较远的话，可尝试通过开通高铁车站到饭店的接站巴士方式来加以解决。这些饭店在价格上也应该对高铁乘客有相应的优惠。

2. 高铁饭店品牌系列的基本要求

（1）综合性商务饭店的基本要求包括：

➢ 饭店具有综合性的商务设施，有商务楼层/商务港，商务港一般为一个楼层，除商务中心的基本功能外，提供短期出租的办公室、会议室、谈判间，配备桌面印刷系统，提供秘书服务、管家服务及各类商务活动安排等；

➢ 饭店周边有较好的商务环境，与写字楼、公寓、会展中心、商业设施等形成综合配套，具有区域优势；有完善、配套的商务功能，能提供系统的商务服务；

➢ 满足客人商务活动之外的观光、休闲、探亲、访友、购物、娱乐等各类衍生需求；

➢ 在饭店中强化信息技术、新型材料、环保节能等新技术的应用；

---

① 里昂、里尔、南特等城市都是由于高铁开通大大缩短了与巴黎等大城市的旅行时间，从而使得自身的商务办公功能得到了大幅度提升，站前区域则逐渐发展成为了以商务办公、酒店会议为主的城市活力区域。

➤ 房内设施中,灯光照明科学,网络接口良好有效,带宽适应常规商务需求:电源插座数量充足、制式多样、方便使用;

➤ 要在高铁车站设立商务饭店代表处。

(2)会议饭店的基本要求包括:

➤ 配备会议视音频系统,如大屏幕投影系统、多路同声传译系统、电子表决系统,并预留异地电话会议和视频会议接口;

➤ 灯具配置合理,灯光照度充足,实行分区光控,灯光满足可调控性要求,突出灯光效果,灯具色温应满足摄像要求;

➤ 能满足视音频网络直播、转播的要求;

➤ 中小型会议室还要有专业化设备配套,可以满足专业化要求高的会议,应为设备预留扩展空间。

(3)主题饭店的基本要求包括:

➤ 若为新建酒店,则主题先行,以确定适宜的建筑风格;

➤ 若为改建酒店,则强化主题,突出主题符号;

➤ 饭店内的视觉元素要配合主题设计;

➤ 通过主题文化展示,形成主题客房;

➤ 房内设施的材质与主题定位风格协调,工艺精致,色彩和谐,装饰有主题文化符号;

➤ 客房墙面色调、装饰材料要简洁明快,要有相应的主题文化符号点缀;

➤ 应根据市场需求和酒店主题,设立主题餐厅,主题餐厅命名应与主题定位相关联,应有主题宴席或菜品;

➤ 合适时应考虑安排主题活动。

(二)打造"高铁营销"品牌,拓展高铁媒体价值空间

1.高铁车厢内外的营销价值

目前站内经营已经由高铁传媒专门负责,因此"高铁营销"开拓重点可放在高铁全车身广告、高铁车厢内主题化广告、车座及就餐板(台)广告和高铁内部视音频媒体开发等。

相对于其他广告而言,旅游类广告(尤其是旅游景点摄影式广告)比较容易被乘客接受,不太会导致广告厌烦。因此,可以通过与高铁沿线旅游目的地政府、旅游局合作,将高铁作为当地旅游营销的定向投放媒体,从而获得相对稳定

的营销收入。投放列车既可以选择途经该地的高铁,也可以选择途经拟开发客源地的高铁。

在高铁车厢内做的广告,其设计要着眼于主题化、体验式,添加更多的主题符号和实物,淡化纯平面的广告宣传,打造高铁旅游营销的主题车厢。在旅游淡季时,甚至可以将旅游目的地的文艺表演队伍拉到高铁上,把高铁作为动态营销的舞台,进行实景式表演,提升高铁旅游营销的效果。

高铁旅游营销的合作对象不仅包括国内众多旅游目的地,也包括中国主要出境旅游目的地。2009年中国出境旅游规模达到了4766万人次,旅游花费437亿美元,2010年达5100万左右,到2015年出境规模将达到1亿人次。如此庞大的市场规模和强劲的消费力,使得每个中国出境游的ADS国家都高度关注针对中国的旅游营销推广,这些国家自然也是高铁旅游营销可以积极争取的优质客户。

这方面,可以与知名企业进行合作。如果高铁能够做到全列车、多线路同步推出同一广告,则市场效果可能会更好,因此也更容易争取到这些潜在的广告主。比如,由广州2010年亚运会高级合作伙伴——三星电子赞助的香港至广州亚运直通车(共计10辆)自2010年4月16日至2010年12月31日,车身上都印上了支持亚运会的宣传口号。该亚运直通车是香港至广州地区所运行列车中唯一的欧式高级双层火车,每天有6班,每次承载旅客700名,日承载量达到4200名。相比而言,高铁车身广告如果能够放开的话,高铁远高于港穗直通车的日承载量将会使高铁有更大的广告发展空间。

图2 广州亚运会期间粤港直通车列车车身广告

当然，从主题车厢和高铁营销相结合的角度看，也可以考虑吸引知名的玩具公司合作，比如与 Hello Kitty 的东家 Sanrio 公司合作，将整列车或者选择若干车厢布置以 Hello Kitty 的可爱形象。这样，即是 Hello Kitty 的宣传，同时通过 Hello Kitty 营造了良好的车厢主题，对于 Hello Kitty 的"粉丝"而言，这将是非常独特的吸引力。2007 年，长荣公司（EVA）曾经与 Sanrio 公司合作推出"Hello Kitty"彩绘飞机，受到全球 Kitty 粉丝的喜爱与瞩目。后来据此推出了两期 Hello Kitty 玩偶，分别是"EVA SERVICE TEAM 公仔纪念限定版－Ⅰ"，包括空服员 Hello Kitty（含座高度 7cm）、维修人员 Joy（含座高度 6cm）与 Tim（含座高度 7cm）、地勤人员 Rory（含座高度 6cm）与 Fiffy（含座高度 7cm）；和"EVA SERVICE TEAM 公仔纪念限定版－Ⅱ"，包括机长 Dear Daniel（含座高度 7cm）、空服员 Tammy（含座高度 7cm）、厨师 Tippy（含座高度 7cm）、维修人员 Teddy（含座高度 6cm）、地勤人员 Cathy（含座高度 7cm）。此后还陆续推出了包括镶有闪亮水晶的华丽限量版 Hello Kitty 时尚女表等在内的一系列专属 Hello Kitty 商品，皆大获成功。

2. 高铁车载杂志广告

目前高铁车载杂志大致有《旅伴》（中国铁道出版社主办）、《报林》和《旅客报》（皆由人民铁道报社主办）等三种，并且都已经由相关的运营机构负责发行（最好能够重新公开招标，释放高铁媒体资源的巨大价值），而且也含有旅游的栏目。要想再拓展新的高铁旅游营销载体，则需要呈现出不同于现有铁路媒体的形态。建议不再以刊物的方式，而是与各地地方政府、旅游局合作，在高铁上制作并刊行可以系列化的"高铁旅游·××手册"（如《高铁旅游·武汉手册》、《高铁旅游·北京手册》），既作为高铁旅游的重要信息来源，同时也是各地旅游局营销推广的重要平台。或可联合具有重要社会感召力的新生代摄影家与作家联合编写《中国高铁自由行》。据不完全统计，全国高铁列车约有 700 列左右，以每列车 8 节车厢的常规配置，每个车厢 100 个座位，每个列车一天运行 6 个来回，上座率 50% 计算，一天的信息受众将达 300 多万人次。而且这些高铁人群由于处于一个相对封闭的环境中，高铁搭载的旅游目的地信息的到达率将较其他开放式环境中的目的地信息到达率要高不少，从而有助于提高旅游目的地营销的费效比。如果能够在营销合作的过程中，与高铁部门进行旅游单项产品的协同开发（如乘高铁游客持票享受景点等方面的优惠等），则将进一步提高从接受营销信息到实际旅游消费的转化率。

3. 旅游专列的营销价值

高度重视旅游专列的开行不仅是高铁旅游发展的要求,同时也是高铁旅游营销发展的要求。对于新兴的旅游目的地和旅游景区而言,迅速进入市场并为市场所熟知的重要手段就是短时间内招徕大量的游客。这也是各个新兴的旅游目的地和景区高度重视与旅行社合作的重要原因,体现着旅行社很强的团队组织能力。

在这方面,将旅游专列作为铁路部门与旅游目的地有关部门进行旅游营销的合作平台,将更有助于推广旅游目的地及相关景点,毕竟旅行社组团能力再强也需要依赖交通工具,会受限于交通工具的运输能力。高铁显然具有公路、航空所无法比拟的运能。如果想积极推动某地旅游发展,铁路部门可以尽量加大发往该地旅游专列的数量和密度。

作为一种旅游营销方式,"旅游大篷车"曾经盛极一时,直至今日仍有不少目的地在通过这种方式推广旅游,可谓影响深远。可以借助这种大篷车宣传模式,开发"高铁旅游大篷车"专列营销产品。整个车身、车厢,甚至座位上的小桌板都可以作为广告宣传的载体,整个车厢内部就是一个宣传推广的舞台。

高铁旅游购物的发展

一、旅游商品的类型与旅游购物的特性[①]

为了更好地进行高铁旅游商品开发和旅游购物的经营,需要对旅游商品类型与旅游购物的特性进行梳理,只有这些内容梳理清楚了,后续的实际操作才能清晰、有效。

(一)旅游商品的类型

第一类是工业品。从发展的角度来说,工业品应该成为旅游购物活动中越来越重要的一块。如果我们单纯地从旅游纪念品、工艺品这个角度来说,从我们原来多年强化的旅游商品的角度来看,工业性产品不在这个范围之内。但是从现在来看,这方面非常重要,现在这些东西包含在很多工业性的产品之中,也对应了旅游的需要,一定意义上也具有纪念品或者工艺品的性质。比如,现在的香水,瓶子千奇百怪、花样很多,也很精致,已经是结合文化、体现文化的产品,这样的工业品形成了旅游商品的一个特色,而且成为一个大的组成部分。

第二类是农副土特产品。这在国内旅游中体现得最为突出,旅游者不但要看要玩要吃,临走时还要买,买的很多东西就是农副土特产品。越是初级的旅游者,越是早期的旅游者,越注重农副土特产品;旅游者的经验越丰富,越注重有特色的旅游纪念品和工艺品,这也是旅游者不同消费层次的一种表现。

农副土特产品拥有一个大市场,从各地的发展来说,这个市场的作用更大,而且这些东西原来就有,现在旅游者来了,围绕旅游形成市场,农副土特产品的附加值就提高了,对地方发展的促进意义就更大。这一块现在所占的比重也是越来越大。这一块的市场不容忽视,而且它对农村发展的拉动意义更大,最重

---

① 本部分与魏小安教授合作完成。

要的是,它就地形成了市场,就地提高了附加值。

第三类是纪念品(含首日封)。这个市场更主要地体现在景区,一部分体现在城市,这始终是我们最关注的。严格地说,纪念品应该具有唯一性,只不过现在这方面作为一个产业链普遍不足。现在纪念品的概念反而在逐步淡化,中国的景区景点逛了无数,真正能体现特色的纪念品几乎没有,也就是说,纪念品的需求在不断上升,但是供给远远不足。这一块的发展特点是,发展潜力很大,差距很大,前景很大。

第四类是工艺品。工艺品和纪念品有所不同,应该说,工艺品具有一定的纪念意义,但是总体来说个性化不是很突出。从旅游者的角度来说,如果工艺品做得好,非常精美,让人爱不释手,他可能买;但是如果只是一般化的工艺品,大家就不买,即使买,买的数量也不多。可是目前充斥全国景区景点的恰恰是这种档次比较低的工艺品,木雕、石雕、竹雕、牛角雕,各种各样的烂项链,诸如此类的东西在全国比比皆是,甚至在穷乡僻壤也能看到这些东西,最优秀的那部分东西在市场上反而没有足够的体现。这也需要研究其中的原因。

第五类是收藏品。现在各地都已经基本形成收藏大军,而且收藏品越来越细化,在很多旅游地,收藏品成了非常重要的产品类型,甚至已经形成地方性的中心,有些已经形成了全国性的市场。比如广西的柳州,这是全国的奇石市场,凡是玩石头的,没去过柳州就不算真正入行。再比如广西的南宁有一个花木市场,也非常有特色。云南的瑞丽是全国的宝玉石市场。赤峰著名的是巴林石,大家到了赤峰就要找巴林石,不是作为纪念品、工艺品就是作为收藏品。从现在来看,收藏品这个市场越来越大。乱世藏金,盛世藏宝,这是规律。

第六,礼品市场。一般来说,纪念品、工艺品档次都比较低,价格也不能太高,但是礼品市场不同,现在形成了礼品的中高端市场。这个中高端的市场一方面通过旅游的方式体现出来,通过旅游购物的活动实现价值,另外一方面就是城市当地人自身的消费行为,这超越了旅游的概念,但是和旅游商品衔接在一起。

(二)旅游购物的特点

第一,代表性。这个特点在工业性旅游商品中体现的最为突出。我们到过很多地方,追求的就是有这种具有代表性的东西,大量的名牌产品都具有代表性。

第二,特色性。这种特色性在农副土特产品中反应得更加突出,在工艺美术产品中不太突出。

第三，纪念性。这种纪念性主要体现在旅游纪念品上。从这个角度出发，又产生了一个新的概念叫做原创消费，观看创造的过程，形成原创消费的概念，让人觉得这是真正的纪念品。现在的消费者，经验越来越丰富，要求也越来越高，要注意挖掘这个市场。

第四，实用性。这不是对旅游商品提出的普遍性要求，但是作为旅游商品来说，这是它的一个特点。有些东西如能够和实用性结合到一起，可能有更好的市场前景。我们看到的很多纪念品和工艺品，尤其是一些小件，都有很强的实用性。

第五，大众性。没有大众性则基本上是收藏家的专利。对于一个旅游商品，大众性是基础，在这个基础上才可能形成更广泛的市场前景。

第六，文化性。这种文化性可以说容纳了特色性、纪念性，但是比特色性、纪念性提升了一个层次。旅游商品必须是文化性的商品，即使是最实用的东西，也要有很好的文化性包装，要体现出很强的特色性。

第七，体验性。旅游商品是体验性的，首先是在购物的过程之中有一种体验，如果这个过程好，体验就很完美。其次是买到之后要消费，消费也具有体验性。有的是一种实体性的消费，比如买龙井茶回去喝一喝；还有一种是精神上的体验，买了旅游的工艺品、纪念品，回去之后摆在案头欣赏。

第八，传承性。传承性主要表现在礼品和收藏品这两类上。传承性就要求旅游商品必须做成精品，不是精品就不可能传承。

(三)旅游购物创新的基本思路

第一是要解决认识问题。

人们之所以在旅游目的地购物，其原因并不仅仅在于价格，即便对于那些有"购物天堂"美称的旅游目的地也不例外。因为如果我们客观全面地看待购物价格，便会发现购物品的标签价格与最终价格不一致，实际的最终支付价格可能远远高于标签价格，因为除了标签价格，旅游者还需要支付交通费用、住宿费用等相关费用，分摊到购物品后实际价格显然要增加。因此，人们之所以购买这些购物品，根本还在于这些购物品是体验延伸的载体，要想推进购物品的销售，必须从体验优化的角度来考虑。这才是从根本上解决购物发展问题的途径。

第二，旅游购物品的设计上必须充分考虑到纪念意义与实用性的结合。

国外很多地方之所以在购物品销售上成绩斐然,不仅与其纪念意义有关,还在于这些纪念品总是能够让旅游者发现其突出的实用价值。实际上,如果一个购物品不能突出实用性,则往往被束之高阁,也很难承载起体验延伸的载体的"重任"。

第三,旅游购物品要突出设计上的创新。

从实践中反馈的信息来看,我国的旅游购物品生产工艺其实很高,"世界工厂"名副其实。可是有很多时候我国在旅游购物品上也在承担着"来样加工"的角色,国外设计产品、国内生产产品、再运到国外销售,最终可能被国内的出境旅游者购买。因此,当我们看到有人从国外带回"Made in China"的产品时,不应该取笑这种现象,因为很可能这个产品就是这样的产品,你在国内根本买不到。

第四,旅游购物品的销售布局也是非常重要的影响因素。

以小小的明信片为例,按套销售是一种方式,按张销售是一种方式,从市场分散决策的角度看,显然后者的销售成功可能性要大很多;明信片平摊在摊位上销售是一种方式,立体地挂起来销售又是一种方式,后者显然也要比前者更节约消费者为挑选明信片而占用摊位销售空间的时间。

二、高速铁路旅游商品开发经营模式构架

(一)打造"高铁购物"概念

1. 必要性

在市场经济环境中,竞争异常激烈,产品创新压力日益增加,但要获胜,仅有产品创新远远不够,在产品之外,还应该创造"概念"。市场概念是产品创新之伞,概念既成,则产品衍生是自然而然的事,产品创新才能是一件事半功倍的事。因此,在高铁旅游商品开发经营之初,一定要树立起"高铁购物"的市场概念,要把"高铁购物"作为高铁多经系统的核心品牌来打造。"高铁购物"概念打造好,会有助于未来高铁站车旅游商品开发经营的系统化、网络化、品牌化发展。

2. 基本理念

"高铁购物"概念与品牌将有助于高铁旅游商品打开高铁系统之外的成长空间。"高铁购物"的经营空间绝不能仅限于列车销售,而是应该进一步进行扩

张,形成"列车销售+车站销售+社会化销售"的网络化布局。当然,除了这三种销售方式所售旅游商品应该有所不同外,社会化的"高铁购物"直营店成功与否,将高度依赖于"高铁购物"特色品类的开发和"高铁购物"品牌被社会认可的程度。

在"高铁购物"发展初期,如果能够借助诸如世博会、园博会以及其他各类大型活动(如亚运会等大型体育赛事)作为切入点,将有助于旅游商品的开发与销售。比如:上海铁路局借助世博会率先推出了世博铁路纪念商品,取得了很好的效益,世博开园三个月不到时就已创造了销售收入7000万元的好成绩(预计销售目标为1亿元,已经完成了70%)。

但是,需要看到,"高铁购物"的发展毕竟不是一时一点的工作,而是一个系统工程,必须有专门的机构和力量进行专门的规划、设计和管理。另一方面,开发具有典型铁路元素的纪念品是"高铁购物"的重要组成部分,但"高铁购物"更应该是一个品类多样的旅游商品体系。这不仅因为"高铁购物"是一个涵盖"列车销售+车站销售+社会化销售"的多样化销售体系,更因为高铁乘客人群的特征变迁。对于初次乘坐高铁的乘客而言,高铁元素的纪念品吸引力很强,但对多次乘坐高铁的乘客而言,重复、单调的高铁旅游商品很难激发其购买欲望。

为了将"高铁购物"成功地打造成具有社会影响力、市场吸引力的品牌,有关部门应该对"高铁购物"本身进行营销设计。通过专门的营销活动,让消费者尤其是乘客对"高铁购物"形成合理的价格形象认知,避免高铁旅游商品购物在发展初期就形成"价格虚高"的社会影响,机场购物高价形象极大地影响商品销售的前车之鉴需要深思。

实际上,不仅"高铁购物"需要设计专门形象,包括后述的"高铁旅游"、"高铁饭店"、"高铁问询"、"高铁营销"等都应该在高铁的统一形象下发展。建议以抽象的高铁图形" "为品牌设计的主元素,就像全球著名旅游集团TUI集团的笑脸标识" "一样,在TUI旗下200多个品牌中,很多品牌在被TUI收购之前就是鼎鼎有名的大品牌,但被收购后在原有品牌前也都被加上了这个笑脸标志,如" Thomson"。

图 1　德国 TUI 集团的品牌谱

（二）高铁旅游购物的供应商

科学合理地选择高铁旅游购物的供应商是高铁旅游商品开发与经营的基础。具体而言，可以考虑采用的方式有外包采购、自建体系、路企合作（路地合作）等。

1. 外包采购

即多经企业提出"高铁购物"商品的理念和要求，具体的设计和生产则采取外包方式，由路外企业完成，多经企业只负责这些商品最后的经营与销售。也可以由多经企业直接从市场采购已有的旅游商品上车进站销售。也可以结合高铁的特色，向诸如日本 KATO 等知名铁道模型设计公司采购，该公司不仅工艺精湛，而且商品设计、生产、包装都在日本国内完成。

这种方式的好处是，能够充分发挥专业设计和生产企业的专业化优势，同时又能发挥多经企业接近市场、了解乘客需求的优势；劣势是多经企业难以有效控制路外合作企业，多经企业需要全部承担具体的经营风险。

2. 自建体系

即依托庞大的高铁购物市场需求，铁路多经企业自主设计、自主经营。为此，多经企业需要组建专业的设计力量，比较可行的方式是在全国范围内构建几个设计基地（含完全新建和收购已有设计公司），或者合作成立若干个设计基地。鼓励各路局从所在区域选择相应的生产基地进行专业化生产，以降低成本，在条件具备后可以考虑建立多经系统自己的生产基地，最终形成自己的战略性生产基地或战略伙伴性质的生产基地。

也可以将"高铁购物"旅游商品的生产与目前我国旅游业正积极推动的"一村一品"活动进行整合，或者将"高铁购物"专业设计的产品作为"一村一品"的来源，推动"一村一品"的深入发展，为新农村建设做贡献。

这种方式的最大好处是可以增强对供应商的管控力度，为铁路运输主业和多经系统扩大就业提供大量岗位,同时有助于提高铁路系统的社会形象,加强铁路系统与旅游系统之间的协同。其不足在于,目前铁路系统自身旅游商品专业设计力量有所不足,铁路员工知识的转移性和共享性不强,分流后需要进行专门培训才能适应新的工作,还需要对生产基地进行专门投资。

3. 路企合作(路地合作)

与外包采购不同,路企合作则完全由路外企业自行构思、设计、生产,铁路多经系统企业完全通过市场化的方式,与路外企业建立采购关系。从具体操作方式上看,可以通过全国旅游商品设计大赛或国际旅游商品博览会等渠道,发现优秀路外企业及其优秀旅游商品设计。

另一方面,各地旅游部门都非常关注旅游购物的发展,千方百计地希望能够增加旅游收入中的购物部分收入,国务院41号文件明确提出要"大力发展旅游购物,提高旅游商品、旅游纪念品在旅游消费中的比重"。为此,各地通常都会举办不同层级的地方旅游商品设计大赛,高铁多经系统可以通过与各地旅游部门的合作,推动获奖设计作品的商品化,并优先获得此类旅游商品的销售权,这也是解决上车进站的优秀旅游商品来源的重要方式。同时,需要加强与当地旅游部门、农业部门之间的合作,推动农副土特产品进入高铁旅游购物体系,作为乡村旅游的重要一环,帮助提升乡村旅游的效益,争取相应的农副土特产品销售方面的政策优惠与支持。从现有资源挖掘上看,完全可以利用原来中铁纪念票证有限公司发行的站台票根据系列推出纪念册(越早越有纪念价值),这将是非常好的一个产品;也可以围绕各地旅游景点设计开发更多具有纪念收藏价值的票证。

这种方式的好处是铁路多经企业可以专注于旅游商品上车进站的销售问题,通过专业化运营提高效率和效益,但是所采购商品中可能未必会有独具铁路特色的旅游商品。

4. 阶段性选择

建议在高铁购物发展初期首选外包采购的方式,次选路企合作(路地合作)的方式。

从高铁购物长远发展角度考虑,应该通过高铁购物的运作,在不断积累经验、熟悉市场、把握需求后,采取多经自建方式,这样有助于平稳转型、有序推进、健康发展。

(三)高铁旅游商品经营空间

1. 高铁列车上的旅游商品销售

(1)高铁列车的空间价值

高速铁路列车是一个非常重要的经营空间。

一者是因为高铁的速度。到2012年高铁"四纵四横"格局形成后,邻近省会城市将形成1至2小时交通圈、省会与周边城市形成半小时至1小时交通圈,除海口、乌鲁木齐、拉萨、台北外,北京到全国省会城市都将在8小时以内。这不仅意味着各旅游目的地将可能突破交通瓶颈,迎来更多的游客流,同时也意味着游客在目的地的停留时间将受到影响,游客在目的地的延伸消费将面临不小压力,除了行和游之外,游客在目的地的吃、住、购、娱等消费都将受到影响,游客可能压缩自己在目的地用于旅游购物的时间。为此,就需要将游客旅游购物行为的实现空间从旅游目的地转移到从目的地回客源地的旅途中,这自然就凸显出高铁列车上销售的价值。

二者是因为高铁庞大的运输能力。按铁道部的测算,一个长编组的列车可以运送1000多人,每隔3分钟就可以开出一趟列车,一条高速铁路年运量可达1.6亿人,如此庞大的客运量意味着高铁购物巨大的潜在市场需求。尽管高铁的远距离运输将受到航空运输的挑战,但随着高铁票务经营改革、高铁运输抗天气干扰的能力,高铁运能将得到有效利用,高铁列车的实际客运量将得到有效保障。自然,高铁列车是首先应该高度重视的高铁旅游商品销售空间。

(2)高铁列车销售的要求

除了产品需要有高中低合理的档次搭配外,对于在高铁列车上销售的旅游商品还应有相应的要求,概而言之,就是突出主题化、专门化、特色化、创意性。

主题化是指在高铁列车上销售的旅游商品要有明确的主题,在特定主题下形成系列化商品。因为要考虑到高铁乘客中必定会有较多的常客,尤其是城际间的高铁,比如京津城际高铁上就有此类经常往返京津之间的常客。

专门化是指,在高铁列车上销售的商品应该尽量做到空间排他性,尤其是高铁定制化设计产品,不能同时在其他非高铁空间销售,只有专门针对高铁客流开发的旅游商品才能真正带动高铁购物的发展。

特色化是指,在高铁上销售的旅游商品应该尽量体现高铁的特色,要利用高铁元素进行组合性设计,就像上海铁路局文化广告发展有限公司从宣传高铁文化、纪念铁路发展历史、服务乘客旅行、增加亲和关系等层面,开发了高铁新站、动车、桥梁等模型,高铁文化衫纪念品,高铁模型与文具、办公用品等相结合的实用商品。

创意性是指,高铁列车上的旅游商品应该体现创意设计。创意改变生活,能够改变高铁乘客生活的创意商品才是高铁列车上真正有吸引力、有生命力的旅游商品。这种创意设计有时候甚至可能是一种近乎疯狂的设计,比如图2所示的动物笔,暗示人们很多动物将要从地球上消失;木式小音箱小巧、可爱,便于携带,独有意味。

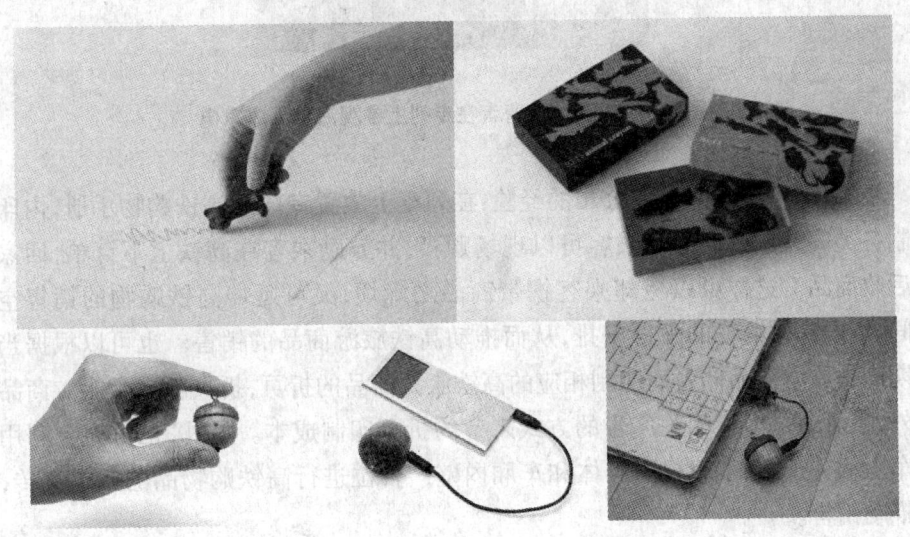

图2 "疯狂的设计"中的部分作品

(3) 高铁列车销售的方式

传统的流动小车销售是一种常见的方式,这种方式有良好的流动性,有助于提高销量,但同时对所售旅游商品的品种、数量、体量都会有一定限制,为此需要从三个方面对高铁列车上旅游商品的销售方式作出改进:

第一,需要加强与高铁票务之间的信息接口,以便及时准确了解具体车次的潜在旅游购物需求,合理科学地配置高铁旅游商品的配送。

第二,在列车上设置专门的休闲购物专柜,在条件成熟时,还可以考虑在高铁列车上加挂专门的购物车厢(不仅限于旅游商品,以提高单位面积创利能力)。2003年,海尔曾经在从青岛始发的5条线路上加挂以"海尔列车专卖店"

为名的车厢,乘客可以在这流动的专卖店参观体验以及现场订购。

图3 经销商和消费者在专列上参观海尔小康家电

第三,借鉴国际航空公司的经验,在列车上放置专门的高铁购物手册,内印制各类高铁旅游商品。乘客可以现场购买,并鼓励乘客在高铁上下订单,回家后收商品。这样可以免却乘客携带商品之麻烦,又可延伸高铁购物的销售空间,方便高铁购物的配送安排,从而推动高铁旅游商品的销售。也可以根据当期高铁旅游商品储备而印制相应的高铁旅游商品的折页,折页除展示旅游商品外,还可通过内置相关广告的方式来节约折页印制成本。另外,也可充分利用车上相关杂志、车载视频媒体和车厢内壁广告位进行高铁购物品的广告宣传,推动销售。

2. 高铁车站内的旅游商品销售

(1) 建立"高铁购物"专营店

高铁车站候车区域的面积更大,极有可能成为新的、独具生命力的消费终端,因此所售旅游商品类型在选择上可以更全面、更广泛,商业开发空间更大。以日本为例,其东北新干线沿线的18个车站中,7个车站建有大型商业中心以及其他相关商业设施,其中3个还建有大型酒店及会议中心①。日本近铁集团在大阪上原町站的开发模式也是地下为近铁铁道及大阪市区电车车站,地上则为喜来登饭店和近铁百货公司,整体开发规模相当大。1997年京都将新京都车站建设成为一座城市综合体性质的大厦(见图4),除了地铁站和火车站外还包

---

① 顾炎,张勇.国外高铁发展经验对中国城市规划建设的启示.城市规划和科学发展——2009中国城市规划年会论文集,2009年。

含百货公司、购物中心、文化中心、博物馆、旅馆、地区政府办事处以及一座大型立体停车库,用于车站的面积仅占总面积的1/20。有着悠久历史的东京火车站尽管没有太多的大型商业空间,但还是配置了一些小型的高品位的画廊、咖啡座、商业零售店。

图4　新京都火车站

在具体经营上,应致力于引进相关商品的知名品牌,同时应在"高铁购物"专营店的形象设计上下功夫,以塑造鲜明独特的专营店外观形象及相应的整体视觉形象。台湾高铁商店虽然不是专营,而是通过车站内的7-11商店等渠道销售,但是设置了明显的引导牌引导乘客进店购买(见图5)。

专营店若设置在到站区域,则应与"高铁问询"紧密结合,吸引客流驻足,争取销售机会。

图5　台湾高铁商店

(2)设立"高铁购物"旗舰店

从高铁车站销售系统而言,还应该在主要的枢纽高铁站设立"高铁购物"旗舰店,这是"高铁购物"迅速扩大影响、树立品牌形象、推进连锁经营的最有效方式之一。旗舰店要专注主题和体验,设置在客流量大的交通要道。

旗舰店的选址可以综合考虑四纵四横主要站点、旅游客流量等因素,前期可以选择北京、上海、广州、深圳、武汉、沈阳、哈尔滨、厦门、杭州、青岛、西安、郑州、南京、重庆、成都等。

(3)参照空港经验

高铁车站内销售应以空港作为参照系,积极借鉴其在环境营造、服务模式方面的先进经验,同时要避免在价格上走空港的弯路,"高铁购物"一旦形成"价格虚高"的社会认知形象就很难短时间内消除,"高铁购物"不应将自己定位为垄断性销售品牌,而应着眼于将自己培养成社会化销售品牌,功夫应下在产品上而不是价格上。目前上海虹桥综合交通枢纽的商业开发不仅整体规划了交通商业、新派生活、雅致风情和大型餐厅四大商业主题,而且通过引入知名连锁商家,为旅客提供"同城同价"商品。

3. 高铁车站周边的旅游商品销售

(1)发挥"临高经济"效应

高铁发展必将带来客流的变化,这种变化将产生类似"临港经济"、"临空经济"的"临高经济",要充分利用"临高经济"效应,延伸"高铁购物"的经营空间,打入高铁车站周边的饭店、各种会展会议中心等场所。比如法国埃菲尔铁塔上销售上百种跟铁塔有关的旅游纪念品,同时这些纪念品在很多酒店的大堂也都有展示和销售。

(2)打造"高铁购物·创意大集"

从"高铁购物"的长远发展规划看,则要完善旅游购物集散体系,在高铁车站周边打造出一个具有重要吸引功能的旅游购物市场(可取名为"高铁购物·创意大集")。

对于铁路系统而言,这既为高铁站车寻求可供销售的创意创新产品,也是打造"临高经济"的重要途径;对高铁经停所在地政府而言,这为非主流民间艺术家的创意提供了展示和价值实现平台,是改善城市文化层次,提升城市素质和环境的重要举措;对于高铁经停地旅游管理部门而言,这有助于带动所在地旅游就业增长,也是所在地旅游购物创新和旅游目的地发展创新的重要手段;

对旅游者而言,这有助于他们通过一站式购物方式购得真正独特的旅游商品,同时也丰富了他在目的地的旅游经历,提升了目的地旅游体验效果;对旅游企业而言,则可以通过这种方式获得有创意的商品设计,寻求规模化生产的潜在价值。这是一种多方共赢的模式。

为了进一步便利乘坐高铁的乘客逛"高铁购物·创意大集",可以在高铁车站与高铁购物市场之间开行"高铁购物"穿梭巴士,这有助于解决高铁乘客到该市场享受购物体验所面临的空间距离问题,无论对高铁吸引乘客还是旅游购物市场吸引消费者都是大有裨益的。

另外,可选客流量大的高铁大站,每年择一日(或可发动确立"中国铁道日")在其"高铁购物·创意大集"展示全国各路局设计销售的"高铁购物"纪念品,场面将蔚为大观,既为交流,也可推广,又可增加客流促进销售。

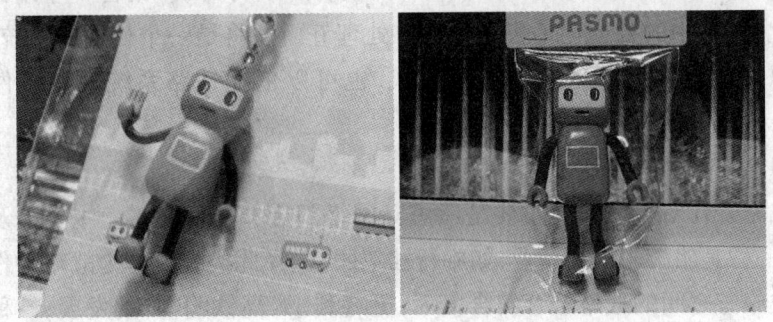

图6　日本铁道日活动上的 PASMO 机器人钥匙圈和公仔

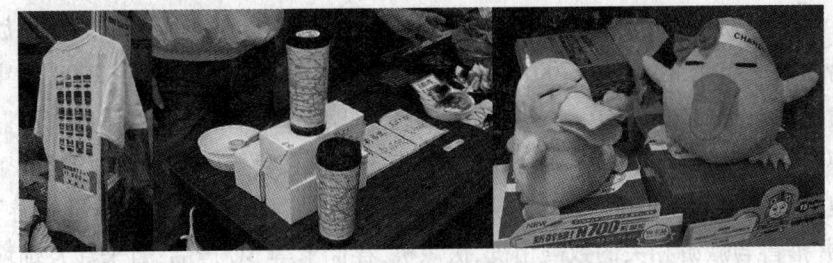

图7　东京卖的 T 恤、印有地铁线路的咖啡杯、
　　　JR 西日本的 ICOCA 鸭嘴兽

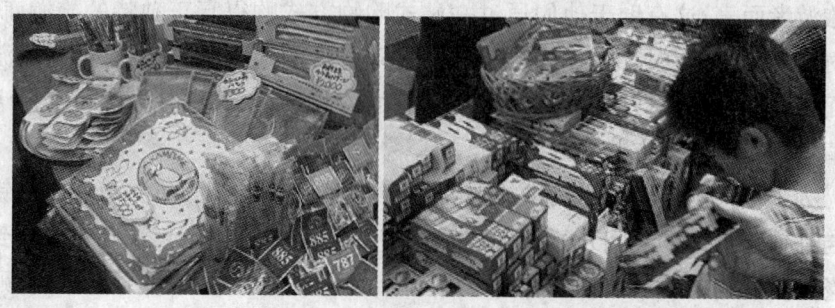

图 8 JR 九州卖的 Kamome 小方巾和塑胶列车模型

4. 高铁购物的社会化销售

高铁系统要在旅游商品开发上获得突破，必须将"列车销售＋车站销售＋社会化销售"中的社会化销售这个环节处理好。这将是一个长期的系统工程，既可以采取战略合作融合发展的模式，也可以依托铁路系统现有条件独立发展。

(1) 战略合作融合发展

战略合作对象的选择主要是考虑其网络门店布局和数量。主要涉及两种类型，一种是旅游服务类企业，如旅行社集团，选择此类企业作为战略合作伙伴与高铁旅游之间的战略融合契合度大，更有利于"高铁购物"的发展；一种是非旅企业，但是拥有庞大的销售网络，比如天津天狮集团在全球有 5 万个连锁加盟店，在国内拥有上千家专卖店，宁波雅戈尔在全国拥有 400 多家自营专卖店，共 2000 余家商业网点。

其实，这种不同产业之间因销售网络而融合发展的例子也不鲜见。比如台湾著名的家电企业灿坤于 2007 年在台开设了第一家旅游实体店，2008 年年底在台湾地区推出复合式卖场，所售商品融合网购、3C、旅游及户外休闲产品。截止 2009 年初，灿坤旗下的"灿星旅游"已有 115 家在台旅游实体店，均紧附于灿坤电器的 270 余家门店。灿坤集团计划在大陆地区开设 17 家"灿星旅游"门店，并搭售与旅游相关的数码相机、摄像机、存储卡等 3C 产品，暂未涉及灿坤小家电产品，现已经在大连和厦门各开设 1 家门店，旅游与 3C 产品比为 7∶3，其目标群体主要为商务人士。

(2) 依托代售点独立发展

截至 2010 年 6 月,火车票代售点总数已经达到 3726 个。可以在那些高铁旅游商品开发比较好的地区,选择那些规模比较大的火车票代售点进行增设"高铁购物"销售功能的试点。这样,一方面可以提高代售点的盈利能力,增强其对铁路系统售票方式改革的适应性,另一方面,可以推动高铁购物直营店体系建设,使高铁购物的理念真正在市场上树立起来,象免税品店一样,广泛分布于出入境口岸和城市中心地带。

(四) 高铁旅游商品经营主体与方式

除了在"高铁旅游购物的供应商"部分所提到的"自建体系、完全自营"和"招标优选、销售自营"的方式外,还可以考虑合作合资以及特许经营两种模式。

1. 合作合资

(1) 车站内的整体商业运营

高铁车站商业开发是一个重要发展方向,其重点是引进符合高铁客流特征的商业品牌和品牌商业企业。从高铁车站人群和普通车站人群的预购消费比较看,高铁车站在以下几个方面的消费倾向明显(括号内数字为在所有被调查者中所占的比例):汽车(35.0%)、国内外旅游(34.9%)、商品房(20.4%)、平板/液晶/等离子电视(13.6%)、投资理财(11.7%)、健身卡(12.1%)、个人商业保险(7.8%)、信用卡(7.3%),另外,笔记本电脑的预购比例虽较普通车站人群低,但也达到 13.6%。所以在选择拟引入品牌时,可以优先考虑这些领域的企业。

(2) 高铁购物的经营

从纯粹旅游商品经营的角度看,合作合资的对象主要是引进知名的纪念品品牌、玩具品牌,开发这些知名品牌的"高铁版"。比如泰迪熊广受欢迎,完全可以考虑开发泰迪熊的高铁版本。比如台湾高铁不仅开发了大量蕴含高铁元素的旅游纪念品(如将高铁模型与 T 恤衫、笔、钥匙圈、便当盒结合,以及列车编组限量版),还以列车长、乘务员、维修员、站务员等形象开发了大小不同的高铁版泰迪熊系列。

从高铁旅游商品销售的角度看,合作合资的对象可以优先考虑那些大型旅游运营商,如国旅集团、首旅集团、港中旅集团等。这不仅是因为这些旅游运营商都具有强大的客源动员能力,可以为高铁购物带来大量的潜在消费人群,还在于这些旅游运营商可以通过他们的线路组织来适度调控旅游团队旅游购物

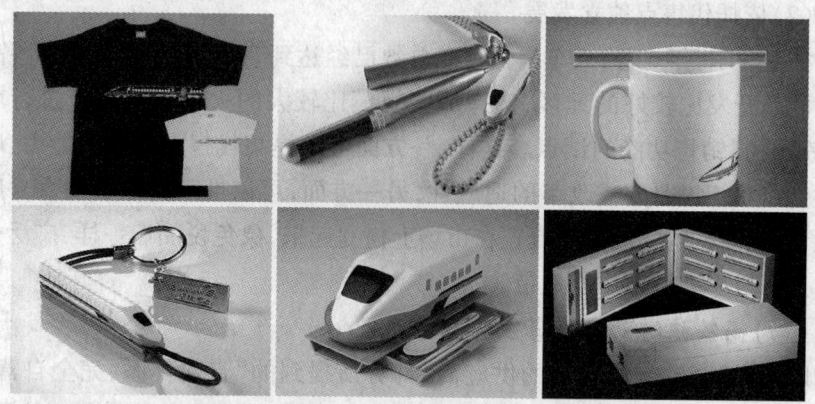

全球限量999组之珍贵限量版,包含700T列车全编及独家高铁驾驶专属精工SEIKO手表及标号铭版

图9　台湾高铁旅游纪念品

的时间和地点。只要"高铁购物"自身运作到位,在商品特色、质量、品类上下足功夫,充分考虑到目的地的地方特色,将旅游团购物安排在高铁旅途上是完全可行的,自然也就增加了"高铁购物"经营的稳定性,降低了经营风险。

当然,从经营的角度看,高铁多经公司也可以收购旅游商品专业企业或者与旅游商品专业企业成立合资公司。比如,作为北京名片工程的重点项目,"北京礼物"旗舰店2010年4月28日在天坛北门迎客,集中经营富有代表性和创意性的旅游礼品,计有5000余种、70000多件北京特色商品。目前"北京礼物"已经在八达岭、圆明园、世界公园、中华世纪坛、石景山游乐园、北京海洋馆和石花洞等7家著名景区内落户,下一步将进入首都国际机场T3航站楼,逐步谋求全国连锁。相信在"北京礼物"全国连锁的过程中,也会看重高铁及其网络的价值。

2. 特许经营

指高铁多经系统不负责旅游商品的设计、生产与经营,而是将高铁列车旅游商品经营权特许给专门的旅游商品经营企业,高铁只负责收取特许费用,同时对进入高铁列车销售系统的旅游商品的产品内涵、地方元素、文化特色、包装设计、购物环节与服务质量等方面做出相应规范。特许权的转让采取公开竞标方式,具体可由铁路系统多经中心与各路局协调执行。

在特许经营过程中,要求受许方在高铁系统使用"高铁购物"作为主品牌进行旅游商品销售,受许方自身的旅游商品品牌可作为子品牌。这对高铁购物的可持续发展至关重要。否则,受许方不断调整,品牌不断流转,无法给高铁留下持续发展、空间开拓的资本。

3. 方式选择与建议

上述所列四种经营方式各有利弊,如何选择主要取决于目标偏好的取向。如果从专业分工角度,首选招标方式;从多经就业角度,首选自营方式;从市场培育角度,首选合作合资;从风险控制角度,首选特许经营。为稳妥起见,建议采取"多经企业自营为主、合作经营或特许经营为辅"的主辅结合体制。

(五)高铁旅游商品经营的架构与模式

1. 运营架构

在现有铁路管理体制下,可由各铁路局自行决定高铁旅游商品的运营模式。从长远发展考虑,建议在运营架构上参照企业集团的网络化布局模式,在铁道部相关部门的宏观管理、铁道部多经中心具体指导下,构建形成"中心总部+地区总部+具体销售"的框架。

在这个运营架构中,原则上全国18个铁路局(集团)分别承担中心总部功能,主要负责高铁购物的创意设计和营销,是创意和营销总部。创意总部要稳定维持一定数量的专业设计师队伍。不过,在实际运营架构构建过程中,鼓励现有18个铁路局之间通过相互沟通协调、自由组合,最终形成科学分布的中心总部格局。北京铁路局、济南铁路局、呼和浩特铁路局之间,哈尔滨铁路局与沈阳铁路局之间,上海铁路局、南昌铁路局之间,广铁集团公司、南宁铁路局、武汉铁路局,郑州铁路局、西安铁路局、太原铁路局之间,都可以通过协商确定区域性中心总部。或可在东南西北中各选定一个路局为依托,或者在华北、华东、华南、华中、西北、东北、西南各选择一个路局为依托。

原则上18个铁路局下属的客运段都可承担地区总部功能,主要负责高铁购物的基地化生产,是生产总部。创意总部设计的产品在经过一定的认证程序,被许可进入"高铁购物"序列之后,交由地区总部进行生产安排。同样地,地区生产总部也可自由协商,打造区域性生产总部,以便真正形成旅游商品生产的规模效应。

原则上18个铁路局下属的客运段都需承担具体销售工作,包括对高铁列车销售、车站销售和社会化销售的统筹安排等具体工作,要对高铁旅游商品的销售人员进行专门培训,提高销售能力。

各局还可以安排异地销售,拓展自身旅游商品销售空间,提升销售业绩。比如目前北京局已经在京津城际列车上开展自营销售,效果不错;上海局则不仅有自营店及上车销售,还设立了14个异地代销点,这可以视为创新性运营模式的雏形。

2. 工作模式

(1) 优选试点+全面推进

从需求角度分析,兼顾路局和地方的积极性,选择试点经营线路。从目前来看,可以先在武广、郑西、京津城际、沪宁和青藏铁路等高速铁路或旅游线路上进行试点,待条件成熟后逐步推广到全路。

(2) 专业运作

➢ 对全路的"高铁购物"直营店进行科学选址、统一规划和设计;

➢ 对全路的"高铁购物"进行统一的形象识别系统的设计;

➢ 对高铁车上旅游商品销售制定相应的服务标准;

➢ 对"高铁购物"品牌推广进行专业策划。

(六) 政策支持与合作发展

1. 铁道部政策支持

(1) 审批制度方面的支持

目前,商品开发要报部里审批,其中运输局管商品上车问题,宣传部则负责审核广告的图案、文字是否符合铁路部门宣传的要求,外事司负责审核商品的中英文,以确定有没有包含损害中国形象的地方、英文拼写是否正确等问题。这种分工对于铁路商品开发的规范具有很强的现实意义,但市场机会稍纵即逝,从创新想法到创新实施的过程如果拉得过长,就很有可能因为时间延误而导致被竞争对手领先,丧失先行优势,丧失创新利润。

为此,在未来发展中,可进一步根据现实发展需要,完善高铁旅游商品开发的审批机制,开辟包括"高铁购物"在内的高铁服务体系相关事项审批的绿色通道,快速树立高铁在与民航等其他交通手段竞争客源市场方面的优势形象,并逐步过渡到备案制,扩大各路局的自主权,以便使各类上车商品开发更贴近市场,使各路局能够更迅速地对市场变化作出反应。

(2)多种经营与运输主业的关系处理

目前,我国铁路运输主业中,客运总体一直处于亏损状态,需要货运收入"填空",才使铁路运输主业收支基本平衡。为了提高铁路客运的自生能力,一方面需要加强客票销售能力,充分利用好高铁的运能潜力,另一方面需要围绕高铁乘客形成多元化经营渠道,比如"高铁购物"的发展。

为此,需要明确铁路运输主业与铁路多种经营之间的关系,更加重视多种经营在提高高铁客运综合收益中的地位,更加重视多经企业发展在分流运输主业人员方面的重要作用,赋予多种经营系统在围绕高铁客源展开的衍生服务供给方面的自主权,从而为多经企业参与高铁商业运营、旅游产品开发提供政策保障,为"高铁购物"商品的上线销售提供组织保障,为多经企业发展创造良好的政策环境,也为整个铁路系统的改革创造良好的分流渠道和增收途径。

(3)预留空间与专门设计方面的扶持

高铁客站在设计时就需要充分考虑到商业开发的需要,需要给"高铁购物"商业运营留有相应的空间;除了高铁旅游购物之外,高铁车站还可向高铁商城、城市综合体的方向发展,内置与休闲旅游相关的吃、住、购、娱等要素,将高铁车站打造成目的地交通功能、休闲功能、商业功能融合的新载体。

从市场消费潜力来看,有必要从政策上支持"高铁购物"专门车厢的设计,一方面可以解决高铁旅游商品销售空间限制问题,推动更多的高铁购物品销售,并且有助于做好现场网上下单、车下线下配送的衔接工作;另一方面,在高铁购物车厢还可以安排更多回报率高、乘客购买意愿强的商品进行展示,将其打造成一个流动的展示平台,将乘车时间转化为乘客的寻购时间,提高时间效率,吸引更多乘客选择高铁。对于未来实现高铁公交化之后的高铁发展而言,这种做法可谓是"市场上有需求、技术上可实现、营销上可利用"的积极尝试。

2. 构建战略合作关系

(1)与邮政系统的战略合作

可通过与邮政系统建立战略合作伙伴关系,合作发行印有铁路车站全景的首日封、明信片,或高速铁路沿途风光、名胜古迹等的明信片,更重要的是,通过这种战略合作可以为"高铁购物"旅客提供相应的便捷邮寄服务,尤其是为那些在高铁车站、高铁列车现场下单的乘客提供相关配送服务。毕竟现在影响旅游者购物的因素不仅在于旅游商品本身,还在于购买这些旅游商品后的携带问题。如果能够通过邮寄解决购买后的携带问题,将会大大有助于推进旅游商品的销售。

(2)与免税品企业的战略合作

通过与免税企业之间的合作,可以将高铁购物进一步延伸到免税品销售上。中免集团已经在诸如东莞火车站、广州东火车站等火车站开设了免税店,在天津客运站、大连客运站、泉州南安石井客运站、东莞京港客运站、荣成石岛新港客运站、荣成西霞口客运站、深圳蛇口客运站、日照港客运站、江门港澳客运站、威海金桥客运站等客运站开设了免税店。目前,国内的免税品企业也在积极研究、寻找高铁发展带来的机会。因此,高铁多经系统在旅游商品销售品类范围上要积极考虑免税品。相信未来空铁互补联运模式一定会有实质性的进展,而这种新的联运模式的萌生必将有助于"高铁购物"开拓免税品销售市场。目前可以积极洽商国内知名免税店企业,优先考虑在北京、上海、重庆、广州、深圳、福州、昆明、沈阳、海南等地开始这方面尝试。由于推行国际旅游岛战略,海南制定了国内游客离岛购物免税政策,因此,如何推动高铁与海南及相关企业之间的合作,是提升高铁旅游购物层次的重要一步。此外,考虑到有些城市(如重庆)在市内免税品店销售方面的一些政策(如凭护照及相关出境凭证,在回国180天内可以购买相应数量的免税品),也可以考虑与这些地区有关方面进行先期合作试点。

(3)与旅游部门的战略合作

可对火车票代售点转型为综合门店提供相应的技术支持和相应的指导。可以将高铁购物功能、旅行社门市功能和火车票代售功能进行整合,形成"三合一"的新形态。西安市旅游局已经提出,如果西安铁路销售网点和旅行社结合,市局可以在政策上突破一下,批准它作为旅行社的直销网点(门市部),赋予其收费、收客、签订旅游合同等功能。对此铁路部门应该积极予以回应,通过在西安的探索,总结经验,走出一条代售点转型发展的新路,也为推动"高铁旅游"品牌的网络化发展做好铺垫。上海局则已经计划对下属客票代售点在3年内完成转型,对这种转型尝试应该积极予以支持,并在转型方向、方式、目标、标准等方面加强政策扶持和智力输送。

同理,也可以构建铁路、旅游与通讯电信部门之间的合作,将高铁元素、风景与通讯电信部门发行的电话卡结合,既是充值卡,也使卡具有收藏价值。高铁挂历、高铁扑克牌等相关产品也可以在延伸合作之列。

(4)与文化创意产业机构的合作

真正有品位、有价值、有市场的旅游商品一定要有当地的文化特色,能够体现与众不同的创意性。目前全国各地都非常重视文化创意产业的发展,相继出台了不少促进文化创意产业发展的政策,成立了文化创意产业发展和管理的机构,设立了促进文化创意产业发展的支持经费和专项资金。因此,各铁路部门要积极推动与所在地文化创意产业促进中心等机构以及所在地旅游局之间的合作,尽量为高铁购物商品创意设计争取政策支持和资金倾斜。比如在北京市,只要旅游商品设计能够入选"北京礼物",就可以入选政府采购项目,并获得文化创意产业专项资金支持。

(5)与商品设计管理组织的合作

可与中国旅游协会旅游商品与装备分会、中国工业设计协会等相关组织合作。中国旅游协会旅游商品与装备分会的主要目的是加强对旅游商品设计、生产和经营的引导和服务,促进旅游商品市场发展;中国工业设计协会则是从事工业设计、艺术设计事业的企事业单位、社会团体和工业设计、艺术设计工作者的组织。通过与这些相关组织联合举办旅游商品设计大赛,可以有效地挖掘出具有市场前景的高铁购物精品。此外,国家旅游局每年举办中国国际旅游商品博览会,还设立全国旅游商品设计大赛作品展,从中可以发现不少有价值的设计和有创意的产品,尤其是可以发现不少具有中国特色的旅游商品设计,以满足高铁境外乘客的购物需求。

(6)与休闲行业管理组织的合作

可与中国旅游协会休闲度假分会合作,从休闲购物的高度把握旅游商品的创意和设计。休闲度假分会致力于推广积极向上的休闲文化,树立健康休闲观念,提高大众休闲度假生活质量,促进业界沟通,推进休闲度假理论研究,制定和推广规范,提高休闲度假服务水平,拓展休闲度假消费领域,是国内最权威的休闲度假行业组织。此外,休闲度假分会自身也有丰富的旅游商品开发经验和强大的研发实力,在其指导下,三分之一文化传播有限公司开发的"纸介质旅游商品"等产品市场反响甚佳。

自驾游与汽车营地建设[①]

与高速铁路建设相对应的,我国的高速公路建设发展也非常快。《国家高速公路网规划》采用放射线与纵横网格相结合的布局方案,由7条首都放射线、9条南北纵向线和18条东西横向线组成,简称为"7918网",总规模约8.5万公里。方案将连接全国所有的省会级城市、目前城镇人口超过50万的大城市以及城镇人口超过20万的中等城市;将实现东部地区平均30分钟上高速,中部地区平均1小时上高速,西部地区平均2小时上高速;这为人们旅游、休闲提供了快速通道。这些都为自驾车旅游提供了良好的发展条件。

自驾车旅游一般是指消费者利用闲暇时间,以自组织或自驾车运营商组织的方式,以私有或租赁的汽车为主要交通工具,跨越一定地理空间、离开常住地一段特定时间,拥有较大的自由度和较强体验性的空间移动行为。简单地说,自驾车旅游就是一种自行驾车的旅行行为。

当然,自驾车旅游的出现并不简单是汽车拥有量、公路系统发展的结果,更重要的是旅游自身转型发展、需求发展变化的结果。在自驾过程中,自驾者可能从事与传统意义上的旅游(观光)相关的活动,更可能从事休闲相关的活动。自驾者不仅是旅游者,更是旅行者。旅游者的目的在终点,在于游览;旅行者的目的在路上,在于旅行;旅游重视的是目的地是否适合观光,而旅行重视的是真实的体验和真正的休闲,重视的是快乐、轻松、有所收获地"消磨时光"。

随着我国私家车拥有量的提高、高速公路路网的完善和人们生活观念与方式的转变,我国自驾车旅游进入了快速发展阶段,相应地对汽车营地的需求也快速增长。不过,从目前我国汽车营地发展现状来看,在规模、类型、质量等方面,与欧美发达国家相比均有很大的差距,与我们的近国日本、韩国相比,差距也不小。

---

① 与王真真、王雪东、李静等合作完成,发表在《休闲绿皮书2010》,社会科学文献出版社,2010。

一、自驾车旅游和汽车营地发展现状

(一) 自驾车旅游发展现状

1. 市场规模估计

作为个体现象的自驾车旅游的出现时间很难考证,也没有意义,而作为社会现象的自驾车旅游出现则大概始于2000年"五一"黄金周。当时,因为旅游消费的井喷式发展而引起了全社会的广泛关注。应该说,自2000年自驾车旅游引起社会关注至今,发展时间不短,发展速度迅猛,市场持续扩张,各地高度重视。

2004年2月20日,湖南省政府下发了《关于进一步加快旅游产业发展的通知》,鼓励发展自驾车旅游;2004年9月,我国首次关于自驾车旅游方面的高层论坛——肇庆自驾车旅游文化高层论坛由广东省旅游局、肇庆市政府等单位联合举办;2006年底开始,广西壮族自治区旅游局高度重视自驾车旅游,并出台了《广西汽车旅游营地发展规划》;2007年4月,我国首家省级自驾旅游协会——广东省自驾旅游协会正式挂牌成立;2007年4月中国国内旅游交易会期间主办了"中国自驾车旅游合作与发展论坛"。这些论坛的举办对我国自驾车旅游的发展起到了重要推动作用。

可惜市场的发展并没有推动相应统计体系的建立,除了2004年国家旅游局发布的春节黄金周统计中曾提及自驾车游客的比例已占整个散客市场的3成外,目前我国尚无相应的全国市场规模数据。若按2004年春节黄金周6329万人次游客、旅行社组织比例5.2%[①]计算,则2004年春节黄金周的自驾游规模大概为1800万人次;目前全国自驾车旅游市场规模估计应该在5000万人次以上。

另外,从有关省份的调查数据也显示,自驾车旅游已经成为重要的旅游方式。《2008年浙江省国内旅游抽样调查报告》显示,2008年以自驾车方式来浙江省旅游的游客占15.2%。据《2008浙江旅游统计便览》数据显示,全年接待国内旅游者2.09亿人次,其中来自省外游客比例为61.4%,依此计算,自驾来浙的规模大概为1950万人次;《2008珠三角自驾车旅游消费调研报告》数据显

---

① 2004年国内旅游11.02亿人次,旅行社组织国内游客5730.72万人次,组织比例5.2%。

示,有72.6%的车主出游方式首选为自驾车,其中,有63.3%的车主每季度会出游1次,31.5%的车主每季度会出游2次;82.6%的车主都会选择周末出游,而不受出游时间约束的车主则占了31.3%。《2008年广东国民经济和社会发展统计公报》数据显示,2008年广东省私家轿车总量达到了251.57万辆,依此计算,广东省2008年自驾车旅游的市场规模大概为1040万人次。

2. 自驾车旅游组织方式

根据组织主体不同,自驾车旅游组织方式也呈现出多样化特征。总体而言大致可以分为三种方式:

(1)汽车俱乐部组织的自驾车旅游

据不完全统计,我国现有12000家汽车销售商车主俱乐部、500家社会汽车俱乐部、2000家车友会。这种方式相对而言组织化程度高,配套服务较为周全,一般会为会员提供拖车、救援及线路指引、食宿娱乐等有关服务,因此相对自驾出行的距离会较远,属于长途自驾车旅游的性质。

(2)旅行社组织的自驾车旅游

面向新兴的自驾车旅游市场,旅行社也在积极寻求切入,寻求原有服务的延伸与拓展。相对于汽车俱乐部组织的自驾车旅游,这种组织方式在旅行服务方面能够做得更好,旅行社可以很好地提供食、住、游等方面的服务,但是在与车辆有关的配套服务方面则尚有不少可改进空间。目前也出现了一些由旅游者自己组团、自定时间、自定线路、自定日程、自定标准的"五自旅游"业务。

(3)自组织的自驾车旅游

这种自驾车旅游方式一般又分为两种类型。一种是家庭成员、亲戚朋友周末或假期时一起乘私家车出游,一般属于短途自驾车旅游的性质,目的地多在所居之地周边;另一种则是通过网上发帖(如论坛、群、SNS等方式)来联系同行者,进行中程自驾,其优点是召集方式相对简单,但同时在线路组织、安全保障、后勤服务等方面有所欠缺。

3. 自驾车旅游的推力

(1)居民汽车保有量和高速公路网络的发展

据公安部交通管理局统计,截至2009年8月,私人机动车保有量为1.39亿辆,与2008年同期相比增长9.28%。其中,私人轿车保有量为2377万辆,占轿车总量的81.89%,与2008年同期相比增长31.46%。从统计情况看,2009年前8个月私人轿车保有量保持较快增长速度,私人轿车月增量占私人机动车月增量的 45.42%。

庞大的有车一族及其潜在的购车群体，蕴藏着庞大的自驾车旅游消费现实和潜在需求，而公路网络迅速扩展，高速公路建设的快速发展，则为自驾车旅游提供了良好的基础设施条件。到 2009 年 6 月，中国已建成的高速公路就已经达到 7.5 万公里左右，这为我国自驾车旅游发展提供了良好的基础设施条件。

(2) 专业租车企业的发展

截至 2009 年底，全国机动车驾驶人为 2.0 亿人，其中汽车驾驶人为 1.38 亿人，占驾驶人总数的 69.18%，是汽车保有量的 1.81 倍。从数据的反差中可以看到，很多自驾车旅游者需要通过租赁车辆完成自己的旅行计划。而我国这些年来汽车租赁企业的发展壮大为自驾车旅游的发展提供了很好的产业基础。上海一嗨汽车租赁有限公司、神州租车(中国)有限公司、至尊汽车租赁股份有限公司等都是 2006 年左右出现的专业汽车租赁公司，已经在全国形成了相应的汽车租赁网络；而一些机票、酒店预订网络也开始积极参与自驾车租赁业务当中，延伸了自身良好的客源基础优势，推动了自驾车旅游业务快速发展。

(3) 旅游产业转型的推动

车、路、信息、导航等方面的发展的确是推动自驾车旅游发展的重要因素，但这些都是自驾车旅游的辅助性要素，汽车营地的发展则应该视为自驾车旅游发展的衍生性要素。自驾车旅游的出现更重要的是旅游产业自身转型发展和旅游需求发展变化的结果。在旅游需求方面，消费者正从关注表面观光向深度体验转型、旅游产品则正从单一观光向复合休闲转型、旅游组织正从团队向散客转型。消费者追求深度体验，对自由度和灵活度的需求，以及追求休闲生活的本质，对多样性户外活动的需求，才是真正推动自驾车旅游发展的核心动力。

(二) 汽车营地发展现状

不同于一般意义上的露营地，汽车营地主要是指那些为自驾车旅游者服务的休闲度假空间，是提供住宿、露营、餐饮、娱乐、汽车保养与维护等自助或半自助服务的复合型、多功能的小型社区，大规模、现代化的汽车营地通常会包括生活区、娱乐区、商务区、运动休闲区等功能分区。在我国，汽车营地有时也被称之为汽车露营地。汽车营地可细分为自驾车营地和房车营地以及特殊的汽车营地——汽车影院，也可根据其所处地理环境分为：山丘型汽车露营地(如天津蓟县山野房车营地)、水域型汽车露营地(如无锡太湖汽车休闲营地)、草原型汽车露营地(如西川的西部牧场)、林地型汽车露营地(如江苏老山森林汽车公园)、海滨型汽车露营地(如大连金石滩国际汽车露营地)、乡村型汽车露营地(如南宁乡村大世界汽车营地)等。

1. 汽车营地规划

经国家体育总局和民政部批准,中国汽车运动联合会早于2003年9月就在京成立了汽车露营分会,而关于汽车营地讨论、规划、建设的广泛关注和快速发展则还是最近三四年的事情。

国家旅游局在2006年提出了建设自驾车营地的概念。2007年9月,广西编制了《广西汽车旅游营地发展规划》,批准了首批15处汽车旅游营地,包括桂林乐满地休闲世界汽车旅游营地、桂林愚自乐园大型户外雕塑艺术汽车旅游营地、兴安超然派山野运动度假汽车旅游营地、南宁乡村大世界农业休闲汽车旅游营地、梧州运动健身汽车旅游营地、北海田野观光休闲汽车旅游营地、贺州姑婆山度假氧吧汽车旅游营地、贺州紫云洞天休闲观光汽车旅游营地、百色横山古寨民族文化休闲汽车旅游营地等。另外广西圣泉谷景区大新明仕汽车旅游营地等9家营地于2007年十一黄金周正式启用,但由于缺乏有效的市场开拓和宣传,加之营地各自为政,汽车旅游营地"门庭冷落"。

同年6月,青海省着手编制《青海自驾车旅游总体规划》(2008年进入实施阶段);7月,贵州省召开了"2007汽车露营国际论坛暨首届旅游休闲产业投资国际论坛",积极酝酿在贵州创建第一批省级规模的汽车露营旅游建设运营示范基地;2008年8月,中国旅游协会和广西壮族自治区旅游局、北京中天行投资管理有限公司联合举办了"2008中国首届露营旅游论坛";在同年举行的北京旅游项目推介会上,平谷和延庆分别签约了8个主题汽车营地和16个各具特色的露营地项目;为推进汽车露营地建设工作,北京市政府于2009年12月22日召开由市发展和改革委、市国土局、市规划委等参加的平谷区汽车露营地建设工作协调会;北京市旅游局于2010年1月专门召开了汽车露营地建设工作会议,表示第一批汽车露营地计划于2010年5月前建成营业。

2009年12月,在中国旅游协会、海南省旅游发展委员会主办的"中国第二届露营休闲旅游论坛"上,海南提出要建设中国特色的一流露营基地,并于同月举办的海南国际热带农产品冬季交易会上发布了《海南省休闲农庄(自驾游)露营营地建设标准及服务规范(征求意见稿)》,提出计划用3年时间,创建100个具有浓厚地方特色的自驾游露营示范基地。山东省则于2010年1月发布《山东省自驾车旅游总体规划(2010-2020)》,提出在未来一两年内,在全省规划建设180余处国际标准的汽车营地,并将随后制定《山东省自驾汽车旅游行业管理办法》和《山东省汽车露营地旅游服务星级评定标准》。

2. 汽车营地区域分布

在过去的三四年间,除以上各省市外,浙江、江苏、广东、安徽等省都积极推进自驾车旅游发展以及汽车露营地建设,但总体发展状况仍然不理想,离市场需求和国际标准尚有不少差距。据21世纪房车网的数据,目前,美国有国际标准露营地约16500个,我国大概只有30个左右,而我国的近国日本大概有1800个;2008年欧洲房车销售额在56亿欧元左右,结合房车零配件销售、售后维护、二手房车交易、露营地旅游以及其带动的周边餐饮、娱乐、景点旅游等,房车露营旅游总收入高达283.3亿欧元。这一数字相当于在2008年中国国内旅游9374亿人民币总收入中可占到30.7%。

从不完全收集的各类营地看,我国的汽车营地主要分布在环渤海经济圈、长江三角洲经济圈和珠江三角洲经济圈等经济发达区域以及西南地区等具有良好自驾车发展资源条件和营地建设需求的区域。

表2-4-1 我国主要汽车营地分布

地区	主要营地
环渤海经济圈	北京郊区十渡风景区营地、北京长城山庄营地、北京孤山寨营地、北京南方大峡谷营地、怀柔神堂峪长城山庄营地、延庆县野鸭湖汽车露营地、北京九谷口自然风景区汽车营地、官厅水库渔民岛营地(湖畔型)、海淀区北安河狂飙乐园露营地、密云原生态自驾游基地、山东青云国际汽车营地、山东费县蒙山营地、山东彩山国际汽车示范露营地、秦皇岛翡翠岛房车营地、天津蓟县山野房车营地、山海关欢乐海洋营地、山东省东营市孤岛神仙沟汽车营地、大连金石滩国际汽车露营地、青岛金沙滩房车露营地。
长江三角洲经济圈	杭州大清谷房车营地、横店旅行营地、无锡太湖汽车休闲营地、江苏老山森林汽车公园、象山松兰山滨海旅游度假区露营地、苏州太湖原创房车营地,此外2009年9月19日挂牌的江苏溱潼湿地公园、大丰麋鹿公园、沭阳花卉园、盱眙天泉湖、沙家浜、无锡灵山、句容茅山以及江苏溧阳天目汽车主题公园等8家自驾游基地示范点也可列入其中。

续表

地区	主要营地
珠江三角洲经济圈	广东七星岩旅游营地、广州芙蓉度假区营地、广州番禺营地、万绿湖旅游营地、深圳东山珍珠岛营地、云天海森林度假村营地、清远红鹰中心营地、潮州闽粤汽车旅游营地度假别墅区、中天行清远清新矿温泉旅游度假区红鹰中心营地。
西南地区	四川省大英县中国死海风景区尚旅房车营地、云南滇池营地、河口营地、贵州百花池营地、"圣山之旅"亚拉汽车露营营地、西部牧场（草原营地），另外四川红原、若尔盖等地，在夏季常有在公路边临时圈地搭建的帐篷，也是一种初具雏形的汽车旅游营地。

二、我国自驾车旅游与汽车营地建设的问题

2009年12月3日国务院下发的《国务院关于加快发展旅游业的意见》中指出，"把旅游房车、邮轮游艇、景区索道、游乐设施和数字导览设施等旅游装备制造业纳入国家鼓励类产业目录，大力培育发展具有自主知识产权的休闲、登山、滑雪、潜水、露营、探险、高尔夫等各类户外活动用品及宾馆饭店专用产品"，要"进一步完善自驾车旅游服务体系"，这对于我国自驾车旅游发展以及汽车营地的建设必将产生积极而深远的影响。为了更好地推动其又好又快发展，必须深入调研，全面准确掌握市场规模数据，认真检讨当前存在的问题。

（一）我国自驾车旅游发展的问题

除了我国自驾车旅游缺乏全国性政策以及制度支撑，对自驾车旅游市场缺乏服务、规范与管理，缺乏自驾车旅游市场的统计外，主要还在于与自驾车旅游发展相关的供给整合与配套设施的缺乏。

1. 移动性信息供给不足

自驾车旅游者并非是在出行前对旅行途中各种相关信息进行搜集，而是有大量自驾游信息需要在旅行途中获取，这就需要我国加强移动性旅游相关信息的供给。可是在我国旅游目的地信息系统建设过程中，对这些新兴旅行方式的适应性改变并没有足够重视。有些时候，尽管也提供了相关的信息，但是信息的及时性、准确性无法保证，在移动性信息传播媒介的多样性方面创新不足，影响了自驾车旅游者的决策和最终的满意程度，更不要说是满足国际自驾车旅游

者未来的自驾旅行需求了。

在这方面,国外的一些经验是很值得我国学习的。比如欧洲的 Michelin 旅游服务网可以根据旅客提供的出发与到达地址(通常为旅馆所在地)于网上提供即时的旅游线路指引,包含行经里程、所需时间、途经的每一条道路名称与行驶的距离,详尽到每一个拐弯。如果哪一天我国的移动性信息供给也能做到这一步,那我国自驾车旅游市场必将迅速膨胀、壮大。

2. 交通层面面临的诸多障碍

道路收费制度使得自驾车旅游成本增加。全世界共有收费公路14万公里,其中有10万多公里在我国,占总数量的70%。在我国已建成的高速公路中有90%是收费公路,这使得我国的自驾车旅游成本变得很高。虽然有关方面已经颁布了一些公路收费改革的政策,但是从目前来看我国的公路收费比重仍然不低。比如,以私人汽车行驶1600公里所付通行费在车主收入中所占的比例而言,我国该比例值超过2%,而美国则远低于0.5%。

另外,我国目前的收费方式比较落后,多数高速公路仍然采取人工收费方式,也没有针对自驾游的特定收费方式;我国拖挂式房车上牌照方面仍存在需要协调解决的困难,在对房车的收费究竟应该按私家轿车收费标准执行还是应该按照重型车的标准执行方面依然存有分歧。

3. 汽车租赁业还不是很发达

我国已经出现几家全国性的汽车租赁公司,由于有强大的技术支持、风险投资作后盾,加之现代化的管理,象一嗨租车、神州租车和至尊租车之类汽车租赁公司的网络化发展,极大地方便了异地自驾旅游者及无车驾驶人,推动了自驾车旅游市场的发展。

而另一方面,我国汽车租赁业整体水平还不高,汽车租赁的费用还比较高,汽车租赁公司与汽车制造商之间的关系还有待进一步密切,这些又都在不同程度上影响了我国自驾车旅游市场的发展。比如,在美国一辆车一个星期的租费大概占人均GDP的1/150,而在我国要占1/5左右。国内大部分租车公司都只是从事单纯的经营性汽车租赁业务,缺乏汽车厂家的支持,新车主要从经销商处贷款购买,车型不能得到及时更新,与国外租赁用车一般使用8至12个月就淘汰到二手市场的情况相比,国内租赁车的使用时间一般要3~5年,技术指标和安全性能都远远落后。

4. 安全救援和保险保障等方面尚存欠缺

我国的旅游保险险种还不是很丰富,专门针对自驾游的旅游保险还比较少,保险产品的宽度、深度都有待拓展。目前我国的车辆救援主要还集中在城市市区内,针对自驾过程中的救援、修理、给养补充(如能否加油、油品质量保障等)、餐饮住宿、车辆安全等方面还有不少欠缺,户外救援的组织化程度更是难以满足自驾车旅游市场的需要,更不要说像美国 AAA(American Automobile Association)这样的救援服务组织。

(二)我国汽车营地建设发展的问题

1. 缺乏全局性的营地规划和营地标准

目前已经有些省份和目的地行政主管部门制定了相应的汽车营地发展规划,但是还没有跨区域、全国性的营地规划,汽车营地建设尚处于起步和探索阶段,很多营地其实还只能起到停车场的作用,配套设施和相应服务还没有跟上,安全保障能力也有欠缺,对营地的功能定位也还没有从观光转到休闲娱乐上来,因此还远不能发挥汽车营地强大的辐射带动作用。

目前国内的汽车营地数量有限,缺乏相应的规划建设标准,并没有对现有的汽车营地硬件软件进行分等定级,这显然不利于自驾车旅游者的选择。同时,目前汽车营地还处于各自为战阶段,尚未形成全国的汽车营地网络,汽车营地的宣传推广、汽车营地的信息化建设也存在很多不足,不利于自驾车旅游者搜索预订。

2. 营地选址困难,相关政策支持不足

在我国土地利用类型中,没有专门的旅游用地类型,而汽车营地更多的是为旅游者服务的旅游设施,这就造成我国汽车营地在获取建设用地时存在不少困难。而且汽车营地一般都会远离现有城市建成区,甚至远离人口聚集的村镇,这无疑会提高安全保障、基础设施建设、交通配套、用地规模、金融服务、加油服务、维修补给等方面的要求,从而提高汽车营地建设的成本。在汽车营地网络化、联盟化发展处于起步时期,加之很多营地的经营具有明显的季节性特征,如果没有相关政策的扶持,汽车营地要想得到长足发展是有困难的。

三、我国自驾车旅游与汽车营地建设的相关建议

(一)我国自驾车旅游发展对策

1. 提供准确与详尽的自驾车旅游信息

加强自驾游相关信息网站的无线接入,充分利用手机等移动设备来及时更新网上的自驾游相关信息,满足人们对信息的需求,特别是在旅游旺季对信息的更新速度更要加强。同时对道路的标志标示进行完善与修复,对各地地图的制定要符合事实,而且要尽可能详尽。

除了加强自驾车旅游的形象性信息供给外,更要关注和重视与自驾车旅游相关的服务性信息;除了利用传统的杂志、地图、广播等方式提供相关信息外,还要探索移动信息终端、网络等新兴信息传播媒介的应用;除了有偿提供信息外,更要从旅游目的地全局发展的角度,积极探索无偿信息的供给。

2. 制定政策制度,完善规范管理

加快推进燃油税改革。加快高速公路收费制度改革,出台有关自驾车旅游的专门计费方式(比如面向自驾旅游者的、特定时间内有效的区域通票等)。国家公园等应开放更多的公共空间,增加自驾车旅游的选择。从财税等方面鼓励汽车租赁业的发展。鼓励汽车制造商与汽车租赁企业之间建立更紧密的联系。鼓励旅行社积极介入自驾车旅游市场组织与经营,最终形成以旅行社与汽车俱乐部为主要组织形式,以汽车旅馆为住宿载体,以汽车营地为中转中心,以品牌化、网络化的汽车租赁为产业服务基础的自驾车旅游基本架构。

3. 建立安全救援机制,保障自驾车旅游的安全

由政府引导,组织相关企业及利益相关者,扶持建立区域性、全国性的户外车辆救援服务组织,逐渐构建起社会化的专业救援力量,以满足迅速发展的自驾车旅游对安全保障的需求。加强对自驾车旅游者的安全意识教育,使自驾旅游者有能力在面对突发状况时进行自救与互救。鼓励保险企业开发面向自驾车旅游市场的专项保险产品。

(二)我国汽车营地建设发展的建议

1. 合理规划汽车营地,加快制定营地标准

应该根据国务院对国家旅游局三定方案的要求,坚决贯彻《国务院关于加快发展旅游业的意见》,尽快组织力量编制全国性的汽车营地发展规划,组织力

量制定汽车营地规划、建设的标准以及管理、服务规范,同时中国旅游车船协会要积极承担起引导全国汽车营地建设的重任,推动全国汽车营地网络的建设。

2. 政府发挥引导作用,为营地建设开发提供相关的政策支持

汽车营地是我国自驾车旅游服务体系中的重要一环。各地政府应该清晰地认识到汽车营地建设对本地居民休闲生活质量改善、对吸引外地游客深入惬意体验的重要性,认识到汽车营地建设在培养年轻一代亲近自然、历练性格、提高素质等方面的重要作用。各地政府应该站在市场发展大势的高度,对汽车营地的用地、财税、资金等方面给予大力支持,鼓励在辖区内建设数量合理、类型多样、层次分明的符合国家露营组织相关要求的汽车营地。

第三篇
新媒体环境下的旅游目的地营销

第三章
清末民初日本政治制度への認識と模索

目的地营销存在的问题与基本理念

一、国内外研究简述

(一)国内研究

从旅游目的地营销的研究发展来看,国内的研究领域大致可以分为旅游目的地营销的概念、旅游目的地形象、旅游目的地营销主体等几个方面。从新媒体对旅游营销影响的角度看,主要涉及旅游目的地在营销传播工具以及目的地营销中的信息技术运用问题。崔凤军(2004)研究了传统电视广告的营销效果;高静等(2004,2007)则研究了目的地营销的利益相关者问题,对地方政府网站的营销效果进行了测评;赵晓燕等(2008)对目的地利用影视进行营销的问题进行了研究,提出借影视发现旅游景区、借影视塑造旅游主题、借影视策划旅游项目等思路;刘丹萍(2004)、何建民(2007)等则研究了摄影节、大型节庆活动、事件等对目的地营销的作用;成伟光(2002)则从理论和实践角度分析了大篷车旅游营销方式;金准(2006)则认为应该借助博客、游记等进行有效的目的地营销;巫宁(2007)、齐平书(2008)则提出应该利用网络口碑营销、社区营销以及卫星地图营销等方式进行目的地营销;刘绍华等(2004)则研究了旅游目的地营销系统(DMS)的功能、优势和体制方面的问题,认为 DMS 应该从收入多元化、投资主体多元化、相关利用均衡化等方面加以改建。

(二)国外研究概况

国外旅游目的地营销的文献相对更为丰富,除了研究旅游目的地形象外,有大量文献涉及目的地营销中联盟构建的问题,Wang et al(2006)、Chen et al(2005)等研究了营销联盟成因、类型和发展阶段等问题,并对营销联盟的营销绩效进行了评价;Cano et al(1998)、Jyh—Jeng Wu(2004)等研究了网站设计对营销效果的影响问题;Doolin et al(2002)则建议采用互联网商业应用扩展模型对在线营销的效果进行评价;Wang et al(2002)还研究了虚拟社区特征及其在目的地营销中的运用问题,尤其是对所需具备的前提条件进行了研究。Buhalis

(2000)、Law(1998)、Sheldon(1993)、Pollock(1995)强调了用日臻完善的目的地市场营销信息系统(DMISs)来支持营销过程的必要性;Palmer and McCole(2000)则认为在现代信息沟通技术的帮助下,即使小的企业也能获得全球市场营销覆盖面。Yu-Shan Lin(2006)等学者通过个案研究,指出博客在旅游营销中具有重要作用;Stephen W. Litvina(2007)等学者分析了在线人际关系、网络口碑对旅游业和酒店业成本效益的影响;Gyehee Lee(2007)等分析了美国50个州的官方旅游网站的营销价值;Soojin Choia(2007)等以澳门旅游信息网站为例,研究指出了沟通目标和受众差异对网络信息供给以及目的地形象的影响问题。

(三)相应评述

已有的研究对于推动目的地营销发展具有非常重要的作用,但是,第一,由于新媒体发展的自然演进,学术界对新媒体环境下的目的地营销创新研究尚处于起步阶段,尤其是对于新媒体环境下如何进行营销创新的问题研究还有很大的深化空间;第二,对于传统媒体环境下的目的地营销效果评估尚需强化;第三,营销投入总量不少,但是对于潜在游客如何到达目的地、如何在目的地吃住行等方面的服务性信息宣传明显不足,研究主要还局限在形象性宣传上。

从目前我国旅游目的地营销的现状看:

(1)还没有很好地考虑到各种营销渠道和媒体的受众偏好问题,以及受众群体与目标市场之间的关联关系,所以,研究营销方式的性价比,提高费效比是一个迫切需要解决的问题;

(2)目前形式上是"组合拳",但章法较乱,使用的营销渠道多,但是营销深度不够,存在广种薄收的现象;

(3)对于传统媒体的利用和资源分布较多,对于新型媒体的倾斜不够,尤其是随着"80后"、"90后"进入市场,成为旅游市场的主流,充分利用这些特定人群所偏好的新媒体进行营销推广应该加以高度重视;

(4)关注于脉冲式、运动式的旅游营销活动较多,而对目的地营销的系统性设计明显不足;

(5)关注目的地营销活动本身较多,而对影响目的地营销效果的产品创新开发以及消费者评价反馈关注明显不足;

(6)对目的地营销活动的方式关注较多,而对这些形式营销效果的跟踪评估关注不足。这些问题的解决都有助于对传统媒体的革新,需要对新媒体的创新性实践来推动。

二、相关观念的辨析

（一）旅游目的地营销≠目的地形象营销

旅游目的地营销主体一般都是目的地旅游行政主管部门，因此其营销的内容必然包括旅游目的地形象，但现在很多旅游目的地营销却错将目的地形象作为旅游目的地营销的全部，一谈到旅游目的地营销就想到是在诸如CCTV之类的权威媒体做目的地形象广告。尤其是随着"好客山东"模式的成功，有越来越多的省级旅游目的地开始加大在CCTV上的旅游形象广告投放。

从形象认知的角度看，越是通过广泛覆盖的媒体进行旅游目的地形象传播，则形象认知度扩散越是广泛。不过，这里的形象认知是消费者"被告知"情况下形成的，形象认知在多大程度上能够转化为购买消费行为，这是一个不得不关注的问题。而且这里的旅游目的地形象是在大众的信息环境中传播的，并没有考虑到分众市场的信息需求特征和分众市场搜集信息的媒体偏好，很有可能是旅游目的地潜在的消费者并不关注目的地所选定的广泛覆盖的媒体，而从这些广泛覆盖媒体上获取信息的又恰恰不是目的地的潜在消费人群。类似的错位营销现象也是旅游目的地在营销时需要高度关注的[①]。

有效营销的前提应该是科学地确定目标市场，而不是一味地强调"广种"，忽视了目标市场的"广种"恐怕带来的只能是"薄收"。实际上，我国很多旅游目的地愿意花费上千万甚至上亿的营销推广费用，但却不太愿意花费百十来万做一项深入的市场调查。那种无视各类不同潜在消费人群的兴趣偏好，采取以"不变应万变"的偷懒营销方法是无法形成各具针对性的诉求点的，自然对市场的开发也无法带来积极的推动效果。另外，因为营销经费的公共性特征，也导致对营销费用使用绩效评估上的缺失。绩效评估的缺失则将进一步影响营销经费的有效使用。

[①] 单纯从目的地形象推广的角度看，除了电视媒体营销外，还可以通过赞助赛事及活动的方式来推广，但是究竟选择何种赛事及活动来赞助和推广则是费思量的事情。一方面必须考虑到赛事内容与目的地拟推产品之间的关系，另一方面必须考虑赛事或活动是否与目的地的形象定位相吻合，该活动本身是否有助于市场形成目的地营销机构所预期的目的地形象。不能只是为了活动本身的热闹程度而借位目的地营销。

(二)旅游目的地营销≠旅游景区营销

在现行的旅游目的地营销中,营销内容的主体往往是旅游景区。毋庸置疑,旅游景区是目的地的重要组成部分,而且在很长的一段时间内都是人们出游关注的焦点。人们要出游,往往关注拟选择的旅游目的地是否有可玩、值得玩的旅游景点景区。

不过,在现在这个处于转型发展的时代,我们决不能忽视人们出游方式和消费模式的变化。在大众观光的潮流中,旅游景区营销在一定程度上可以代替旅游目的地营销,但随着人们休闲度假需求的涌现,以及人们对各种专项旅游需求的发展,人们所需要的已经不仅仅是具有震撼力的旅游景观,而是更加强调具有渗透力的环境,更加强调旅游目的地各项旅游相关要素的协同配套。

在这样的趋势下,显然旅游景区营销不能继续代表旅游目的地营销,旅游目的地营销显然不是传播几个旅游目的地的核心景区风光所能涵盖的了。不要说旅游景区已经无法完全代表旅游目的地,即便以前常提及的"食住行游购娱"也无法囊括旅游者对旅游目的地服务及相关信息的需求,越来越多的时候我们应该进一步关注旅游目的地的文化、环境、制度、资讯等方面的服务及信息,应该进一步关注节事活动、地域特征等方面的信息供给。相应地,旅游目的地营销涵盖的内容也应该进一步拓展。

(三)旅游目的地网络营销≠目的地旅游网站

应该说,随着互联网技术的应用与发展,已经有越来越多的旅游目的地开始重视通过网络来营销和推广自己。目前,这种网络营销还主要局限在两个方面,一方面,各旅游目的地都重视旅游局网站的建设,另一方面,有些旅游局已经开始重视微博[①]等新媒体工具的应用和旅游团购等新兴消费方式的尝试。

但做旅游局网站显然不能代表旅游目的地的网络营销,更何况旅游局网站做得好的还比较少。网络营销重要的不是以网络为形式,而是要立足于通过网络的方式来提高营销效果。既然这样,是不是每个目的地旅游局都要花钱来做网站、是不是每个旅游局网站都能发挥网络营销的效果就不言而喻了。我国有不少旅游局的网站实际上是"两不沾"的网站,旅游者想从中获得旅游目的地的相关信息很难,旅游研究者想从中获得研究的数据和资料也很难,倒是经常可以在网站上看到诸如旅游局开会、领导讲话或考察之类的信息。

---

① 名人微博或博客也是重要的营销媒介。

所幸有些旅游局已经关注到这个问题,分别建设了旅游政务网和旅游信息网。可是花大价钱建设的旅游信息网在多大程度上能够被潜在的旅游者搜索到呢?在网站设计过程中有多少旅游局进行了持续的优化?又有多少旅游信息网曾经持续地进行过网站访问者的有效统计分析呢(尽管这种统计只需要在网站上嵌入几行在内行人看来简单至极的代码)?在很多情况下,这些问题的答案可能都是"否"。与其这样,还不如放弃自己创建的所谓营销平台,而是在有影响力、公信力的非旅游类网站上开设一个目的地旅游局的网店,或者干脆在某个社交网络或论坛上建立一个圈子或群什么的(如新加坡旅游局在开心网建立了"我行由我新加坡"的官方平台、在 Facebook 推广了"免费邀游新加坡"的活动)。

(四)旅游目的地营销≠旅游客源地营销

其实,很多旅游目的地营销只关注了旅游客源地营销,而忽视了在目的地的营销。旅游目的地在主要客源地的营销已经不仅仅限于说明会、推介会和地铁公交等交通站点和车身的旅游广告,有些做得比较好的旅游目的地已经开始在客源地开始进行诸如旅游体验店之类的新尝试,有的旅游目的地营销则务实地推进着"进学校、进企业、进社区"的旅游营销工作。

可见,各个旅游目的地都非常关注如何挖掘旅游客源地潜在旅游消费人群,可惜的是,多数旅游目的地对已经到达的现实旅游者的营销工作却做得比较肤浅。比如,旅游问询中心是最好的目的地营销渠道,可是我国多数旅游问询中心只有形式,难称内容,尽管有些发达的旅游目的地已经开始进行旅游问询中心的网络化布局,但是依然只是独具框架,难副其实。无论是旅游问询中心的服务内容、服务态度、服务水准,还是问询中心所提供的旅游产品信息和资料,离发达旅游目的地的水平还有着非常大的差距。国外的旅游问询中心不仅有统一的 VI 设计,更重要的是有丰富的、分门别类的免费索取资料,有多样化的旅游线路可供选择,有专业化的问询服务人员提供服务,而这些看起来是最基本的旅游问询中心要件,即便在中国的标志性旅游目的地,具有旗舰性质的问询中心也未必具备。

三、基本理念

(一)旅游目的地营销需要持续性

科学有效的旅游目的地营销决不能寄希望于一击达阵、一劳永逸,而是需要系统与持续的营销努力。但我国很多旅游目的地都希望通过搞一次节事活动或者一次具有轰动效应的大型活动来推动旅游目的地的发展。的确,节事活动是旅游目的地营销的重要形式,我们也可以通过制造、挖掘新闻热点,让媒体主动来传播新闻事件,但脉冲式的旅游营销活动毕竟只能取得暂时性的影响,而旅游目的地发展需要的是持久的推动力。

(二)旅游目的地营销需要针对性

旅游目的地营销需要的是关注①,而不是漫天撒网、照单全收,这其中尤其需要围绕目的地形象定位(品牌定位)进行不同细分市场的诉求点设计,并据此选择合适的营销渠道进行信息的传播。

一方面,每个旅游目的地都应该根据自身特点探索符合自己现状的营销创意,要根据目的地实际情况制定针对性的营销方案,别的旅游目的地使用的方式未必适合自己。要创新、要第一,这样的营销策划才能有影响力,模仿的、山寨版的营销策划没有实际影响力,而只会为被模仿的旅游目的地再做一次营销推广。比如,昆士兰州大堡礁守岛人全球招聘是一次非常成功的营销创意策划,此后我国也有一些旅游目的地依此进行营销创意,影响寥寥;我国有很多旅游目的地习惯于使用"东方威尼斯"或"XX之都"之类的营销口号,大抵也成为为国外的旅游目的地做免费宣传的重要渠道。

另一方面,这种针对性也表现在所谓新旧媒体价值的正确认识上。在新媒体越来越深刻地影响着人们的消费行为的情况下,人们往往容易顾此失彼,在旅游目的地营销过程中"亲"新媒体而"疏"传统媒体。而新旧媒体的价值并不在其表面意义上的新与旧,而是在于对这些媒体如何利用上,不仅新媒体有新价值,传统媒体的利用也可以有创新价值,而且在很多情况下,新媒体的价值也需要传统媒体来细化和深化。

---

① 这里面的关注,也包括对营销目标的关注,旅游目的地的营销可以有不同的目标。比如有些营销只是为了让公众了解目的地(包括常规性的线路及大众化产品),有些营销则瞄准特定的潜在市场着眼于潜在客源向现实消费的转化(主要是一些针对性强的专项产品、特色产品),有些营销则瞄准吸引更多的消费者(即数量目标),有些营销则可以瞄准吸引高质量的消费者(即质量目标)。为了扩大规模,可能营销的时候会更关注价格策略的使用;为了提升体验,可能营销的时候会更关注品牌与形象。但是我国很多旅游目的地的企业将太多的精力放在如何发展企业能力用以支撑越来越低的价格上,而忽视了品牌的价值,从而使得企业品牌的塌陷影响到了整个旅游目的地品牌和形象,这是目的地营销过程中需要高度关注的问题。

(三) 旅游目的地营销需要系统性①

一方面,在旅游信息搜索上,不同地区的不同人群会有不同的媒体偏好,因此应该根据这些市场偏好特征来选择不同的媒体组合进行系统的推广。旅游目的地不能依赖于单一的营销媒体,更不能根据相关领导这样的非市场消费人群的喜好来选择目的地营销媒体。同样的,也不能机械地根据媒体的受众覆盖率来选择营销媒体。在国内,CCTV 未必是所有潜在客源地的消费人群最喜欢的媒体,比如有调查表明,在上海最受人们欢迎的电视媒体主要是上海台新闻综合频道、上海台电视剧频道、东方台新闻娱乐频道,在广州最受人们欢迎的电视媒体则主要是市网翡翠台、省网翡翠台、南方电视台影视频道。在国外,CNN 也未必是最合适的电视媒体,因为在不同区域(如在亚洲和在欧洲)落地的 CNN 节目可能是不一样的,自然受众的情况也可能不一样。

另一方面,旅游目的地营销不仅仅是信息传播的问题,而是必须和产品开发、服务配套、设施建设等相互协调。没有科学的旅游产品开发,营销必然成为无本之木;没有有效的服务配套和设施建设,营销越成功,恐怕对人们最终的满意度和体验效果可能越负面,糟糕的满意度必然影响旅游目的地的后续营销。正如有专家曾经指出的,我国很多旅游目的地营销是"敢吹、会吹",但往往很难"经得起吹"。应该说,在互联网以及移动互联网快速发展的时代,信息的送达性应该没有问题,关键是信息送达的目标群体以及信息内容的确定,以及当信息送达并转化为市场的消费力之后,相应的产品与服务是否可以同步跟上。因此,在目的地营销过程中要强调整体营销,即全环境的营销,要关注少数关键点的价值,尤其要关注那些有之未必加分、缺之必然减分的环节,正所谓"细节决定成败"。

(四) 旅游目的地营销需要全程性

旅游者的旅游消费行为不仅包括在旅游过程中在旅游目的地的消费,也包括在出发之前对旅游目的地的决策过程,也包括在回归之后对旅游目的地的评

---

① 系统性也包括营销相关机构的系统性整合,在政府层面营销经费有限的情况下,如何更好地整合政府和企业的营销力量是必须考虑的问题。在这个问题上,第一,可以建立公私合作的旅游营销委员会,对进入该委员会的企业进行"选择性激励";第二,可以着力于改善公共部门旅游营销的专业化水平,甚至也可以将政府的目的地营销这一公共产品的生产外包(通过市场化的招标方式)给专业的营销组织,从而有助于提高有限营销经费的使用效果;第三,可以根据目标市场游客旅游行程特点和关注的兴趣点来考虑区域性联合营销,通过联合形成合力,提升营销效果。

价过程。旅行前、旅行中、旅行后各占三分之一。

但是,正如上文曾经提到的,目前的旅游目的地营销恰恰忽略了在目的地的营销安排和深化设计,即便是目前相对成熟的在客源地的营销活动也只关注了出发之前的三分之一的营销空间,而忽视了客源地另外三分之一的营销空间,即没有对传统意义上的旅游者满意度和现代意义上的网络声誉给予充分的重视。自然,在旅游目的地营销过程中,也不可能建立起相应的营销机制,不可能辅以相应的营销活动和措施。

旅游是一种体验和经历,旅游目的地营销自然应该更加关注消费者(即关注旅游者的需求和感受),而不能只关注消费(即关注旅游者在当地花了多少钱、能给旅游目的地带来多少经济收入)。"消费者"与"消费"虽然只有一字之差,但是对于旅游目的地的持续发展显然会产生截然不同的影响,也是旅游目的地营销应该高度关注的。

旅游目的地营销不仅要关注产品(Product)、价格(Price)、渠道(Place)、推广(Promotion)这4P,同时要关注满足消费者的需求(Customer's need),以消费者能够接受的成本(Cost)去定价,本着方便购买(Convenience)的原则进行渠道规划,变单向促销为双向沟通(Communication),从而把单一的促销行为变为整合传播推广,寻找消费者更易于接受的营销方式。只有有效整合了4P和4C,一个科学有效的旅游目的地营销体系才算具备了扎实的基础[1]。

---

[1] 其实营销领域中不断出现新的理念,4P、4C之后又出现了4R、4V等理念。所谓4R就是关联(Relativity)、反应(Reaction)、关系(Relation)和回报(Retribution)。4V就是差异化(Variation)、功能化(Versatility)、附加价值(Value)、共鸣(Vibration)。

目的地营销创新框架与典型渠道

我国旅游目的地营销应该在基于传统媒体的营销创新和新媒体的有效使用上着力。也就是说,一方面应该对主流的传统媒体营销手段进行科学的效果评估,根据潜在客源地的消费行为形态特征进行投放区域、投放媒介等方面的调整;另一方面,则需要研究如何利用种子视频、SNS 网站(Social Network Service,即社交服务网站)、推客等新媒体手段以及利用这些新媒体的"关键点"所在,如何利用现有的诸如 Google Earth 等工具强化营销效果,如何利用百度和 Google 发现潜在市场及潜在市场的特征并改进新老媒体投放策略等问题。

目前,很多目的地是为网络营销而营销。而实际上,新媒体营销是一个基于互联网,未来还会逐步扩展到无线领域的线上整合传播体系;应该根据互联网优势和受众特征的双重属性,进行系列性营销创新,它包括基于网络环境和无线领域的广告、公关、事件营销等;新媒体环境下应该更加关注信息传播、存储、分享的模式变迁,关注交互性、可信性与旅游所具体验性特征之间的耦合关系;利用新媒体营销不仅仅在于工具性的应用,更在于专业性的分析、专业性的架构、专业性的创新和专业性的实践。

一、旅游目的地营销创新框架

旅游目的地的营销系统应该从旅行前的营销、旅行过程中的营销和旅行后的营销等三个层面来构建,在这三个阶段利用传统媒体和新媒体分别提供市场性的信息、服务性的信息和维护性的信息(见图1[①])。

[①] 创新可以包括营销观念创新、营销组织创新、营销模式创新和营销渠道创新,而影响所有营销创新的外部因素包括旅游消费特点、市场转型发展、信息环境变迁、竞争格局调整等四个方面,从产品创新、观念创新、组织创新、模式创新这四个创新到营销渠道的创新中间还要加上过滤器内容,即形象定位、目标市场、战略目标、媒体偏好等四个方面,通过这个过滤器作用筛选出的具体营销渠道可以传递有效信息,并最终实现让游客满意的目的地目标。游客的满意度转化为构成目的地新一轮发展演进的外部信息环境。

现代信息技术不断发展,人们存储信息、分享信息的方式发生了很大的变化,从而使得旅游者行程结束后的线上评论在潜在旅游者的目的地决策和具体旅游消费单项决策中发挥着越来越大的作用。因此,旅游目的地必须高度关注目的地的在线声誉的管理,需要重视对网络评论的话语分析,重视网络评论对目的地形象的影响,重视网络评论中折射出的旅游者的关注焦点和兴趣点,以指导旅游目的地营销中诉求点的设计。

阶段	旅行前	旅行中	旅行后
搜索	旅行前的信息搜索	旅行中的信息搜索	旅行后的信息搜索
类型	市场性的信息	服务性的信息	维护性的信息
空间	客源地/遍在性空间	目的地/途中空间	客源地/网络空间
过程	分析市场、确定市场消费特点、媒体偏好	(这是一块被忽略的部分)	(主要是加强满意度跟踪)
媒体/方式	传统媒体的分析:传播缺陷 如何创新(现实的提炼:连锁专卖店、主题体验店、高铁传媒等) 新媒体利用分析:Google趋势、百度指数的应用	移动搜索(基于地理位置的搜索) 旅游信息(问询)中心体系 解说系统的完善与创新 目的地间交换营销	传统的消费者满意调查 在线评论(在线声誉)的管理 在线评论与目的地形象监测

图1 旅游目的地营销创新的框架

所使用的目的地营销媒体既可以包括传统的线下媒体,也可包括风行的线上媒体。线下媒体包括电视媒体(含影视剧营销①和电视广告宣传等)、报刊杂

---

① 不过在利用影视剧进行营销的过程中,要注意影视剧和其他媒体的互动营销,同时要注意在影视剧中提供明确的目的地、景区等相关信息,要有与影视剧放映相配套的视频宣传材料(可在电影放映前的广告时段播放),要结合影视剧自身的新闻发布等营销活动系统考虑并利用传统媒体在市场树立起目的地作为影视外景地的认知形象,影视营销应用空间大的目的地还应该考虑在旅游局内部成立相应的影视剧拍摄接待机构。比如,泰国就在旅游局内部设有为前往泰国进行影视剧拍摄的剧组提供便利的机构。如果考虑到目的地的整体发展,则需要考虑如何借助影视剧来推广目的地旅游纪念品等销售问题,在这方面,韩国电视剧《宫》剧情变化、男女主人公关系发展与泰迪熊的种类很好结合,大大推动了泰迪熊的销售。

志、旅行社、地铁公交等公共交通工具及其站台等旅游广告渠道、旅游目的地的主题体验店以及呼叫中心等可资用来获取旅游信息的渠道,线上媒体包括旅游目的地营销网站、专业的在线旅游网站、门户网站、知名社交媒体网站、视频媒体网站以及移动互联网等可资用来获取旅游信息的新渠道。

  在具体的营销过程中,旅游目的地应该充分利用各种技术手段(如传统的市场调研),确定目标市场(包括根据客源地划分的目标市场以及其他各种分类标准下划分的目标市场),研究目标市场的利益诉求点及其媒体(或媒介①)选择方面的偏好。

  比如,根据2007年美国CNN的调查显示,当前往中国度假时,大约2/3(64%)的调查对象会在中国停留至少2周时间,欧洲人这一比例更高达73%,而亚太地区为45%;当问及对中国最深刻的印象时,排名前5位的依次是"历史"(61%)、"食物"(42%)、"人"(42%)、"政治体制"(41%)和"中国制造"(37%);半数调查对象(49%)认为"安全保障"是中国吸引世界游客前往的潜在障碍;潜在游客最感兴趣的旅游活动/名胜古迹排名前5位的是:"历史遗迹/纪念碑/寺庙"、"自然景观"、"观光游览"、"艺术文化"和"传统节日盛会"。美国的调查对象表现出了对在中国旅游活动稍高的了解程度,如"主题公园/野生动物园/动物园"、"康体/温泉/按摩"、"美食"和"登山/徒步旅行";就知名度来讲,北京、上海和西藏分别位居所有城市/地区前三位。从亚太地区、欧洲和美国三个客源地看,对中国旅游的关注点也是不一样的,"中国历史"都是排在第一位的,排名第二和第三位对中国印象最深刻的因素在以下三个地区则各有不同:在亚太区,"旅游胜地"和"中国饮食"同居第二位,"中国制造"位居第三;在欧洲,排名第二位的是"中国饮食"和"政治体制",第三位为"中国人";美国排名第二的是"中国人"和"政治体制","中国饮食"第三(见图2、图3、图4)。对于预期在中国可以体验到的活动以及对中国旅游的兴趣点方面(见图5、图6),CNN的调查也给我国在海外进行旅游目的地营销时提供了很好的指引,尤其是

---

① 比如,同样是纸质的旅游目的地宣传广告,既可以在报纸杂志上发布,也可以通过诸如信用卡账单寄送渠道来发放。两项比较,前者可以在信息覆盖率上更胜一筹,但后者则因为信用卡持长人群的消费能力相对较强,故可能在信息有效转化率(即从接受信息到实际消费的转化比率)上更高一些。同样是通过旅行组织渠道进行营销推广,通过传统的旅行社是一种重要的推广渠道,而通过银行信用卡中心构建的信用卡旅游产品推广旅游目的地也是一种可供尝试的创新模式。比如招商银行自2004年推出"非常新加坡"以来,已经陆续推出了"非常迪士尼"、"非常丽江"、"非常九寨"、"非常四川"、"非常三亚"等各种优惠而优质的旅游项目,这对旅游目的地的推广起到了很好的作用。

在我国海外旅游营销费用只有区区 870 万美元(2009 年)的情况下。

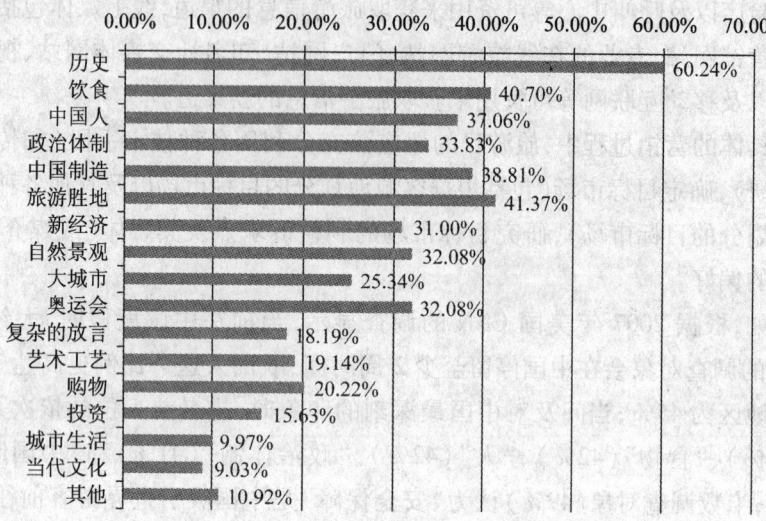

图 2 亚太地区受访者对中国印象最深刻的因素

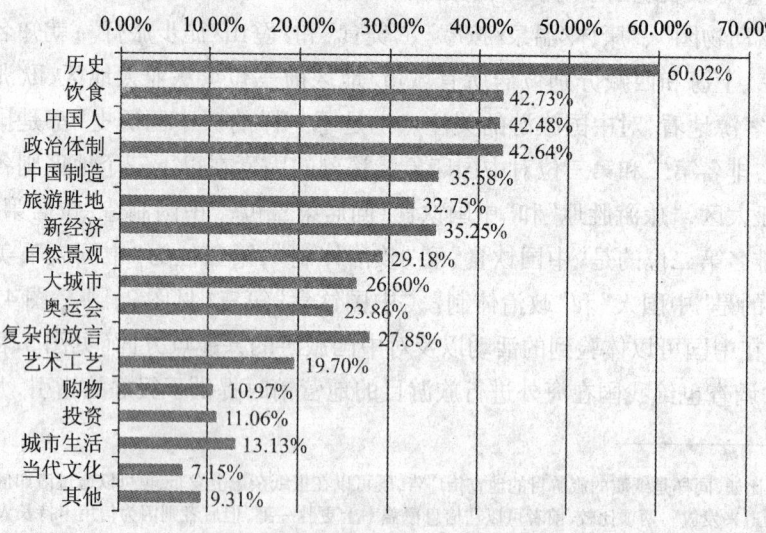

图 3 欧洲地区受访者对中国印象最深刻的因素

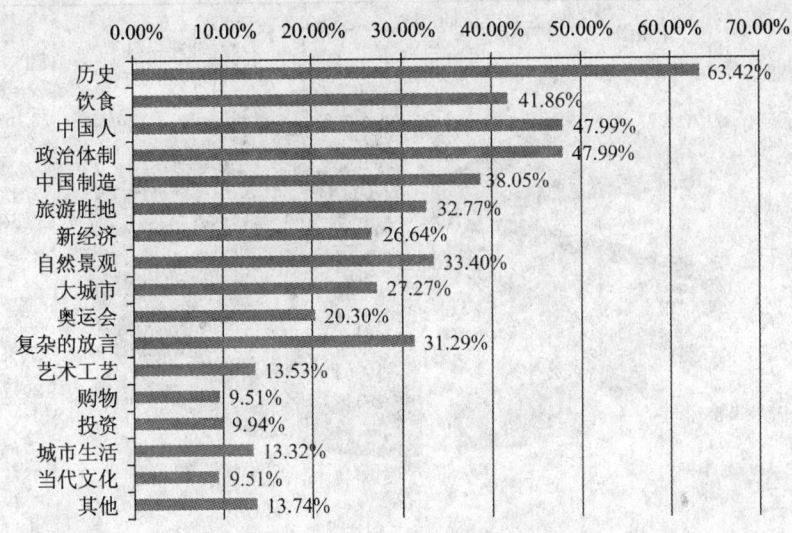

图4 美国受访者对中国印象最深刻的因素

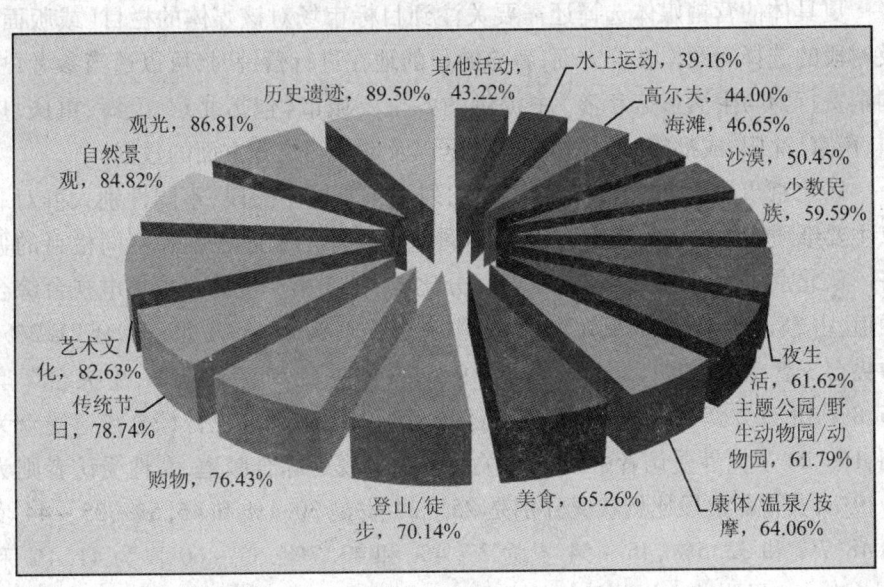

图5 受访者认为在中国可以体验到的活动

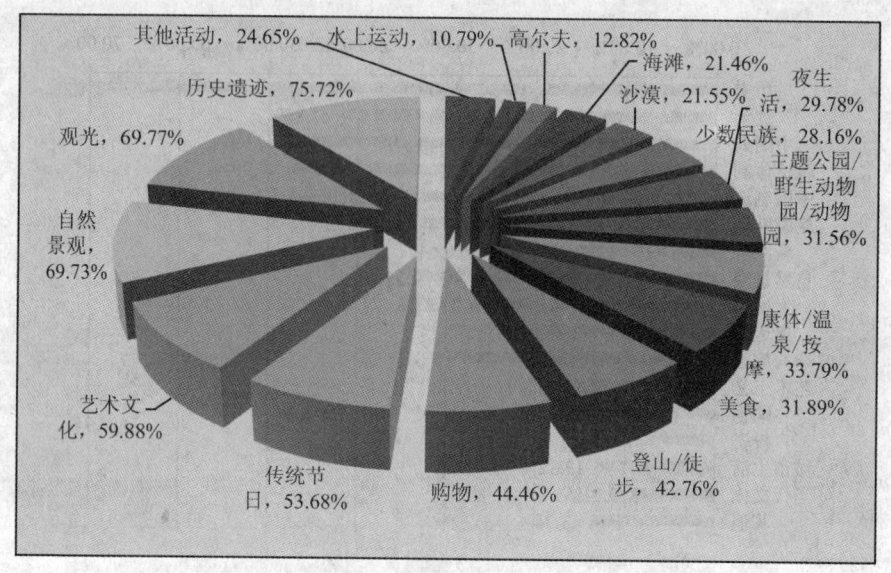

图 6 受访者到中国旅游的话感兴趣的活动

更具体的营销媒体选择还需要关注到目标市场对该媒体的栏目（或版面）及时段的选择问题。在这方面，各旅游目的地在进行营销时，可以适当参考《中国消费行为与生活形态年鉴》中提供的各主要城市（包括北京、上海、重庆、广州、南京、沈阳、成都等）的媒体偏好数据以及阅读习惯等方面的数据。

以北京市场为例，在该年鉴中详细列举了不同年龄段、不同性别人群对北京主要纸质媒体的偏好状况以及对不同电视媒体的偏好程度和不同栏目的偏好。从北京居民对电视频道的偏好百分比看，排在第一位的是中央电视台综合频道，占 38.4%，北京卫视为 30.5%，中央台 5 套为 21.5%，北京 4 套 21.2%，中央台 3 套为 19.9%，北京 3 套为 19.5%，中央台 6 套 18.6%，中央台 2 套 15.8%，北京 2 套 13.8%，中央台 8 套 10.3%。以中央电视台综合频道受众为例，16~24 岁男性受访者中 32.0% 关注中央电视台综合频道，女性受访者则为 19.9%，其他年龄段比例状况分别是 25~34 岁是 30.1% 和 46.5%，35~44 岁为 48.7% 和 32.5%，45~54 岁为 39.4% 和 47.7%，55~60 岁为 41.4% 和 52.1%。如果能够在旅游目的地营销方案设计的过程中关注到拟投放渠道与渠道受众群之间的关联关系，关注到拟开发的潜在消费人群及他们所偏好的媒体类型之间的关联关系，则营销信息的到达率将会有显著提高。

确定区域性目标市场时，也可以考虑利用 Google 和 Baidu 等数据挖掘分析工具。比如，2010年北京市旅游局已经通过赞助NBA纽约尼克斯队、在冬奥会举办地温哥华以及全日空等航班上播放旅游宣传片等方式加强海外营销推广，如果能够考虑到旅游信息存储、分享、搜索方式的数字化、网络化发展趋势，在未来的营销推广中充分重视网络关注度来源地分布状况，或可有效提高旅游营销的效果，为北京入境旅游市场的发展做出更大贡献①。

考虑到Google作为全球化搜索引擎的特性，在此以"Beijing Travel"为关键词，通过Google数据工具，分析从2010年1月1日到2010年12月31日的数据，发现北京入境市场的网络关注度最高的国家或地区分别来自中国香港、新加坡、马来西亚、中国内地、韩国、新西兰、菲律宾、澳大利亚、加拿大和英国，对北京旅游网络关注度最高的城市分别来自香港、北京、吉隆坡、新加坡、上海、悉尼、墨尔本、多伦多、纽约、伦敦。若以美国为例，可以发现美国的纽约州、华盛顿州、伊利诺伊州、加利福尼亚州、德克萨斯州和弗吉尼亚州对北京的网络关注最高，而具体到城市而言，排名前三位的分别是旧金山、纽约和洛杉矶。通过Google数据工具，以"北京旅游"为关键词，对2010年1月1日到2010年12月31日间的网络关注情况进行分析，可以看到，对北京网络关注度最高的分别是北京、天津、河北、辽宁、黑龙江、广西、山西、吉林、甘肃和安徽，对北京网络关注最高的城市分别是北京、天津、石家庄、哈尔滨、沈阳、太原、吉林、西安、青岛与合肥。

二、典型创新营销渠道

（一）网络视频营销

不可否认的是，80后、90后群体逐渐成为旅游市场的主流人群。以GMID（Global Market Information Database）的资料看，2009年中国的假期使用者（Holiday Maker，即真正使用假期的人，不包括有假期而不使用的人）中，0~14岁者占9.7%，15~24岁者占27.5%，25~34岁者占23.7%，35~49岁者占18.5%，50~64岁者占13.0%，65岁以上者占7.6%。而80后出生的人群由于"一交流就用上互联网"的时代特征，在媒体信息偏好上往往容易拒绝传统的广告信息，

---

① 同时，在通过赞助大型活动的方式来营销北京旅游时，需要注意大型活动本身的性质与北京旅游的资源特质之间的联系，要避免只关注大型活动受众的广泛性，而忽略了大型活动与北京旅游之间的内在联系。

而倾向于相信旅行者自己拍摄的视频。

另据 Google 的研究发现，人们在旅行的整个过程中都会使用到视频媒体：在拟进行旅游时，63% 的个人旅行者（Personal Traveler）和 66% 的商务旅行社（Business Traveler）会使用视频媒体；在考虑应该进行何种类型的旅行时，两者比例分别为 47% 和 56%；在考虑具体旅游目的地选择时，60% 的个人旅行者和 64% 的商务旅行者会使用视频媒体；当考虑参加目的地何种活动时，这一比例分别为 64% 和 66%；当考虑具体的饭店、交通设施等的选择时，57% 的个人旅行者和 64% 的商务旅行者会使用视频媒体。

在国外，YouTube 是最常被使用的旅游视频网站，81% 的人会通过他们查询商务旅行，79% 的人查询私人旅行；其次是雅虎，44% 的查询商务旅行，32% 的人借此查询个人旅行；再次是 Facebook，41% 的查询商务旅行，30% 的人借此查询个人旅行；Myspace 上这两者的比例分别是 29% 和 21%；MSN 上这两者的比例则为 31% 和 18%。研究发现，消费者已开始上传自己拍摄的旅行视频，6% 的个人旅行者、16% 的商务旅行者表示会上传他们的视频。

目前，我国多数旅游目的地在利用旅游视频进行营销方面还存在空白。即便多数旅游目的地都会拍摄宣传片，或者联合具有强大制作能力的机构（如央视）来制作高质量的多集纪录片（如西安的"西望长安"、武当山的"问道武当"等），也大多限于传统的电视台播放和 DVD 光盘销售的渠道，并没有最大限度地发挥其在旅游目的地营销方面的作用，更没有主动考虑将这些制作精良的纪录片放到国内主要的视频媒体网站（如 PPS、暴风影音、迅雷、优酷等），以方便潜在消费人群的免费下载与传播。而实际上，旅游目的地视频营销可以做的还有更多。比如，Evian 矿泉水制作的一个"（轮滑）婴儿也疯狂"的视频在网上疯狂转载，取得了极佳的病毒式传播效果。目前，我国的旅游目的地营销中基本上没有看到这种主动创意制作、能够激发网络自动传播的旅游目的地营销短视频。而营销的最高境界应该是目的地信息的自我扩散。在这一点上，旅游业需要向其他行业学习的地方还有很多。

（二）移动终端[①]营销

中国互联网络信息中心（CNNIC）公布的数据显示，截至 2010 年底，中国互

[①] 广义上的移动终端还可以包括公交、地铁等交通工具上的移动电视终端。这也是一个重要的营销渠道，由于其封闭式的信息环境，对营销信息的到达率有积极作用。

联网用户数量4.57亿人,手机网民3.03亿人。截至2009年年底,我国有77.8%的用户使用手机在线聊天服务,这依然是手机上网的首要应用。排在第二位的是手机阅读,用户的比例占到总体手机网民的75.4%。手机新闻网站、手机小说、手机报等业务已经成为影响手机网民的最重要应用之一。可以预见,随着3G业务和智能手机WIFI点的布局完成,手机接收视频、音频等互联网资源功能的完善,手机作为移动营销平台的地位将日益凸显。

同时,考虑到手机内置的位置功能以及手机作为移动终端的易监测特点,各旅游目的地营销部门应该高度关注手机这种移动终端在营销中的利用价值和拓展空间。一方面,旅游目的地可以将移动终端作为电子导游的重要媒介,这种电子导游是一种与互联网有良性接口的服务,从而可以更好地为旅游者提供解说信息方面的服务,为旅游者获得良好的目的地体验打下扎实基础。而任何一种消费决策中,良好的消费体验都是下一次(或下一个消费者)消费决策的重要影响因素。另一方面,这个移动终端还可以成为目的地营销中进行市场调查分析的重要数据来源媒介,因为从技术上是非常容易解决持有手机这个移动终端的消费者进入景区、离开景区及其来源地等方面的信息的,如果是手持GPS之类的移动装置的话,还可以全程了解旅游者在景区内的移动路线及具体景点停留时间等相关信息。相信这些信息对于旅游目的地了解旅游者的消费特征,从而帮助目的地制定行之有效的营销策略是有积极意义的。

当然,如果能够进一步提高手机的无线接入功能,支持消费者通过手机拍照、视频等方式实时更新互联网上的旅游相关信息(如博客、微博等),则可以将移动终端的营销价值与视频营销方式进行很好的衔接;对旅游行政主管部门而言,如果能够通过手机无线接入功能,链接到其监管网络,则有助于对旅游市场的监管(比如形成手机举报系统);对于旅游电子商务网站,如果能够通过旅游者手机无线接入提供、更新信息,则有助于提升该网站在消费者心目中的口碑;如果能够做好多部门的协同,则移动终端本身将成为旅游者非常重要的移动智能助理,可以根据旅游者(机主)过去的搜索来确定手机移动搜索偏好,并向消费者提供与偏好吻合的本地化资料(包括视频材料),同时手机内置的卫星导航系统能帮助旅游者规划好行车路线,自动接入查询餐厅的在线定位系统,若确认选择餐厅则可引导其前往该餐厅。

在利用移动终端完善旅游目的地服务的便利性,拓展旅游目的地营销手段和方法方面,英格兰旅游局做出了很好的表率。2009年3月,英国旅游局(Visit

Britain)推出了一款名为"mobiEXPLORE UK"的移动应用软件,使得用户可以通过手机查看英国地图(包括街道地图、伦敦地铁地图)、获取当地的节目活动指南、当地最佳餐馆和酒店列表、实时天气报告及接收折扣凭券;2009年12月,英国旅游局又为那些在英国游玩的电影爱好者开发了一款免费的iPhone应用程序。相关报道显示,用户(旅游者)可以通过这款应用程序轻松地找到一些知名电影在英国的拍摄地点,并可以了解到旅游者所处位置与每个拍摄地点的距离,可以为旅游者提供这些电影的背景资料以及相关的交通信息。

在我国,开发基于手机这一移动终端的应用程序的主要是那些知名在线旅游网站。比如全球最大的中文在线旅行网站——去哪儿网推出了国内第一款行程管理软件Trip Planner和提供旅游产品搜索的旅行小助手。但目前还没有看到国内有哪个旅游局推出了与英国旅游局类似的应用性软件,即便是中国最重要的北京、上海等旅游目的地也不例外[①]。国家旅游局已经在《中国旅游业"十二五"发展规划纲要》中指出,要"构建三网融合机制下的旅游目的地营销体系,建立跨网络、跨终端的多元化旅游营销能力"。相信在不久的将来,我们会看到这种基于移动终端的营销方式在推动我国旅游目的地营销方面发挥出积极作用。不过,现在马上可以做的,就是国家旅游局与主要的移动运营商洽谈战略合作事宜,商讨如何利用手机报来营销推广旅游目的地[②]。

根据《2010年美国旅游者特征》显示,19%的旅行者下载过与旅行相关的应用程序;47%的旅行者利用过手机内置的GPS功能进行目的地导航;46%的旅行者应用手机察看最新的航班信息;29%的旅行者利用手机比较机票和饭店的价格;28%的旅行者分享旅行经历信息和图片;18%的旅行者利用手机预订了机票和饭店;15%的旅行者旅行时利用手机的虚拟向导服务。根据《World Travel Market(WTM) Global Trends Report》调研发现,从欧洲智能手机的旅游应用上看,有34%的人会用手机搜寻旅游信息,有23%的人会用手机选择旅游目的地;未来使用新技术预订假期的比例更是高达65%;从未来商业机会看,也有

---

① 在本书即将付印之际,看到网上有新闻报道了上海开发的i-travel系统,是国内目的地在这方面的最新尝试。

② 在具体应用过程中可以关注手机报在不同地区的渗透率,以便相机选择。2009年CNNIC的研究发现,有近67.6%的用户认为手机报是传统报纸的补充,19.4%的用户认为手机报已与传统报纸同样重要,4.3%的用户认为手机报在未来将取代报纸;研究还发现,手机报的渗透率已经达到39.6%,但不同地区的手机报使用率并不相同,北京最高,用户使用比例为49.7%,广州、上海、深圳的比例分别为40.9%、34.1%、33.7%。

9%与移动通讯密切相关①。

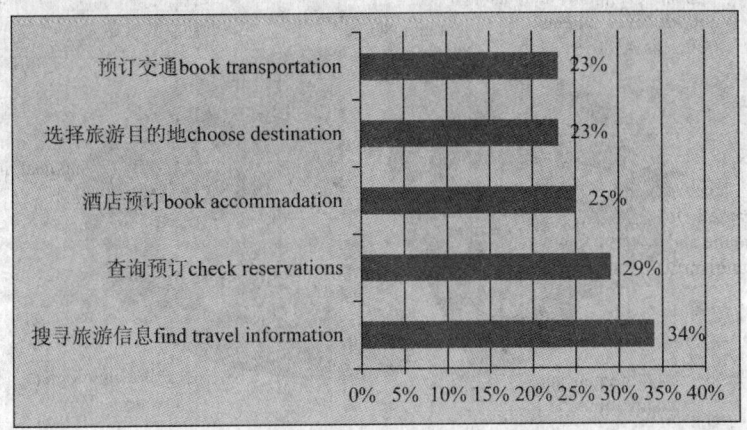

图7 欧洲智能手机使用情况(2010)

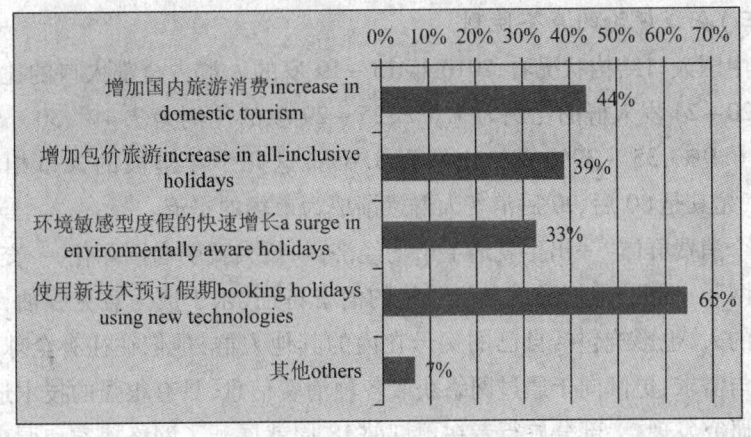

图8 未来五年旅游消费趋势(2010)

---

① 一项针对1257名旅游业界高级管理人员的调查结果显示,就未来5年最主要的旅游消费趋势的看法,65%认为是使用新技术来预定假期,44%认为是国内旅游消费的增长,39%的人认为是包价旅游的增长,33%的人认为是环境敏感型度假旅游产品需求的快速增长。同样是这个调查,就未来5年最主要的商业机会的判断看,25%的人认为是源自技术进步,9%的人认为源自移动通讯发展,20%的人认为源自社交媒体,28%的人认为源自新兴市场的发展,7%的人认为源自购并,3%的人认为源自新机型的发展。无论是消费者预定假期的消费偏好的凸显还是54%的商业机会重要来源,都预示着,要积极利用现代信息技术的发展,加快网络化布局和营销拓展。

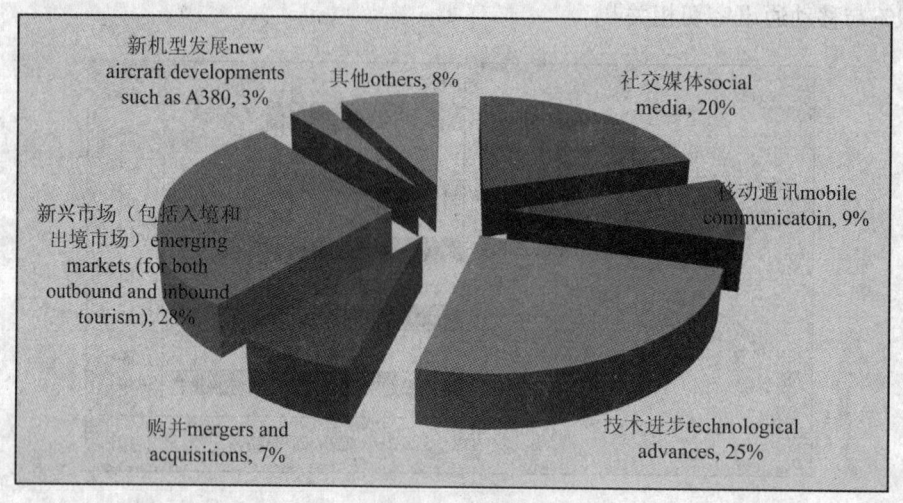

图9　未来五年最大商业机会(2010)

(三)在线评论的声誉监测

从中国人口结构状况看,2010年15-19岁的人群占全部人口的比例大约7.8%,20-24岁人群的比例为9.0%,25-29岁的比例为7.4%,30-34岁的比例为6.9%,35-39%岁的比例为8.6%,这几个年龄段的人口相加则为39.7%,尤其是80后、90后消费人群逐渐成为市场的主流。

这个消费群体"一出生就遇上市场经济,一长大就明白国际化,一交流就用上互联网"。因此,他们形成自己独特的消费特征,乐于成为意见领袖,既影响同时代的人,也影响包括自己的父母在内的其他人群;他们往往有全球化的消费视野与需求,更倾向于通过网络获取各种消费信息,具有很强的技术适应性。国外的研究发现,大部分旅行者在预订前18周就展开了网络搜索和调查工作,特别是休闲旅行的顾客。制订个人旅行计划时,64%的人会使用搜索引擎;制订商务旅行计划时,56%的人会使用搜索引擎。52%的人会使用旅行网站制订个人旅行计划,55%的人使用其制订商务旅行计划。另外,74%的商务者和59%的个人旅行者会使用通用搜索引擎购买机票;60%的商务者和59%的个人旅行者会使用通用搜索引擎搜索旅游目的地;51%的商务者和55%的个人旅行者会使用通用搜索引擎安排度假活动。

随着越来越多的人通过网络与他人分享自己的旅游体验,随着越来越多的旅游者通过网络来获取旅游目的地相关信息,包括在线评论在内、与旅游目的地密切相关的 UGC(User Generated Contents)已经成为目的地声誉的重要影响因素。从 WTM 的研究报告中可以发现,有9%的受访者认为影响未来旅游领域发展的商业机会来自移动通讯,认为来自社交媒体的占20%,认为来自技术进步的占25%,而这些都与人们进行在线旅游经验分享和发表在线评论密切相关。英国电讯报(The Telegraph)2010年3月19日一项针对1375位消费者的调查指出,25%的受访者依靠由陌生人提供的在线评论决定他们的旅游计划,13%的受访者选择参考电视旅游节目,11%的受访者把杂志和报纸的信息作为计划的补充。同时调查发现45岁以上的受访者中有50%的人会使用互联网发表他们的旅游经验,通过互联网向他们的同伴发出推荐或警告信息。另外,根据谷歌等的研究,41%的休闲旅行计划和50%的商务旅行计划会根据制订者阅读的评论制订。更进一步看,越来越多的消费者也开始在互联网上分享他们的旅行经验和评论。

正是由于在线评论对人们选择旅游目的地的重要影响,国外已经开始有关注在线评论对旅游目的地声誉影响方面的研究。Alessandro Inversini 等人(2010)在对伦敦的在线旅游声誉进行评估时,构建了一个基本的模型。该模型主要通过诸如产品与服务(Products and Services)、领导力(Leadership)、创新(Innovation)、表现(Performance)、社会(Society)、环境(Environment)、管制(Governance)等7个方面、22个细项评估了伦敦的在线旅游声誉。

在国内,还没有对旅游目的地的声誉影响机制和评估体系进行理论上的研究,应用就更谈不上了。倒是不少在线旅游网站借助其自身的顾客群积累了大量的游客评论,有些在线旅游网站则利用自己的技术优势对相关网站评论进行聚集处理,前者如携程网(及其旗下的驴评网)、到到网,后者如去哪儿网等。这些在线旅游网站分别根据自己设计的标准,对酒店评论、景区评论进行打分管理。

但是,打分还只是评论管理中最初级直观的一部分,评论管理还需要深入对在线旅游评论进行细化处理,并从中找到旅游目的地亟需改进的环节与内容。比如,根据去哪儿网对酒店评论数据的处理,发现影响酒店评论的因素不仅包括酒店的位置、设施、价格、服务、交通、餐饮等,而是会细化到诸如酒店与房间的气味、网络、手机信号等方面的信息,关于浴室的关注点也不仅仅局限在淋浴喷头、水压水流、浴缸、还会关注诸如下水道、卫生纸、浴液、水垢、擦手纸等方面。显然,对这些评论数据的深入挖掘可以进一步发现消费者的偏好和消费评价的关键点,从而有助于改善产品与服务,为获得良好的口碑宣传打好基础。

情同此理,旅游目的地营销也是如此。如果旅游目的地在营销过程中能够对有关旅游目的地的在线评论进行有效的数据挖掘,必然有助于提高旅游目的地营销的效果。因为评论数据挖掘的工作其实就是目的地与旅游者良性沟通的重要一部分,而良好的双向沟通是有效进行目的地营销的前提之一。未来的目的地评论将会更加方便,移动点评、随时随地的点评分享、基于位置的服务(LBS)等方面将深入应用,在线评论所衍生出来的目的地声誉管理将日益凸显出其重要性。

2010中国各省市旅游局营销创新评论[①]

2010年作为我国"十一五"的收尾之年,是国务院提出把旅游业培育成"战略性支柱产业和人民群众更加满意的产业"的开局之年,同时也是全球金融危机对旅游业的影响逐渐淡化的一年。在这机遇与挑战并存的一年中,无论是政府还是旅游业界都调整各自的发展战略和营销模式,尤其是作为我国旅游市场营销主力军的各省市旅游局,为拓展市场而不断地创新传统旅游营销方式并探索新的有效的市场营销策略。

一、传统营销方式在旅游局营销中的创新运用

据统计,我国人均GDP已经达到并超过3000美元,这预示着我国进入了世界旅游界公认的旅游业爆发性增长阶段。各省市都在挖掘可开发的旅游资源,即使没资源也人造旅游点,可谓是遍地开花,在这样一个大环境下,"酒香不怕巷子深"的道理已不再适用,此时旅游营销就彰显出其特殊的市场价值。

在这旅游业发展的关键之年,我国各地市旅游局在进行市场推广特别是旅游地营销的过程中,灵活运用各种营销方式,并在传统营销的基础上不断创新,主要体现在以下几个方面:

(一)更加注重旅游目的地整体形象营销

旅游业的发展不仅是为了促进当地经济发展,同时也是为当地树立品牌效应,提升城市形象和知名度。旅游目的地形象是人们对旅游目的地的总体、抽象、概括的认识和评价,是对旅游地的历史影响、现实感知和未来信念的一种理性综合。城市旅游形象是吸引游客的基础,也是该城市旅游业发展的精神动力。在旅游业走向成熟的过程中,各地都清楚地认识到了目的地个性和魅力的提升和宣传的重要性,例如北京的城市形象就是中国首都,这是最大最特殊的号召力,而人们一提起上海就会想到东方明珠、海派文化以及其繁荣的经济,大

---

① 本文与万文平合作完成。

连被人们誉为城市花园,香港则是购物天堂,等等。

除了这种由来已久形成的城市形象外,各个目的地也在致力于通过不断的开发宣传来形成固定的城市形象,如"好客山东"的捆绑营销可谓是名利双收,在其之后,各地更是纷纷效仿。在国家定位海南为旅游试验区开发国际旅游岛之后,三亚在夏季营销中对自身的定位从"清凉一夏·三亚度假"提升到"清凉一夏·文化三亚",在突出其海景风光时更是打出文化牌,突出其国际性,在其"请进来走出去"的营销过程中也不断地突出文化三亚的品牌,改变人们心目中没有文化内涵的三亚形象。在"走出去促销"活动中,三亚市政府组织旅游企业组团,不仅在刘老根大舞台上一展身姿,还在大连携手海昌集团联合推介三亚旅游,在兰州、黄山等地,与同属全国5A级景区城市联盟成员的嘉峪关、黄山、世博园等文化景区,形成合力,共同推介三亚,时间跨度长达三个月,形成国内旅游城市中规模最大、形式最独特的营销活动。无独有偶,拥有得天独厚海岛风光、风貌建筑的厦门鼓浪屿,抓住现在年轻人追求时尚浪漫的结婚热潮,开展以婚纱为主线、为期近两个月的迎新系列文化活动,在温馨浪漫的氛围中打造"蜜月岛"品牌。根据携程旅行网发布的2010年情人节出游目的地人气排行榜,境内游厦门位列第二,仅次于三亚。

此外,国家旅游局在中国旅游产业节中,与阳光传媒集团合作策划了《美丽目的地·旅游大中国》的"旅游目的地魅力展现"整合推广项目,为各个城市打造独特的城市旅游文化,通过电视、网络、平媒、手机、广播等全媒介手段,结合电视栏目、文化演出,整合社会资源,共同为地区旅游产业提供品牌形象包装及推广。同时,也汇聚了境外传播渠道,并通过与境外旅游网站的联动,在全球范围内发起"网民票选"、多媒体展播等互动形式,吸引境外游客来到中国"美丽目的地"。

(二)旅游营销方式推陈出新,突出体现产业间的融合

各地旅游局在进行营销推广的过程中,除了采用旅游业惯用的邀请主要客源地的主流媒体、旅行商等来目的地踩线的"请客"策略,利用旅游宣传大篷车、促销小分队、广场演出、城市巡游、推介会、发放奖励消费券以及走访等形式到客源地宣传营销外,在媒体广告营销中更加注重眼球经济的视觉冲击力,采用在主流媒体滚动播放主题广告、360度全景展示、开办旅游栏目、请当地名人做代言人等等方式,使人们的身边不断充斥着旅游目的地的形与声。此外,随着会展旅游的兴起,各地的研讨会、节事庆典等竞相四起,促进了当地旅游业的宣传推广。作为旅游营销成功典范的山东为了改变淡季困境，采用"好客山东贺年会"的方式点火山东冬季旅游热潮。

从过去一年各地旅游局的营销中可以发现一个突出的现象，就是不再是旅游业唱独角戏，而注重了产业融合，在节事营销和制造旅游热点的营销策略中体现最为突出。张家界在进行市场推广时与波司登联合，把张家界作为2010－2011波司登秋冬时尚发布会的现场，并确定了"羽裳霓曲·魅力张家界"的活动主题，吸引了国内外80多家新闻媒体参与活动报道，对张家界山水风光和民族风情做了积极的宣传推介。旅游和体育的融合也在旅游营销中体现较为突出，湖南长沙通过"体育搭台，旅游唱戏"，创造性地把体育与旅游有机结合起来。他们举行长沙环湘江自行车邀请赛，以"幸福长沙，'骑'乐无穷"为主题，把发展体育旅游与发展低碳经济紧密结合起来，创新了体育旅游营销城市新模式。同时，北京旅游营销也再次借力美国职业篮球赛为宣传北京开拓境外旅游市场助阵。山东乳山更是把很流行的地产与旅游结合起来，成立旅游房地产营销协会，开发"看房旅游"产品，集中两个产业的力量来宣传。在韩国的影视营销旅游取得较好效果之后，我国也对影视营销进行了探索，《非诚勿扰》播出后一度引起人们对北海道和西溪湿地的旅游热潮，于是北京旅游局在《非诚勿扰Ⅱ》植入北京旅游景点和文化，同步于电影的宣传投放北京旅游电影贴片广告、冠名电影全球首映礼、看片会，等等，打造了一张更加生动、新鲜的"北京旅游名片"，并推出"北京旅游非线路"产品。随着旅游热潮的不断膨胀，温州为了提高旅游营销效果，充分利用温州商人在全国的知名度，与温州商会进行合作，成立专门的旅游办事处，以更好地适应当地的需求特征，使旅游直销、节庆行销、网络营销及专题促销有效地结合起来，提升了旅游营销的效果。类似地，为使焦作市及云台山景区列入国家旅游局"世博"旅游精品线路，焦作市旅游局在上海设立焦作办事处，结合旅游"四进"（进社区、进高校、进企业、进机关），策划实施了"焦作旅游进世博"活动。

随着旅游业的不断成熟，产业间与产业内的融合将会不断推进，这不仅仅体现在市场推广上，而且将在旅游业的全过程与其他产业进行融合，以取得最大经济效益和社会效益。

（三）专业的旅游营销机构与旅游联盟成为时尚

近年来，旅游业发展已经由景点竞争、城市竞争发展到区域竞争的新阶段，同时，高铁也改变了出游线路，只有通过资源整合、区域合作才能突破行政区划的束缚,更好地满足游客的需求。各地旅游局为了获得营销推广效果的最大化,纷纷转变各自为战的战略,而采取旅游营销联盟的合作机制。继天津和上海整合各自特色旅游资源,签订津沪旅游合作协议,实现资源共享、信息互换、联合促销,打造旅游品牌和形象取得良好效果之后,三亚和黄山也启动两市联合营销大行动,充分利用各自客源市场,大力开展旅游品牌互相推广与客源互送等合作。此外,河南旅游营销也迎来竞合时代,河南旅游业的核心城市郑州、开封、洛阳、焦作成立"郑汴洛焦"旅游推广联盟,力争实现区域内的资源共享、市场共享、利益共享,共同开发国内和国际旅游市场,打造区域旅游品牌,以增强河南旅游的整体实力。同时,在其成立之际就探索与"广深珠"旅游联合体形成区域与旅游联合体之间的协作推广模式。在各地如火如荼地进行区域协作时,环渤海及北京周边省市区也为促进区域一体化进行积极的探索,在"9+10"区域旅游合作交流会议上,北京、天津、河北、山西、内蒙古、辽宁、山东、河南、陕西9省区市联合签署《区域旅游合作太原宣言》,谋求加强联合、资源共享、优势互补、互利共赢等,以实现国内热点旅游城市共同发展与繁荣。福建和黑龙江等地也相继成立省内各市的专业旅游营销联盟,以集集体之力来联合促进区域旅游业的综合竞争力。

(四)境外营销更加专业、成熟

随着金融危机的影响逐渐淡化,我国三大旅游市场得到恢复性增长,2010年我国入境旅游人数达1.34亿人次,增长5.8%,使我国跃居世界第四大入境旅游接待国。在我国走旅游强国的道路上,国务院提出力争到2015年入境过夜游客人数达9000万人次,年均增长8%,到2020年我国旅游产业规模、质量、效益基本达到世界旅游强国水平。在全球化不断加剧的社会背景下,开拓国际市场成为我国各个省市的重要发展路径。作为首都,北京正紧锣密鼓地筹备打造成世界城市,为更为有效地对外宣传北京,北京市旅游局联合搜狐公司推出了可提供中、英、法、西等8种语言的新版旅游公共服务门户网站"畅游北京",全方位展示北京丰富的旅游资源与城市风貌。与首都齐名的经济中心上海市也不断创新传统的对外营销策略,采用互派旅游官员到对方旅游主管部门"挂职"的机制和互助式营销,与国外旅游机构进行互惠式的合作,由国外人员编辑和设计对本国的宣传资料,为招徕海外游客、宣传上海旅游形象及提升上海知名度发挥更大的作用。近些年,国际化较强、经济实力雄厚的城市在旅游业走向国际化的进程中凸显其引领和榜样的作用,其他省市为更为有效地加快国际化步伐,拓展旅游市场,也加大境外促销力度、创新营销策略,如作为海岛旅游典范的海南岛,在打造国际旅游岛时,旅游营销上也更加突出国际化的特点,将其境外营销阵地前移至客源地,构建在境外的长期宣传窗口,采用"阵地式、面对面、经常性"的营销策略,并在俄、德、韩、日、美、加六个重点客源国构建海南旅游六国语言窗口网络。国内营销中发挥重要作用的营销联盟在对外营销中得到新发展,福建利用"福建旅游北美营销大联盟"的方式来拓展北美市场,这种营销创新不胜枚举。

　　市场营销在各个行业中都发挥着重要的作用,随着新媒体的进一步发展,传统的营销模式面临着巨大的挑战,然而传统并不意味着落后,多年的市场开拓使传统营销模式更为直接地把产品与受众连接起来,并配合新媒体营销在市场上发挥作用。其本身也在传统方式的基础上不断调整策略,创新营销方式,以更好地匹配现代人的特征。其不仅采用口头上的诉说、平面广告的告知及简单的节事庆典等方式来推介旅游目的地,而且采用了更加多样性的方法来挖掘目的地本身的文化内涵和资源特色以及对潜在旅游者出游动机的激发,正如上文提到的,传统的营销方式正在以崭新的姿态发挥着其最大的市场价值。当然,面对人们对生活水平要求的提高,对出游的选择更为挑剔,如何推广自己的产品、吸引更多的旅游者仍是各个旅游营销者应该思考的问题。

二、新型营销方式的运用

　　近年来,随着网络时代的到来,新技术的利用和高科技的引进使新媒体营销几乎成为每个营销者的惯用语和习惯性思维,当然这也给旅游行业带来了无限的商机,为旅游业的市场推广和目的地形象宣传提供了便宜。这种新经营方式、新传播方式、新技术手段越来越普及,其受众绝大多数是中青年,而他们正是具有旅游能力的主体和潜在旅游消费者,也是包括老人及孩童的家庭旅游决策人。这种特征越来越受到旅游宣传主体的重视。

　　(一)旅游微博、博客成旅游营销新阵地

　　旅游微博已经成为一种新型的传播行为,改变着人们的出游方式和传统的旅游观念,博友通过视频、文字图片记录出游点滴,让网友通过微博平台感受到旅游的乐趣。这种低碳环保的旅游模式,成为人们追捧的新热点。

　　2009年8月,中国最大的门户网站新浪网推出"新浪微博"内测版,成为门户网站中第一家提供微博服务的网站,从此微博开始进入上网主流人群视野。短短一年的时间,微博不仅成为明星、知名企业的网络粉丝聚集地,也为旅游行业带来新的营销商机。不管是各地方旅游局如北京、山东、哈尔滨等地旅游局,还是国外旅游局如新加坡、新西兰、澳大利亚等国旅游局,认证微博纷纷出现在了网络微博的平台上。各地方旅游局在保持传统宣传模式的同时,力图在微博所带来的巨大商机中分上一杯羹。目前,各省市旅游局非常注重在网络平台上与游客的及时交流,通过邀请好友关注、回答问题、赢取小礼物的方式,获得了广大网友的关注。微博营销使旅游营销进入极速传播时代。

此外,博客营销也是近年来营销界的流行话题,而官方类博客和营销的概念及其应用更在全球范围内备受关注,成为网络营销的一个崭新领域。在国内,乐途旅游网为河北旅游局打造的非官方博客"嘻游冀"俱乐部,成为旅游界首次以省旅游资源为博主,为旅游爱好者提供一个旅游咨询、信息收集、活动召集及分享交流的平台。博客营销在国外的创新应用也是值得我们学习借鉴的,维多利亚旅游局开创性地利用博主的影响力,邀请中国 7 名点击率在 100 万以上的知名博客版主前往墨尔本免费采风观光,这也激发了粉丝们的旅行热潮,这一开创性的行动也体现了"社区传媒"的灵活运用。

(二)旅游团购营销崭露头角

网络购物成为现代社会快速生活的产物,在人们追求物美价廉的需求中,团购网站异军突起,2010 年也因此被称为"团购元年",团购成为新兴的消费习惯和营销模式。2009 年 12 月 18 日,山东省旅游局和拉手网合作,整合山东景区、餐饮、住宿、交通等资源,推出系列旅游团购产品,开创了政府旅游团购营销的先河。同时,其还表示将开发应用于 iphone/ipad 平台的旅游服务软件,以此抓住高端消费人群。随之团购网站与各省市旅游局均发现其中各自的利益点,北京及长三角等地区旅游局相继与某些团购网站合作,促进旅游团购在旅游业中的发展。

(三)网站服务特色更为突出,营销方式呈多样化

许多年前,政府部门和旅游运营商就开始利用网络推行和展示旅游产品,然而随着国际化和需求多样性的增强,各旅游局为更好地为旅游者服务,不断完善旅游网页的服务功能。北京和海南省旅游网站都提供多国语言服务,北京"畅游北京"网还提供包括游、宿、行、食、购、娱、展、演在内的 8 大业态信息,并以高清图片、视频、360 度全景等形式全方位地展示北京旅游资源与城市风貌,

其还与搜狐爱家团以及艺龙旅行网合作,提供旅游产品的团购和机票、酒店、景区电子票的在线预订服务。海南旅游网开发出被誉为"旅游网络沃尔玛"的gogo旅游服务管家,以全方位满足旅游者的需求。浙江温州更是开创全国网络办节的先河,举行中国网络旅游节,也因此被中国互联网协会、亚太旅游协会与搜狐网授予中国互联网与旅游发展高峰论坛永久性会址。无锡也为了更好地开展旅游营销而成立"无锡旅游网络营销联盟",以此来聚集体之力开展旅游营销。

随着信息技术的发展和网络的普及,网络营销将成为市场营销的一把利剑,越来越受到重视,其创新之处也必将更加精彩纷呈。

(四)旅游业与网络运营商的合作更为紧密

现代社会生活几乎无处不与网络发生着联系,作为现代生活时尚的旅游和网络更是联系紧密,基于旅游者主体多为中青年,其旅游选择多与网络发生关系,旅游政府部门和运营商及网络运营商都抓住其中的商机展开更为深入的合作。就在2010年世界旅游日全球庆典期间,广东省旅游局与网易公司合作推出了"绿动全球"大型网络旅游互动游戏,借此通俗有趣的网络形式向网友推广宣传世界旅游日"旅游与生物多样性"的主题,并在其中融入核心景区点的推广,为旅游营销开创新的模式。河北省旅游局与乐途旅游网开创网络俱乐部、打造网友聚集地的模式,并设计了"玩转河北 分享快乐"资讯专题、"嘻游冀"俱乐部、"乐游河北 我最IN"等一系列丰富多彩的推广活动,总曝光量超过2.72亿次,点击率超过24万次,为河北旅游推广开创了新天地。

新时代,随着人们对新事物的接受越来越快,新媒体营销逐渐发展成为现代市场营销中最受青睐的营销方式,行业营销者也在不断探索如何创新地运用新的营销方式以取得更好的营销效果。据专家推测,传统营销方式不可能被完全取代,但是网络营销可能成为主流,特别是类似微博的这种。

三、2010年旅游局旅游市场营销存在的不足

在过去的一年中,旅游业的地位得到进一步的提升,我国各省市旅游局也在市场营销上投入更大的精力和费用,并在营销手段和创意方面都取得了巨大的突破,为我国旅游业的发展贡献了不可磨灭的力量。然而在市场拓展方面还是存在着不平衡的现象,有的省市旅游业发展已经相对成熟,其在市场营销时

也体现为手段更为灵活,创新性较强,而旅游业相对落后的地区在市场拓展时还仅仅停留在简单的传统营销方式上,缺乏创新,效果也不是很明显,主要存在以下几方面的问题。

(一)形象定位不明确,缺乏统一的形象定位和宣传口号

旅游目的地形象是旅游者对目的地的第一印象,也对旅游地的选择产生着重要的作用。各个省市都在挖掘当地的核心吸引力以提炼出最能代表城市竞争力的宣传口号,然而在探索的过程中却存在着宣传口号不断更换、不能体现本地特色、太繁琐等问题,如湖北宜昌先后以"金色三峡·银色大坝·绿色宜昌"、"三峡工程在宜昌,高峡平湖好风光"、"魅力三峡,激情宜昌"为号号,几经更换仍没能最终确立出能代表城市形象的宣传口号,当然也就无法取得"好客山东"的宣传效果,无独有偶,像广州、武汉、宜昌等地都存在着类似的问题。

(二)营销手段创新力度不足,科技含量低

许多城市在营销宣传的过程中,基本上还仅仅停留在传统的形式上,如参加国内旅游交易会、报纸广告、旅游大篷车等,对新型营销方式反应较慢,缺乏具有创意和轰动效果的营销方式,如广州市、信阳市、武汉市等等虽然也投入发展资金,但是因缺乏创新性的营销手段而无法取得良好的营销效果。

(三)缺乏长期营销规划,投入专项营销资金不足

现代旅游业是一个综合性极强的服务性行业。整合目的地资源,细分市场从而进行长期的市场拓展战略规划是每个城市进行市场拓展的必要步骤,然而有些城市却凭主观臆想操作市场。另外资金的投入是实现市场营销的基本保障,常言道"巧妇难为无米之炊",有些省市看不到长远的发展前景,而吝惜市场拓展费用,导致核心竞争产品开发不足,缺乏市场冲击力和震撼效果,营销的效果大打折扣,只能在众多的促销手段中淹没。如宜昌市2010年旅游宣传促销财政经费为810万元,不足当年旅游业收入的千分之一,达不到河南云台山一个景区当年的营销费用,从而也致使一些营销策略无法实施。类似的情况在很多城市存在。

(四)对营销机会的捕捉不够灵敏,反应不快

捕捉、利用稍纵即逝的营销机会,是现代企业在激烈的市场竞争中生存、取胜所必备的技能。《山楂树之恋》在宜昌取景拍摄,对宜昌来说是十分宝贵的营销机会。如果能够快速反应、系统谋划,将有可能成为继三峡工程之后宜昌旅游形象升级、市场引爆的新契机,然而当地由于反应太慢、投入不足,特别是缺

乏全市范围的系统谋划,而错失良机。

除此之外,在旅游局开展政府营销的过程中,还存在观念滞后、目标市场不明确、盲目削价、品牌意识淡薄等方面的问题,有些虽是由于当地的资源、经济实力等方面的限制所导致的,但是最大限度地利用现有的资源,实现效用的最大化、灵活利用智力因素、招商引资以增强其营销实力确是每个旅游局应该做到的。

四、促进旅游市场营销有效开展的几点建议

(一)营销手段多元化,突出创新性

现代市场营销手段丰富多彩,在应用于旅游营销的过程中只要方式恰当并加以创新都能取得很好的营销效果。传统的营销方式必须与现代营销方式相结合才能更好地发挥作用,在应用广告、报纸、交易会、大篷车等营销方式的同时,应再与在线营销及高铁时代所带来的高铁营销等手段相结合,并灵活运用节庆营销,创新节庆内涵,突出产业融合,使线上和线下有机结合起来,让游客在做出游选择的时候能更加客观而全面,摆脱单一营销形式的局限。

(二)深度挖掘旅游文化内涵,开展旅游品牌营销

我国旅游业品牌建设的精髓很大程度上取决于悠久的历史和厚重的文化内涵,同时文化也是目的地软实力的一种表现形式,因此,在提升市场竞争力时必须深度挖掘旅游文化内涵、走品牌化道路,塑造和传播品牌形象,通过整合当地资源,整体性营销,从而带动旅游业有序健康地发展。我国提出"旅游文化年"口号,倡导各地对地方文化的深度挖掘和传扬,提升旅游业的文化内涵,也对城市形成各自的独特品牌形象发挥着积极的作用。鉴于现代人追求品牌的意识,在旅游业营销的过程中也应注意对品牌的塑造,激发出人们心中的潜意识,以"投其所好"。

(三)提炼主题,树立目的地形象

旅游目的地营销的关键,就是要把各种要素资源通过各种方式作用于旅游者,并在旅游者心中形成独特的综合印象,即旅游目的地形象。其中,最为重要的基础性工作就是要设计旅游形象标识和主题口号。旅游形象标识要着重反映旅游地的核心要素:地脉和文脉。"寓复杂于简约"是旅游形象标识设计的关键。正如"好客山东"简单又能激发出人们潜意识中的好感,同时能代表人类最

本质的东西和山东人的好客之道。

同时,旅游局在未来开展市场营销的过程中需注意全局性和未来发展潜力,以使市场开拓得到更大程度的重视。而且,旅游本身就是一个边界很模糊的产业,在市场开拓的过程中应积极主动与其他产业以及产业内的资源融合发展,以掌握市场主动力、提升其竞争力,同时也能使传统的和新兴的媒体营销方式都能取得创新性的突破,抓住瞬息万变的市场机遇并作出灵活的反应,从而提升营销力和市场冲击力,为目的地市场营销提供更大的发展空间和更多的营销机会。此外,随着生活水平的提高,人们对生活质量要求也随之提升,环保意识加强,绿色营销必能抓住消费者的心理,使其赢得可持续发展的市场。

武当山旅游营销评估和战略设计①

一、武当山营销评估

（一）总体评价

1. 营销意识加强

近年来武当山旅游保持强劲增长,除了加强基础设施建设、提升产品品质、改进服务质量、提高人员素质外,在宣传促销方面所进行的一系列工作也见到成效。武当山特区政府改变了原来的一些发展观念,把营销作为重头戏,大力进行市场开拓,并且在干部队伍和各类机构中强化宣传促销的观念,使得当地的营销意识得到加强。

2. 经费大幅增加

特区政府连续多年持续增加对于宣传促销的投入,由原来的不足千万元加大至2009年的3400多万元,其力度是空前的,这样的宣传促销费用投放力度在全国主要景区中也是超前的。投入的增加使得宣传促销的力度大为加强,覆盖的市场面更广,由"二点一圈五线"向"六点一圈五线"延伸,且逐步由周边市场向外围市场扩展。

3. 方法更趋多样

除了传统的平面媒体外,武当山营销的方式方法和手段也逐渐丰富,影视、户外、车身、短信、歌曲、指南、网络、多媒体等各种媒介逐步应用;活动性的内容更为丰富多彩,吸引了公众眼球;面向旅行商和渠道的活动针对性也逐步提高,营销组合的运用也在逐渐成熟。

4. 成效较为明显

从游客的数量和旅游收入的增长来看,宣传促销取得了良好的效果。旅游人数从2004年的66万人次增长到2008年的122万人次,差不多翻了一番。门

---

① 课题组成员魏小安、齐平书、付磊、徐挺、厉建新等人共同讨论、齐平书执笔。

票收入相应地由 2680 万元增长 1.7 倍至 7300 万元,旅游总收入由 1.45 亿元增长 2.86 倍至 5.6 亿元。除了产品本身的吸引力和自然性增长的因素外,这种增长很大程度上得益于营销的强化。

(二)方式评估

特区政府自 2003 年启动"四位一体"旅游促销战略后,不断发展变化,目前形成"六位一体"的营销体系。采取适当的方式方法,对现行营销体系进行分析和必要的梳理,有助于形成更为优化的营销方略。

1. 电视媒体

(1)中央电视台

电视媒体是目前特区营销中投入资源和经费最多的,其中比重最大的属央视。2003 年特区在中央电视台 1 套、2 套、3 套、4 套、7 套、9 套、10 套《请您欣赏》、《走遍中国》、《东方时空》、《中国新闻》等栏目推出武当山系列宣传片。2004 年在中央电视台 4 套节目每天三次播放"武当山灵"宣传广告片。2005 年在央视 1、4、7 套请您欣赏》节目中长期播放武当山风光专题片,在央视 5 套连续 3 个月播放"武当山灵"广告。2006 年在中央电视台 1 套、4 套、7 套《请您欣赏》、《天气预报》栏目播广告。2007 年在中央电视台 1 套、4 套、7 套《请您欣赏》、《天气预报》、《朝闻天下》、《新闻 30 分》等栏目播出。2008 年在中央电视台《新闻 30 分》、《朝闻天下》、《海峡两岸》、《晚间新闻》、《探索·发现》等栏目长年播放武当专题片和形象广告。

对于在央视做广告的方式而言,目前面临的困难是资金匹配与实效。央视的黄金时段及重点栏目广告费奇贵,一些企业往往不惜重金往里面砸,而特区政府不可能像企业那样拿钱砸广告,因此只能寻找一种与现有促销费预算相匹配的平衡,并尽可能地获得较为"黄金"的时段。这需要进行专门的研究。

(2)地方台

特区在重点客源城市的地方台播出相关节目,2004 年在北京、山东电视台播放武当山专题片;在荆州、南阳、襄樊、河南等 6 家省、市电视台做"题花"、"题标"宣传;邀请国内卫视台来武当山采风,30 多家电视台先后宣传报道武当山;在十堰电视台综合频道等市内新闻媒体开展"走进武当"、"春到武当"等系列宣传活动。2005 年在湖北卫视《相约湖北》栏目播放武当山专题片,在湖北都市频道播放《风景线—武当山》专题。2005 年在十堰电视台开办《走进武当》专题;在河南电视台名牌栏目《梨园春》中插播"武当山灵"广告,在河南卫视《旅游气象》常年播放武当山广告片,在重庆、襄樊、荆州等重点客源地电视台播放"武当山灵"角标广告,在湖南卫视《播报多看点》栏目播放武当山养生、武术、自然风光专题片,应湖南卫视邀请在《谁是英雄》栏目中做武当武术绝技专场表演;同时,邀请台湾中天电视台、湖北卫视、河南卫视、湖南卫视、重庆电视台、广东卫视等媒体相继来武当山拍摄专题片。2006年在北京、浙江、河南、湖北、武汉、南阳、平顶山、荆州、襄樊、十堰等电视台宣传推介武当山。2007年在北京、浙江、上海、广州、西安、河南、湖北、武汉、南阳、平顶山、荆州、襄樊、十堰等电视台长期播放武当山风光专题片及形象广告。

可以看出,武当山进入的地方电视台越来越多,空间分布也越来越远。地方电视台的受众面相对窄一些,但是更为集中,针对性更强。核心的问题是,如何配合整体的区域市场开拓战略,有效地在相关地方电视台进行广告投放,如十堰台的电视广告效果就值得探究。

2. 广播电台

仅2004年在武汉交通音乐台播放武当山宣传资料,目前这方面的渠道利用不多。

3. 影视制作

2003年开镜拍摄30集电视剧《武当》;制作发行了《武当太乙五行拳》和《简化武当拳》光盘。2006年配合影视部门拍摄了30集电视剧《武当Ⅱ》。2008年拍摄了大型电视纪录片《问道武当》、《圣山》和电影《武当少年》、60集电视剧《武当Ⅰ》、《武当Ⅱ》和武侠剧《倚天屠龙记》。但目前这些影视作品在市场上反应不是很好,反倒是香港自己拍的关于武当背景的《麦兜响当当》迅速走红,反响强烈。

4. 平面媒体

武当山的平面媒体广告使用较多。2004年在《人民日报》、《湖北日报》、《楚天都市报》、《十堰日报》、《十堰广播电视报》等报刊上开辟武当山宣传专版、专题。2005年在《人民日报》、《湖北日报》、《十堰日报》、《十堰广播电视报》开设专栏、专题、专版;在《大河报》、《武汉晚报》、《北京青年报》、《华商报》等报刊上登载武当山旅游线路和产品广告。2006年在《北京日报》、《旅游时报》、《羊城晚报》、《深圳商报》、《郑州晚报》、《湖北日报》、《武汉晚报》、《长江日报》、《三峡晚报》、《南阳晚报》、《平顶山晚报》、《三秦都市报》、《荆州晚报》、《安康晨报》、《襄樊晚报》、《十堰日报》、《十堰晚报》、《十堰广播电视报》、《东风汽车报》等报刊上开设专栏、专题、专版。2007年在《中国旅游报》、《北京日报》、《上海旅游时报》、《羊城晚报》、《深圳商报》、《郑州晚报》、《湖北日报》、《武汉晚报》、《长江日报》、《三峡晚报》、《南阳晚报》、《平顶山晚报》、《三秦都市报》、《荆州晚报》、《安康晨报》、《襄樊晚报》、《十堰日报》、《十堰晚报》、《十堰广播电视报》、《东风汽车报》、《世界遗产》杂志、《特别关注》杂志、《武当》杂志等18个重点客源城市20多家报刊开设专栏、专题、专版;2008年在《中国旅游报》、《中国日报》(英文版)、《湖北旅游画报》、河南卫视、西安电视台等多家媒体开辟节目专栏。

平面媒体的使用需要根据市场细分进一步细化,一方面要结合区域城市,另一方面要结合不同报刊的受众,因为报刊的受众群体更为细化且有较强的阅读偏好。这样的话,对于报刊的选择就需要作出调整。如《人民日报》除了部分党政干部外基本没人看,广告费效比肯定不好;《中国旅游报》属行业报刊,消费者较少看。总之,需要针对不同城市不同类型的报纸做属性分析,然后有针对性地投放广告。

5. 手机媒体

2005年在十堰移动公司开通武当山旅游短信广告。2006年和2007年开通了武汉、十堰、武当山手机欢迎短信系统。2008年在武汉、十堰地区开通手机短信欢迎系统。这种手法几乎全国所有的地区均在使用。

6. 互联网

2003年建成了"武当功夫网"、"武当武术网"、"中国武当功夫网"。2004年在"中国武当网"定期发布武当山的旅游信息,并建成开通了"武当山特区网"。但总体看来,武当山的网络营销效果不好,甚至可以说远远落后于时代的发展,应作为下一阶段提高营销工作的重点。

7. 直邮

2005年在武汉、郑州发送直邮广告20万份。

8. 户外媒体

2003年在十堰市城区设置了大型户外广告。2004年在武汉城区航空路悬挂武当山宣传广告牌40块,在十堰市区内的200辆出租车上印制车身广告;发行武当山邮资图邮资封。2006年在武汉社区文化之窗、"8"字头公交车、100家三星级酒店、100家旅行社网站首页、武汉火车站、湖北剧院和北京西客站的大型电子屏上发布广告。2007年在武汉、西安、郑州400余台公交车身登载武当山旅游线路宣传,并利用航空登机牌、户外灯箱、电梯做武当山形象宣传;在武汉社区文化之窗、100家三星级酒店、100家旅行社网站首页、湖北剧院和武昌火车站发布广告。2008年投资1300余万元在北京、上海、广州、武汉、西安、郑州及周边十堰、襄樊、荆州、宜昌、南阳、平顶山等重点客源城市2000余台公交车身上喷涂武当山旅游宣传广告;在武汉、襄樊、十堰等城市设置大型户外广告。从目前来看,户外广告中车身流动广告的效果是最好的,具有受众量大、流动性高等特点,可考虑进一步扩大利用。

9. 展销会

2003年先后参加了由湖北省旅游局组织的在北京、上海、南京等地的宣传促销活动。2004年以武汉华中旅游博览会、武汉国际文化博洽会、上海国际时装模特大赛、庆"八一"《军队和老百姓》、《武当》电视剧首映式为契机,赴武汉和十堰开展专场武术、文艺表演活动和旅游工艺品展、武当风光摄影展,组团赴意大利、荷兰、中国香港、中国台湾等国家和地区进行武术交流。2005年参加了湖北省委、省政府组织的"05香港湖北周"活动,参加了省旅游局组织的厦门海峡两岸旅游交易会,并赴郑州、重庆、广东、深圳等地开展旅游促销活动;在武汉、北京、郑州、深圳、厦门举办旅游产品推介会,建立旅行社网络;参加桂林、昆明、长三角等国际国内旅交会,强力推介武当山;赴韩国开展旅游产品推广活动,拓展海外客源市场;参加了在深圳举办的"首届中国功夫节",武当功夫艺术团专场演出21场次。2006年先后参加了湖北省委、省政府组织的"香港湖北旅游周"、广州"国际旅游展览会"、武汉和郑州"华中旅游博览会"、西安"西部旅游博览会"、成都"国内旅游交易会"、廊坊"北方国际旅游交易会"、韩国"国际旅游展销会"、上海"国际旅游交易会"、北京"湖北文化周"、台北"旅游展销会"和美国"中美首届武当武术道乐交流活动"。2007年先后参加了"中国风景名胜区成立25周年成就展"、"西安中西部合作投资贸易洽谈会"、"郑州中部投资贸易博览会"、"苏州国内旅交会"、"北方旅交会"、"首届世界遗产博览会"、"华南五省旅游推介会"、"欧中旅游城市合作论坛"、"香港湖北文化周"、"广深旅游交易会"、"陕西金秋旅游节"、"云南国际旅游交易会"、"东方航空湖北文化旅游周"以及美国、德国、法国、意大利、俄罗斯、澳大利亚、新西兰、新马泰、中国港澳台地区等国际旅游促销活动。2008年先后组织参加了奥运会"中国故事"文化展、西安西部旅游交易会、第十二届东西部合作与投资贸易洽谈会、第三届中部投资贸易博览会、第四届华中旅游博览会、鄂港粤旅游推介招商会、

"一江两山"旅游推介会、台北及新马泰国际旅游展、鄂西生态文化旅游圈推介会、海峡两岸中秋晚会、黄山国际旅游节、纪念改革开放三十周年首届国际农民文艺汇演等活动。总体来看,这些展销会活动多属政治任务,而且形成了行业惯例,由于有众多旅游目的地参与,效果不佳,仅需保持即可。

10. *活动促销*

(1) 节庆活动

2003年开始举办"三月三"庙会,2006年成功举办了"九月九"道教大法会。但目前武当山有重大影响的固定节庆活动不多,影响力也不够,应着力强化,力争形成有强大市场感召力的活动,如西藏雪顿节等。

(2) 专题活动

2003年组织武当功夫团和武术馆校先后赴中国台湾地区、日本、韩国、美国、法国、德国、澳大利亚开展武术交流和专场表演活动。2005年举办了"海峡两岸武当文化论坛"、"首届武当山赵堡太极拳国际联谊大会"、"武当论见"研讨会、金山软件公司"武侠渊源寻根之旅"和电视连续剧《武当Ⅱ》封镜仪式等活动,借势宣传推广武当山。2006年举办央视"武林大会"武当太乙五行拳选拔擂台赛、"全球功夫之星"武当山赛区选拔赛。2007年举办了武当武术发展战略研讨会等活动。2008年成功举办了"2008北京·武当山旅游文化周"、第三届世界传统武术节暨第八届武当国际旅游节《走进武当》、"武汉·武当生态文化旅游大型推介会"、"太极湖论坛"、于丹、陈军"武当论道"、"第三届世界传统武术节和第八届武当国际旅游节—走进武当"和"第五届国际道教学术研讨会"、武当·中华文化之旅维也纳音乐会、武当武术欧洲各国巡演等活动。从这些活动来看,每年要有一些轰动性的活动,从而能够吸引媒体和公众的眼球,也对事件营销提出较高的要求。特区提出要固定五大活动,即太极拳国际联谊会、武当国际旅游节、武当国际摄影节、世界养生大会、武当太极湖论坛,还考虑进一步深化、细化,形成品牌性的活动。

11. *价格促销*

2003年当地出台并实施十堰市民、旅游团队、学生、香客游览武当山让利优惠政策。2004年对武当山景区门票实行联票制,落实香客、团队、学生游武当门票优惠办法。2005年出台并落实旅游团队、学生、记者、银发老人等门票优惠办法。2006年推出了"一票管全年"和进一步落实旅游团队、学生、记者、银发老人、香客等门票优惠办法。2007年继续落实"一票管全年"和团队、香客、学生等门票优惠办法,进一步完善旅行社组团奖励办法。2008年制定出台了新的门票优惠政策,针对传统节假日及民俗节日,进行灵活的价格促销,稳固传统香客市场,拓展重点客源城市观光客市场,推出暑期、高温假期间对学生、教师以及东汽职工游览武当山优惠政策。与周边地区旅行社签订让利合同,重奖十堰地区旅游组团突出的旅行社。目前特区对于价格手段的运用日益娴熟,但需要注意的是,应建立"收益管理系统",从而更好地利用价格杠杆实现收益最大化,如在旺季对于香客市场优惠幅度过大则不利。

12. *产品提升*

2006年开通了深圳——襄樊旅游航班和武汉——武当山高速旅游客运专线,抓住汉十高速公路全面贯通的机遇,在武汉打出了"武当武汉一家亲,同根同脉同家姓"、"汉十高速一线牵,武当武汉紧相连"的宣传口号,促使省内游客大幅增长。2007年开通了深圳、重庆、南京、昆明——襄樊旅游航班、宜昌经武当山(十堰)至西安的旅游列车、十堰——汉口的旅游列车、武汉——武当山和西安——武当山高速旅游客运专线。2008年加强与机场、铁路部门合作,整合交通资源,在襄樊机场原有4条航线基础上,新增直达西安、福州、昆明的航班。可进入性的改善是产品提升的重要环节,还可抓住这一方面大做文章。

2004年在太子坡景区开展了武当武术定时表演活动,推出道家斋饭、武当茶道等产品。2005年积极推广武当武术产品,在城区定时开展武当武术表演活动,包装推出道教法事、道家斋饭、周易预测、武当道茶、早晚功课等道文化产品;在南岩、八仙观和太子坡推出品道茶等参与性活动。2006年深入开展"文化武当年"活动,根据武当山各景点的特点进行全方位包装,推出了武当武术表演、民歌演唱、道教法事、周易预测、信物开光、讲经布坛、道医问诊、甘露茶道、道家斋饭、武当山珍等旅游产品,丰富旅游内容;2007年将"文化武当年"活动纵深推进,加快景点文化包装,推出了逍遥谷雕塑文化(老子出关、庄子御风、陈抟奕易、三丰悟道、霞客寻梅)、龙泉湖畔武术表演、琼台道乐、逍遥谷踏青、猕猴剧场、南岩游步道环线游等特色旅游产品。2008年推进武当老子学院、武当书院、道教学院、武当武术学院、武当养生院、武当文化研究院等六院建设,并在五龙宫景区的五龙顶恢复"五龙捧圣"景观。随着一系列项目的推出,武当山旅游产品的形态更为丰富。但是这方面还有大量的工作要做,特别是基础设施的进一步改善和城区的休闲化改造与环境整治等。

13. 联合促销

2004年与隆中风景区达成联合促销协议,开辟了一条500元即可畅游武当山和隆中的"武当山——隆中"三日游黄金旅游线路。充分发挥武当山驻武汉办事处的作用,先后与武汉100家旅行社、50家大型企业、30所大专院校建立了客源市场联系网络。2005年邀请重点客源地的旅行商和香头来武当山踩线,并在广州、北京、重庆、上海、武汉等大中城市设立了旅游促销联络处或聘请了总代理商,在重点客源市场与300家旅行社签订了旅游让利促销合同,其中湖北海外国旅、湖北中旅、东星国旅、重庆新亚国旅等旅行社已成为武当山旅游代理商;还加入了由23家新闻媒体、220个景区、1100家旅行社组成的中南七省旅游联盟,先后与中旅集团、武汉东星国旅、湖北省中旅、重庆新亚国旅、北京康辉、首都国旅等旅行社签订了400多份联合促销协议。还依托武当山在汉学生建立了武当山宣传推介网络。2006年和2007年先后在广州、北京、上海、重庆、武汉、西安等大中城市设立了旅游促销联络处或聘请总代理商,与重点客源市场的300家旅行社签订了旅游让利促销合同,并分期分批邀请日本、韩国、中国台湾等地和东星国旅(香港、广东、海南、南京、沈阳等分社)等旅行商和香头来武当山踩线。2008年与武汉各大专院校和武汉市老龄委联合,设立了武当太极拳社15个,发展会员万余人,并向全国其他城市延伸拓展。与建行、工行等联合推出国内首张名胜银行卡"武当灵卡",开展了"用工行在线支付,游仙山武当胜景"等促销活动。总体来看,在联合促销和渠道搭建方面很见成效,但需要进一步延伸区域、延展线路、拓宽领域,从而更好地借力打力,合作共赢。

14. 社会促销

2003年聘请了香港、台湾著名影视明星担纲武当山形象大使,恢复武当山驻汉办事处,筹备成立了驻京办事处。2008年聘请了港台影星李若彤、焦恩俊和歌唱家王宏伟担任武当山形象大使;组建了中国武当功夫艺术团,赴美、俄、德、法等10多个国家及港澳台、北京、上海、广州、西安、武汉、郑州等地开展促销活动;与奥运会导演陈维亚签订合同,创作大型舞台剧《太极武当》;邀请著名作曲家赵季平、王立平创作《天下太极出武当》、《福寿康宁》等10余首武当歌曲;出版发行《武当文化丛书精选》(10部)并参加法兰克福国际书展。社会促销可做的工作还有许多,基本上各个部门、各个方面都有可发挥的领域,需要在今后的工作中加以规划和指导。

(三)存在问题

1. 性价比不高

武当山目前的宣传促销经费达 3000 多万元,而游客仅为 120 多万人。相比较来说,其他景区宣传促销经费的投入产出比要更高,不少景区的宣传促销经费不足千万元,但游客量也在百万。武当山作为世界文化遗产远没有发挥其世界性的价值,这其中有产品开发方面的问题,也与营销费用的投放有效性有密切的关系,即还没有很好地考虑到各种营销渠道和媒体的受众偏好问题以及受众群体与目标市场之间的关联关系。所以下一步武当山应重点研究营销方式的性价比,提高费效比。

2. 系统性不够

目前,虽宣传营销形式上是"组合拳",但章法较乱,使用的营销渠道多,但是营销深度不够,存在广种薄收的现象。营销实际上要解决的是在什么地方、针对什么群体、用什么方法把产品卖出去的问题,因而制订适宜的营销组合、合理分布各种资源和力量、真正实现高效益是重中之重。

3. 空白点较多

(1) 对新型营销方式的利用不足

对于传统媒体的利用和资源分布较多,对于新型媒体的倾斜不够。尤其是随着"80 后"、"90 后"进入市场,成为旅游市场的主流,充分利用这些特定人群所偏好的新媒体进行营销推广应该加以高度重视。

(2) 对不同细分市场的把握不够

目前有一些针对香客市场的营销手段和特殊安排,但是针对其他重要细分市场,如老年市场、青年市场的细分等,还是一刀切的营销方式,即以媒体为导向制订营销策略,并没有以细分市场为导向制定专项的营销方案。

(3) 对一些重点市场的营销力度不足

目前营销力量的重点倾注于周边市场,而对于珠三角、长三角等我国主要旅游客源地重头市场着力较小。随着交通条件的改善,应该予以积极关注,形成阶段性突破。

(4) 形象性宣传多,服务性跟进不足

目前武当山的营销投入总量已经不少,但是对于潜在游客如何到达武当山、如何在武当山吃住行等方面的信息宣传明显不足,这大大削弱了形象性宣传的效果。

二、武当山市场分析

(一)市场发展状况

2000年以来,随着文物建筑修缮、景区公路改造、旅游秩序整顿、服务功能提升等一系列政策措施实施到位,武当山的旅游业有了大幅的增长。根据武当山发展资料统计,近年来武当山游客人数处于持续上升状态,从1994年到2008年,游客数量增长89%,门票收入增长28倍,旅游总收入增长5.2倍。

表1 武当山1994—2008年旅游人数及收入统计

年份	接待旅游人次(万人次)	门票收入(万元)	旅游收入(万元)
1994	64.8	248	9000
1995	63.4	244.8	9200
1996	56.2	460	6500
1997	59.8	501.6	6800
1998	51.2	589.4	7100
1999	57.3	720	7500
2000	63.14	760	12000
2001	71.5	764	12800
2002	70	1088	13000
2003	30	693	5700
2004	66.28	2680	14500
2005	73	3633.6	18000
2006	84.31	5438	22700
2007	102	6528	29800
2008	122	7300	56000

资料来源:武当山旅游局

但是,武当山的旅游业远未达到与其资源和名声相称的地步。在全国二十一个被列入世界文化遗产名录的景点中,武当山仍旧排在末位。同样是世界文化遗产景区,2004年武当山的游客人次只相当于青城山的70%,峨眉山的31%。武当山的旅游不仅发展空间巨大,而且近年已经开始呈现出高速增长的态势。

(二)客源潜力分析

武当山地处鄂西北,是连接鄂、豫、渝、陕的战略要地,具有承东启西、南北交流的独特区位优势,在距武当山500公里以内旅游较佳里程之内,有大中城市十个,人口在15万以上的县(市)60多个。随着"汉口——十堰"、"十堰——西安"高速公路的贯通,随着武当山机场的提升、襄渝复线的建设和武当山火车站的改建,无论是周边还是外地,国内还是海外,到武当山旅游的交通将更为便利。

统计显示,目前武当山游客主要来自湖北省内(占52%)和周边的河南省(占30%)、陕西省(9%)。根据国际旅游业的发展经验,当人均年收入达到500－800美元时,居民的旅游需求便开始膨胀,超过1000美元时旅游便进入急剧扩张期。武当山周围的城市经济状况如表2所示,这些城市的居民具备极大的旅游潜力,武当山旅游业发展的市场条件越来越好,具有充分的客源基础。

表2 武当山周边城市经济发展状况

城市	人口(万人)	GDP(亿元)	城镇居民人均可支配收入(元)	农民人均纯收入(元)
武汉	818.84	2590	12359.98	4748
西安	753.13	1450.02	10905	3809
襄樊	578.8	675.18	9117	3519
十堰	346.5	345.3	10944	2191
汉中	378.17	246.79	6925	2034
荆门	294.89	348.73	9392	4059
南阳	1080.02	1201.17	8913	3386
荆州	640.09	438.1	8718	3502

资料来源:各地统计局2006年数据

从境外游客来看,2005年武当山入境游客为1.59万人次,2006年为3.92万人次。2006年比2005年有较大提高,对境外游客的吸引力有所提升。入境消费者在武当山的花费在100美元左右,而2005年全国入境游客的人均花费为243.54美元,武当山入境旅游无论在数量上还是消费水平上还有巨大的提升空间。

（三）名山间的比较

中国四大道教名山，另外三个分别是位于江西省鹰潭市的龙虎山、四川省都江堰市的青城山、安徽省黄山市的齐云山。

表3 四大道教名山基本情况比较

景区	地理位置	面积	景区地位	发展情况
武当山	十堰市南1小时左右车距	170平方公里	1992年国家首批重点风景名胜区，国家4A级，1994年列入世界文化遗产。	1980年景区开发建设，2003年成立"中共武当山旅游经济特区工作委员会"、"武当山旅游经济特区管理委员会"。
齐云山	休宁城西15公里	规划面积110.4平方公里，核心景区78平方公里	1981年列为省重点保护单位，1994年国务院公布为国家重点风景名胜区，2001年被国土资源部批准为国家级地质公园，国家4A级景区。	1996年风景区管理机构正式成立。
龙虎山	鹰潭市西南20公里	200多平方公里	中国道教圣地、国家级重点风景名胜区、国家4A级旅游区、国家地质公园、国家森林公园和国家重点文物保护单位。	2001年6月27日成立江西省龙虎山旅游有限责任公司，负责龙虎山风景旅游区旅游资源的开发和经营，并拥有（景区范围内旅游资源）专营权。
青城山	都江堰市内，距成都60公里	200平方公里	2000年，青城山—都江堰列入世界文化遗产名录；2006年以"大熊猫栖息地生态走廊"组成部分列入世界自然遗产名录，2007年青城山—都江堰景区获首批国家5A级旅游景区殊荣，通过ISO14001环境管理体系认证。	十几年的开发历史，2003年列为四川省五大精品旅游区。

资料来源：各地政府网站

四大道教名山所在地人口方面,武当山所在地十堰市面积最大,人口最多。相对而言,武当山应有较大的本地客源市场。

居民消费水平方面,鹰潭市被誉为"中国铜都",其经济发展水平较高,人均可支配收入在这四个城市中居首位。

从产业结构来看,都江堰与黄山市第三产业的比重都高于其他;鹰潭市与十堰市第二产业比重高于第三产业,本地客源的消费水平相对较高。都江堰市将第三产业放在首位,投入较大。青城山所在城市都江堰市将旅游业作为支柱产业,故青城山的旅游发展水平也明显高于其他景区。

从交通区位看,十堰市交通稍逊于另外三个城市,其航空客运的劣势较明显;相比其他三座城市离省会城市较近的距离,十堰市到武汉车程需四个多小时。

从旅游统计来看,齐云山由于靠近黄山,游客分流较大,其发展远远落后于武当山及青城山,而武当山较之青城山仍有较大差距。2006年齐云山的旅游人次仅为18.02万,门票收入351.9万元;武当山为84.31万人次,门票收入为5438.93万元;青城山旅游人次最高,达到150.4万,门票收入为5209.17万元。龙虎山景区接待140万人次,门票收入3900万元。

通过对比不难发现,武当山作为道教的传播重地,其地位最高,旅游资源条件最好,但是其旅游业发展水平却不是最高的。除了地理位置上的原因外(青城山位于成都平原富裕地区,龙虎山靠近江浙沪),自身的开发及经营管理水平不高是主要原因。

(四)谷歌和百度搜索

经过对全球最大的搜索引擎谷歌(Google)和最大中文搜索引擎百度(Baidu)的监测,可以发现关于武当山的搜索量近年来稳步上升,表明潜在旅游者对于武当山的兴趣度呈现上升趋势。

这种趋势还可细化到不同的城市对于武当山的搜索。从监测数据可以发现对武当山网络关注度排名前10位的省市(基于谷歌)以及关注武当山的网络群体人群属性特征(基于百度),这就为确定客源地省份和城市,面向潜在消费人群制订专门营销方案提供了科学依据。

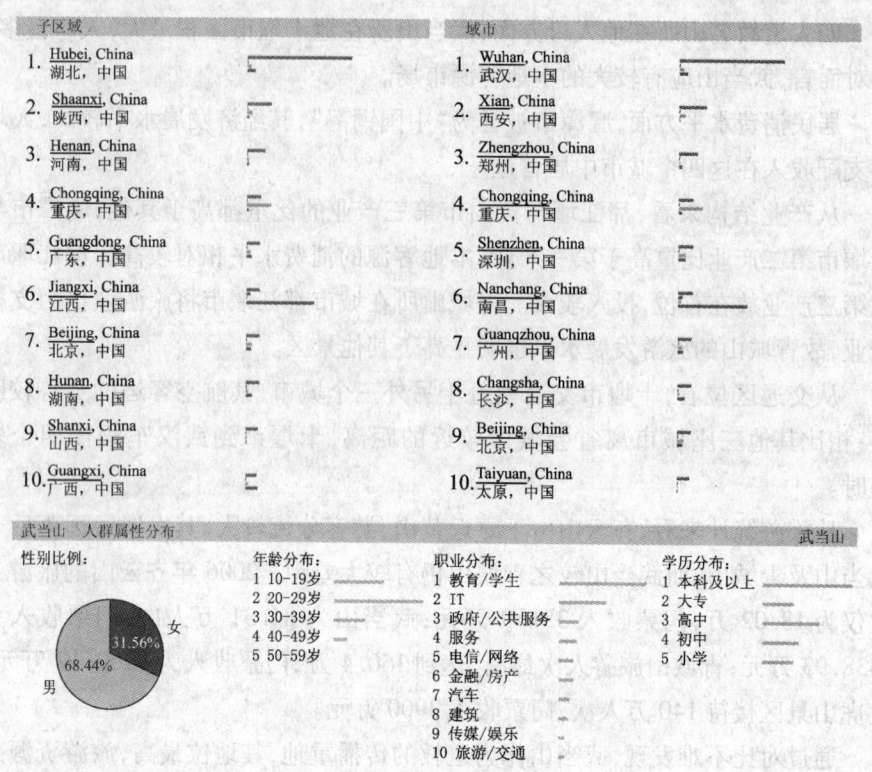

图1 Google 和 Baidu 的有关统计信息

(五)需注意的变化

近年来,随着旅游活动的增多,旅游者也在日益成熟,其对于目的地的要求和选择也会产生新的变化,表现在玩过热点目的地的旅游者在寻找新的目的地,对于一些老的目的地也在创造新的玩法。因而市场营销需要针对这些变化情况采取相应的应对之策。

同时,可以根据山水休闲游在我国逐渐成为市场热点以及武当山作为山水休闲旅游的重要目的地的状况,借由学术研究团队,以第三方的方式制订并发布武当山指数——山水型休闲旅游目的地发展指数,以此宣传武当山,并树立武当山在山水旅游休闲养生方面的地位。

1. 来源地变化

武当山现阶段的游客来源地以周边为主,但随着交通方式的改变和便利化措施的推行,顾客的来源地将更为广泛。特别是高速铁路的完成和动车组的开行,将会极大地改变这种格局,可以想象武广高铁开通后珠三角市场将会极大地兴起,而上海到武汉动车的开行也需要相应地有市场服务措施应对。

2. 年龄层变化

主要表现在两头,一是银发族的增多,二是"80后"、"90后"的成长。这两部分市场的比例将大幅提高,相应的产品完善和宣传促销手段都得有所变化。

3. 消费行为变化

年轻一代的消费观念和旅游观念更为个性化,更为独特,因此市场将更为细分。特别是一些新的族群,如"乐活族(Lohas)"、BoBo族,NoNo族等的出现更是在一定程度上引领市场。只有把握时代潮流的变化,才能在市场上占据主导。

(六)目标市场定位

1. 巩固周边

周边市场主要指十堰、襄樊、荆州、南阳等近距离市场和武汉、西安、郑州、重庆等中距离市场。考虑到前几年的深耕细作,可以适当减轻资源配置的比重,这部分市场会有一定程度的惯性增长,需要做一些稳固的工作。此外,很重要的一点就是抓住回头客,提高周边市场的重游率和口碑推荐率。

2. 挖掘新源

目前的市场空白点还很多,可开拓的空间巨大。应结合区域市场的表现,结合地域市场的演进推出一个开发时序。近期重点启动珠三角和长三角,中期启动川渝、环渤海,远期启动其他区域。

3. 开拓海外

海外市场的开发在某种程度上有些"吃力不讨好",一是开发成本高,二是手段要求高,三是门槛比较高。但是海外市场能够极大地提高武当山作为一个国际化旅游目的地的形象,对于国内市场也会产生促进,因而需要采用更国际化的方法来开发国际市场。目前全世界有5亿人在练习太极拳,这无疑是我们最便利的敲门砖,因此海外市场的开拓需要基于此来提出一套"组合拳"。

4. 沿交通线外推

将"六点一圈五线"逐步外扩,其中最重要的是沿高速公路和铁路线,尤其是高铁来推广,高速和高铁通达的地方市场条件最成熟。武当山还要重点研究如何配合"两高"做好相应的配套和便利化服务。

5. 实施"轮作"

市场具有一定的周期性,因而营销可以在一定程度上进行"轮作",即过几年在一个地方重锤一回,一锤管几年,如此会比较省劲省钱,因为宣传促销会有相应的"时滞"效应,在时滞期内继续花费重金砸钱则其边际效应很低。

6."漫灌"配"滴灌"

从铺天盖地式的"漫灌"营销逐步向针对性更强的"滴灌"转变,也即是实现营销资源和财力的集约化使用。铺天盖地的广告虽然能够提高知名度,但并不一定能产生实实在在的消费。在此基础上需要结合其他手段,实现"精准营销"、"一对一营销",从而产生实实在在的效益。

三、市场营销战略

(一)形象与定位

1.总体口号

"游武当,响当当"。

2.细分定位

针对不同细分市场的不同定位:

"武当山灵"——针对朝拜和香客群体,产生心理暗示。

"养生太极湖,得道武当山"——将山和水相结合起来。

"天下太极,大道武当"

"太极遍天下,大道行武当"

"问道武当山,多福多平安"

"天下武当,福寿安康"

"云中紫禁城,梦幻武当山"

"天地有大美,尽在武当山"

"武当拒绝平庸"

针对不同地域的宣传:

北京——"饮水思源,探秘武当"

广州——"水韵仙山"

上海——"动车半天到武当"

十堰——"家门口的乐园"

武汉——"到武当度周末"

……

3. 形象标识

武当山的形象标识(Logo)建议在全球进行征集,设计一个小道士的形象,抽象化为武当山的标识,并且在所有的媒介和宣传中使用。这个形象应该是卡通化的,在此基础上形成一个小道士的卡通系列,从而达到不需要语言文字就可利用这个形象进行全球推广的目的。

总之,要通过一个总体口号和形象标识,结合各个细分市场的单独形象宣传,增强营销的针对性。

(二) 两阶段六主题

即自2010年开始,未来六年分为两个阶段进行主题营销。

1. 2010"探秘武当"

在武当山的发展演变过程中产生了无数的谜团,有些至今未解,有自然的、有人文的,如北纬30°的物种变异——黑老虎,有皇家之谜、建筑之谜、神仙之谜、人物之谜、飞碟之谜,等等,可以向天下昭示武当的各种谜团,营造一定的神秘气氛和景象,让大家来解谜。

2. 2011"健怡武当"

即突出运动的主题,结合武当武术重点推广健身、康体、养生等项目,配合一系列的活动。"健怡"突出了通过健身而达到怡然自得的境界,也是武当武术和太极的精神。其中可策划一些重大的活动,如一场全球性的中国人和外国人的武当武术对垒,从全球太极群体里选十位健康老人作形象代言,等等。

3. 2012"逍遥武当"

结合庄子《逍遥游》的境界和太极湖建设的成果,推广度假休闲游,利用"山城一体"、"山水一体"的环境和景观达到"山人一体"的境界,同时推出一系列度假休闲配套产品和活动。

4. 2013"智慧武当"

以文化层面为重点,抓新兴文人群体,重点促销,重点突破,从而通过这一高端群体带动其他市场。可以与知识、教育、科技等方面的需求结合起来,做很多关于"智慧"主题的文章。

5. 2014"大道武当"

重点推道家文化,弘扬道家思想,颠覆一些传统的道教概念,结合世界发展的潮流,把道教思想中的一些内容发扬光大并且延伸发展,向着往人类指明新道路的方向演进。在此基础上衍生出若干营销方案和主题活动。

6. 2015"世界武当"

主打"国际化"和"全球一体化"的概念,从内到外延伸,以港澳台日韩市场为重点,再向欧美市场扩展,表明武当的气势气度气派,在重点市场搞一些大活动,特别是港澳台、东南亚、日韩,从而全面推进国际市场的开拓。

四、市场营销方案

(一)理念调整

1. 6P+4C

市场营销中传统的 4P 理论逐渐向 6P 演进,即在产品(Product)、价格(Price)、渠道(Place)、推广(Promotion)的基础上增加了政治力量(Political Power)与公共关系(Public Relations)。在此基础上又根据市场的需要推出了 4C 理论,即满足消费者的需求(Customer's need),以消费者能够接受的成本(Cost)去定价,本着方便购买(Convenience)的原则进行渠道规划,变单向促销为双向沟通(Communication),从而把单一的促销行为变为整合传播推广,寻找消费者更易于接受的营销方式。通过这些方面的检视,结合营销主题,可以在各个方面构筑新的营销方案,从而使主题年"月月有活动,季季有高潮",最终达到"无孔不入,无处不在,无所不用其极"的武当营销效果。

2. 整合营销

原有的常规营销方式在结合年度绩效评估的基础上继续坚持,但需要根据市场的变化进行适当的调整,如平衡电视媒体的投放、加大网络营销的比例。同时对电视媒体相关栏目和版块的投放进行组合调整,如增加收视率高栏目的数量,而适当减少如《朝闻天下》等受众面较小栏目的数量。大幅增加强创新性的营销活动。总之,将散乱的各种方式进行评估平衡,进行优化组合。

3. 全员营销

强化营销理念,推行"全员营销"。可借鉴栾川"对口营销"方式,并在此基础上实行全员营销制度,即把每一个武当山人都变成营销员,都负有宣传推广武当山之责。

4. 绿色营销

结合全球变暖和应对气候变化的行动,结合低碳经济和新能源的利用,景区更应该紧扣这些发展的主题采取营销行动,以赢得市场和公众的更高赞许和认同。武当山在开发、建设、经营、管理中要尽力满足各国消费者的绿色消费需求和心理满足需求,把市场需求与环境保护有机结合起来,大力开发绿色产品,提倡绿色经营和服务。

(二)产品提升

1. 完善交通配套

提高可进入性是产品配套中最重要的环节,目前武当山在这一方面仍存在较大的短腿制约。航空交通目前借助于襄樊机场,但仍有诸多不便,如通航城市、航班时间、与目的地的连接等均需进一步提升,需要相关部门与民航做进一步协调工作。随着中国高速铁路网的建设,武当山应配合动车服务的增多,力争将来多开动车,或者利用动车组合来推广市场。如将来长三角和珠三角利用高铁进入武当将明显加速,未来西北和川渝方向的高铁也会发展起来,但要切实解决票源和停靠的问题,这些都是未来市场潜力的战略方向。

随着高速公路网的完善,游客从"家门"到"山门"的交通更为方便。但是目前路网通了,相关的配套服务体系并未建立,特别是除自驾车以外的公共交通体系漏洞较多,不能方便游人,应尽快补足。

2. 丰富产品形态

武当山现在的问题之一就是,局限于现有的产品开发市场,对产品深化不足,没有丰富的产品组合,一味依赖于营销推进,这是很难推动旅游业发展的。同时,虽然武当山有很好的资源,但是对这些资源的利用缺乏仪式化安排,降低了以这些资源为基础的产品的吸引力和纵深价值,很多有价值的景观资源则被忽略了。仪式化发展,既是突出景观内涵和价值的重要手段,同时也是串联旅游景观、延长消费者停留时间的重要手段。

简而言之,武当山具有丰富的资源和元素,但目前的产品形态较为单一,作为一个具备深度体验潜力的目的地却只能成为一日游二日游的"快餐化"旅游场所,因而需要在产品的深加工和组合度上精耕细作。总体上要根据"宗教养心、山水养生、文化养神、运动养性、生活养情"的目标,达致"山城一体、山水一体、山人一体"的境界,改变粗放式的经营格局。特区政府应联合景区、酒店、旅行社、协会、学校等相关机构,研发推出更有吸引力的产品组合。这种组合包括不同的空间组合,即各景点之间、山上山下、山城之间、山湖之间的种种搭配,不能完全按照观光的思路来做,而应按照体验的方式来搭配。时间组合上要打破传统旅行社一日游、二日游的套路,推出不同时长的包价产品和小包价产品。

3. 创造新型业态

目前在武当山的产品完善过程中,较多的是注重"复古",这对于一个历史上建筑受破坏较多的地区是应该的,但是如果单纯复古需要大量财力投入,而且从旅游的角度来看效果不一定好,因为旅游产品的开发并不等同于文物的恢复和复建,相反,游客在某一个废墟面前可能更有感触。因而需要提出一些旅游产品的"创新"模式,如可否在山门立一处"道文化墙",把所有和"道"相关的字、词以艺术化的手法写入,从而形成一处类似于旧金山或香港"明星大道"的景观。此外,在酒店建设过程中能否形成道家文化和武术的主题酒店?能否将一些文物古迹和历史废墟作为游客休闲消费的背景和舞台?能否将一些高品位的历史废墟结合 MICE 进行拓展利用?武当山需要的或许不是重建辉煌而是利用废墟,最好是在具有深邃文化感和历史感的废墟上建起现代市场所需要的时尚消费载体,从反差中获得市场的关注和消费的依附;还可举办大型的颁奖晚会、时装发布会、高端小众但是成焦点的展览会;借助现代技术,进行虚拟的恢复。如此等等,或可形成一批新业态的体验型产品。

(三)媒介运用

1. 影视媒体

目前特区在影视方面的投入是最大的,特别是央视,但是需要对其宣传有进一步的优化方案,即可以调整广告和专题节目的比重。由于广告的费用较高,有些栏目、频道和时段的受众与武当山的目标市场吻合度不高,需要进行调整。另外电视媒体占用资金比例太高,应适当调整比例,调整一部分营销力量到新型媒体。

2. 平面媒体

报纸和杂志等传统的平面媒体随着网络的兴起越来越少人看,美国已经出现报纸杂志倒闭潮,中国由于行政力量的强制订阅导致仍能维持一定的订户量,但真正有效的阅读量不会那么高,因而对于平面媒体的投放不宜作为重点。

在平面媒体中,可以考虑纸媒体的账单营销,比如信用卡对账单、通讯资费账单等,尤其是信用卡人群往往是可以优先给予关注的潜在旅游消费人群。

3. 户外媒体

户外媒体更多的是一种形象展示作用,缺乏深度的信息,仅需在重点地段维持即可。可考虑的更优化的方式是对于客源地户外媒体的运用,如北京和上海的地铁广告展示效果都不错。即户外媒体不应在目的地投放,应延伸到客源地多投放。另外,西安等地的车身广告效果也不错,可轮换城市操作。

4. 网站推广

包括两方面的内容,一是充分建设好武当山自身的网站并通过各种手段在网民中增强搜索,目前的网站无论是版式、内容还是更新等方面都存在很大的问题,不是从游客和消费者的角度在编排,而是从领导的角度在建设,应做根本性的调整。二是要在相关的门户网站如新浪、搜狐、网易、腾讯等方面进行推广工作。三是要在相关的专业旅游网站有更深度的武当旅游的内容,从而改变单纯观光的产品形象。四是要有多国语言版,配合国际市场的开发。

5. 武当博客

通过博客(Blogger)的活动和记录评选,鼓励游过武当山的人通过网络来推广武当,可以每年都搞。

6. 武当推客

通过武当微博(Twitter)的形式,借助各种网络平台推广"一句话武当"活动。

7. 网络视频

通过一定的活动和奖励机制,鼓励各方人士在主要视频网站上传播有利于推广武当山的影视频资料和歌曲等,国内的主要包括各门户网站和土豆网、酷六网等。包括武当山官方拍摄的纪录片、宣传片等也要考虑进入暴风影音、PP-Stream、迅雷等下载平台,供潜在用户免费下载。还要有一些有英文字幕或配音的传到Youtube等海外视频分享网站。如可以搞"拍你没见过的武当风景"活动,通过手机拍,手机传,也可通过固网。

8. SNS 网站

Social Network Service(SNS)即社交服务网站近年来大行其道,美国总统奥巴马竞选时都通过这些渠道拉选票。武当山应通过在Facebook、Myspace、人人网、开心网、QQ、MSN等网络渠道进行推广。

9. 手机平台

手机应做为一个推广的平台,目前仅在武汉和十堰推一个欢迎短信是不够的。应丰富武当的手机上网内容,即在Wap上有大量的武当信息。短信的运用应更丰富,可以在节日搞"我的武当祝福语"等大赛。另外要推出相应的手机3G游戏。

10. 电子游戏嵌入

制作专门的电子游戏或与各大电子游戏公司合作,做背景式的嵌入,影响青年玩家。举办"武当电子游戏动漫设计大赛",邀请全国的电子游戏公司来参与。

11. 优化组合

每年需要根据各种媒体投放和资源匹配进行检视,以确保效能不佳的方向减少投入,而将力量偏重于效果最好的方向。

(四)销售渠道

1. 专门店(主题体验店)

在各主要城市开设武当山旅游专门店,可以采取多种形式,不一定要政府出大钱,可以给当地的代理商授权,也可让本地的旅行社去冠名,发挥旅行商和代理商的积极性。

2. 对口营销

这是河南栾川的一种营销方法,即政府各个部门都负有营销目的地之责,在相关的活动和工作中,要把部门在外地的对口营销作为工作的一部分。

3. 旅游直销

借鉴传销的模式,发展旅游直销,即让到过武当山的游客来进行销售。事实上,口碑一直是一种影响很大的方式,通过亲朋好友的介绍来旅游更能让人放心。可以研究一套机制,即凡介绍了多少游客的下次再来享有什么优惠等等,从而鼓励已经来过的游客推介更多的人来。近期可以考虑的是开展"谁不夸我家乡好"活动,让每个湖北人都成武当山旅游的中介组织者。

4. 旅行商

目前对于旅行社有直接的奖励招徕计划和方案,但应进行效果评估并适时扩大。而且对旅行服务提供商的认识也需要从传统意义上的旅行社拓展到自驾车俱乐部、在线旅游业务提供商等新兴主体,加强与这些新兴市场主体的沟通和合作。

5. 战略联盟

客户资料互换方面,除了与襄樊隆中的组合外,应考虑与神农架、宜昌、三峡旅游机构的战略合作。从市场的角度看,已经形成了不同的线路组合,应加强联合促销的力量。

(五)活动策划

重头是事件营销,即通过轰动性的事件和得当的活动策划,达到吸引公众和媒体注意力,激发潜在旅游者兴趣的目的。结合武当山的特点和前述六个主题年,可有针对性地逐步推出以下活动。

1. 麦兜游武当

抓住《麦兜响当当》系列动画片热播的机遇,和影视公司合作,趁热打铁推出麦兜游武当系列的新集,力争再形成以武当为背景的第三部作品,同时要结合这个系列在年轻群体中搞一系列的活动。通过展现人的命运的变化,使得武当山成为年轻人的精神朝圣地,可重点针对"80后"与"90后"群体,因为现在很多人都以"麦兜族"自居,所以,类似"麦兜族游武当"的营销会更具针对性。

2. 名人玩武当

每年找一些名人来武当山,通过名人效应和活动效应带动相关群体的光顾。王石当年登珠峰后,有相当多的人士凑热门往珠峰旅游。可考虑邀请王石来登某座山,然后进行新闻媒体的运作。此外,这种思路可以延伸为多种名人的玩法,使其变为一种时尚。名人的类型不拘,可以是政治名人,也可以是名商人,也可以是体育明星或影视明星等。

3. 顶级博主邀武当

邀请全国的顶级博主前来武当山,如徐静蕾、韩寒、洪晃、潘石屹等,这些人的博客平均点击率在千万。请他们来要用间接的方式,管吃住行,也可通过朋友邀请的方式,但对他们不做具体要求,他们来后爱干啥就干啥。一般来说回去后他们都会写一些东西,通过这种"软文"的方式或者他们的视角报道武当山,并且可以带动相当一大批"粉丝"的光顾。这种"牛博度假"活动能够换来更多只眼睛看世界,提升武当山影响力。

4. 媒体家庭相伴武当

邀请全国有影响力媒体的100个记者家庭来武当,记者带家属来后,也不提硬性要求,只希望记者通过体会与家庭在武当同游的感受发表更多的东西,这比单纯在报刊上做广告更有亲和力。

5. 飞升大赛

利用飞升崖水库的有利地理条件,结合武当山飞升得道成仙的传说故事,结合运动主题,开发滑翔伞大赛活动,可以形成固定的品牌性活动。

6. 定向越野

开展全国定向越野大赛,作为一个固定的比赛地点,利用武当山的各个山、谷和景点开展。也可考虑利用山形地势搞很多运动休闲项目和活动,包括武术。

7. 飞碟聚集

由于历史上武当山多次出现关于飞碟的传说,可以将其运作为全球最佳的观飞碟地点之一,或若干个可能遇到飞碟的地方之一。在此基础上运作一系列有关太空、飞行、武当的活动。

8."金殿消失"

邀请顶级魔术师,通过把金殿变没了的方式来制造轰动效应,从而达到推广金殿和武当山的目的。

9. 武当英雄传

武当历史上的人物目前还没有炒起来,可以借《武当英雄传》作一篇大文章。如张三丰等,可以作为题目,让大家往下编故事,由此衍生出小说、剧本、电影、电视、游戏,等等。在武当山建筑的建造和宗教成型过程中,历朝历代涌现过大量的人物故事和传说,应结合时代背景挖掘一个武当英雄传的系列,作文化性的推广。

10. 儿童画武当

可搞一个活动,邀请来过武当山的儿童来画武当山,然后结集出书发行,画作还可以让孩子的父母配文字。另外画可以放置在武当山酒店的客房里,标注是谁画的,几岁画的,培养长远的客源群。这既是一个事件,也是一个长远的营销方法。另一方面,也可以这些儿童画为基础,以彩色瓷砖铺就一条"武当艺术之路",在古老的、深厚的文化传承中增加现代的、活泼的文化气息。

11. 延伸摄影

现在每年的摄影大赛搞完出本书就完事,今后应该往深处拓展,更充分发掘利用摄影作品的成果。如制作相关的屏保程序传播,或者与旅游商品的开发相结合,制作各种冰箱贴、卡贴,进行移动硬盘包装的艺术化等等,既可售卖,又可传播。

12. 太极领袖

主要是针对高端市场的开发,即在全球各个领域的领导人物中寻找会打太极拳的,通过他们的活动、形象、代言、养生方式等来推广武当的文化,包括武术和健康生活等。初步可选定"太极总统"——在各国总统和总理中来选;"太极总裁"—关注于商界领导;"太极校长"—集中于世界顶尖大学;"太极歌星"、"太极影星",等等。

13. 埋伏一个道姑

即类似于芙蓉姐姐、天仙妹妹那样的方式,通过一个道姑或道士的故事,制造一定程度的名人效应,使之充满传奇色彩。应挖掘或制造这方面的素材。

14. 奇遇龙头香,祥瑞降武当

这是一个难度较大的活动,但如果能实施,则能够形成轰动性的效果。即设计一个独特的点龙头香的仪式,让人能够看到龙头香烧起,可以是直升机从空中点燃或其他形式。另外,结合武当山72峰朝大顶的地势,组织滑翔伞队以跳伞方式往金顶聚集,在其他山峰设若干个点,从72峰往下落。整体活动以"奇遇龙头香,祥瑞降武当"命名推动,也可考虑结合商业运作,通过轰动效应提升武当知名度。

(六)国际市场开发

目前来武当山的国际游客市场规模仍较小,但是考虑到太极和武术的全球性影响,其国际市场的潜力远未发挥。而且武当山旅游逐步走出前期粗放经营的阶段,各方面基础和条件越来越好,对于国际市场应有更大的开拓力度和更好的开发效果。

1. 海外旅行商

加强与海外旅行商的合作,这其中既需要国内接待社的良好对接,也需要目的地旅游机构加强推广,因为海外游客对于内陆地区更为陌生,因而工作的力度要更大。这里面要研究如何推进海外旅行商、国内地接社和旅游目的地的新型关系,因为武当山不同于京沪穗等门户型地区。可考虑更多的专业型或专线型产品,避免大众旅游的路子。

2. 相关机构

充分利用武术学校、道教协会等专业民间机构和团体的力量以及海外的武术团体等,通过民间对口交流的方式强化推广。目前有较多的海外机构可供利用,可组织相关联谊会等进一步深化沟通。武当山常年有不少外国人在此习武修道,这一群体对于推广武当山的国际旅游可以发挥独特作用。

3. 好的外文网

建立一个高质量的外文网站,按照外国人的使用习惯和语言传统来进行组织,而不是将现有的中文网站简单翻译过去。同时要做到信息的准确、精细和及时更新。现阶段以武当山的力量去海外做大规模的电视和平面媒体推广既无财力也无必要,但在网络时代办好一个外文网站效果会事半功倍。

(七) 数字化营销

目前国际上旅游行业的数字化发展势头十分凶猛,如美国已经构建了完整的基于数字地图的旅游信息系统,旅游信息获取、交流的便利性空前提高,在线旅游消费及支付手段迅速增长,旅游企业的网络化运营程度更高,如大型连锁饭店集团基本上已经实行了无缝的数字化管理与运营;各种先进信息技术与旅游业的结合愈加紧密,率先应用,如 Google 公司率先推出的 Google Earth 服务在旅游中是应用最为广泛的领域。旅游的特点与数字化发展有密切联系。旅游活动中人具有流动性特点,必然需要大量的、实时的、便利的信息,其中涉及到目的地信息、相关各服务商提供的信息,而其中又包括相应的预定、支付等方面的信息。这种动态的、海量的、多点的、实时的信息特性对于数字技术及处理的要求是很高的。旅游消费的综合性特点需要通过数字技术协助解决各个环节复杂的交易问题。对旅游过程中交通运输、景点景区、旅行社、饭店、餐饮业、旅游购物、旅游娱乐等旅游消费的全部经营流程和供应链的数字化,能使产业提高效率和效益。数字旅游实现的景区旅游资源营销、票务代理、旅游代理、电子支付、安全认证等服务平台,可以有效地解决旅游者和经营者的许多问题。目前世界上发达国家和地区的公民要旅游,其中三分之二的人是在网上实现的。结合这种全球性的发展潮流,武当山应紧跟发展的步伐,在数字化旅游和数字化营销方面跻身前列,从而实现超越其他景区的发展目标。

1. 数字旅游信息库

建立旅游信息数据中心,全面地收集、整理旅游信息资源,并按照统一的标准进行规范化处理,集中存储为一个综合性的旅游信息数据库,为现在和未来的各种旅游信息化建设和应用提供技术的数据支持平台。它应汇聚各地的各类综合性旅游信息及旅游相关信息,是旅游信息化的核心基础设施,包括旅游目的地信息、旅游企业信息、旅游产品信息、旅游促销信息、旅游活动信息以及其他信息,如旅游图片库、视频库、三维实景图库等。在这个大平台下,可以专门针对旅游企业搭建旅游营销信息数据库,收集、整理旅游同业、企业、媒体、消费者等各类旅游营销信息,建立旅游营销数据库,为各类营销应用系统提供基础的数据支持。

2. 基于 Web2.0 的目的地推介系统

Web2.0 是以互联网为平台,利用集体智慧,提供丰富的用户体验的一套体系,它的核心并不仅仅是应用的开发,更重要的是整合广泛的互联网用户反馈信息,形成用户的交互体验。因此,这构成了一个多种信息技术集成的体系。基于Web2.0的目的地推介系统无疑是当前基于网络的目的地推介的趋势。

(1)基于Web2.0的虚拟旅游系统

基于Web2.0的虚拟旅游系统是一套交互式的服务系统,利用互联网上大量的信息如文字、地图、图片、声音、图像等,为用户提供一整套的虚拟体验。同时,用户可以在该系统中进行互相交流、消费等活动。如Jneys通过应用图形API、Flickr上的图片以及Yahoo地图,实现了一个测试版的虚拟旅游网站。用户可以选择自己的虚拟形象、自己的房子以及旅行交通工具,通过点击地图上的地标游览世界。除此之外,更重要的是用户处于一个交互式的空间里。用户之间可以交流,分享旅行信息。这构成了目前互联网用户体验的流行模式,比如可设置武当山标志性景观的webcam,让潜在消费者能通过网络实地观景,从而激发旅游欲望。

(2)地图标注式推介

除应用已有的或开发虚拟旅游系统外,可以利用已有地图和网站增强现有的服务,如在谷歌地球(Google Earth)中由网友标注武当山相关地标。这种信息提供的方式是由网络用户自主完成,它有下述特点:第一,图片信息相对直观,可以为网络用户提供多元化的旅游目的地信息;第二,信息提供者由于关注的重点与兴趣不同,可以提供多面化的信息,有利于潜在旅游者全方位了解其所感兴趣的方面,因而应有意识加强这方面工作。

(3)用户反馈信息集成

基于Web2.0的互联网中有大量的由用户而不是由开发者提供的信息,有效地利用这些信息为目的地推介系统服务是很必要的。这些信息常常集中在一些专项网站,如户外、探险、摄影、民俗网站,等等。虽然具有专项性,但它们所提供的旅游信息并不是只能面向专项人群,它们所具有的推介力是值得被应用于整个推介系统的。例如面向户外探险的绿野网,以及面向摄影群体的色影无忌。这是基于旅游用户反馈信息形成的信息链,随着到武当山旅游的人数逐渐增多,这条信息链将逐渐增长,信息集成的容量也将逐渐增大,推介力也将逐渐增强。武当山应主动介入并整合这方面信息,有效利用这些信息强化推介。

(4)网络协作

除了上述反馈信息集成的方式以外,还可以与各大门户网站合作进行上述方式的推介,筛选有关门户网站或论坛中与武当山旅游相关的有效信息,采取与其合作的方式,提升相关信息在各搜索引擎中的排位,从而使得潜在旅游者在进行搜索时,可以较快地获取有效的旅游信息。

3. 目的地营销系统

(1) 门户网站开发

现有的武当山旅游门户网站有较多不足,缺乏有效的信息指向性和鲜明的特点,应面向主要旅游群体,提供涵盖吃、住、行、游、购、娱的最新有效信息链接,关注潜在的旅游者可能需要的信息与服务,并及时更新。随着武当山旅游开发的逐步展开,需要根据武当山旅游在该开发阶段所打出的主题,有针对性地修正门户网站的风格。网站的风格对于用户的人机交互体验有指向性作用。用户可以通过浏览一个风格鲜明的网站而获得对该网站较高的认同,从而起到网站目的地营销的作用。应及时更新网站数据库,使用户能够获取最新的信息。

(2) 服务系统

要利用 Internet 的在线优势,根据旅游流动性的特点,针对旅游者多元化、随机性的旅游需求,建设完善的旅游目的地信息服务体系,其包含的服务内容应有:目的地信息查询服务;公共信息查询服务(包括天气、航班、列车、公交、其他交通信息、汇率、会议展览等);旅游黄页信息服务(如餐厅、酒店、旅行社等);新闻娱乐信息服务(如当地节庆、重大事件等);景点导游服务;游客投诉服务;旅游紧急救助服务;移动短信服务功能;租车服务;跨语言、跨国境、无障碍旅游信息服务;配合各种旅游宣传广告和活动的交互式问讯服务;旅游企业之间的交流通讯服务等。由政府推动,为政府和众多的旅游企业搭建电子化平台,将旅游电子政务和旅游电子商务有机融合,实现平等交流和诚信沟通。服务系统包括如下几个方面:网上订餐、订票、订房系统,网上购物系统,旅游代理服务系统,景点网络服务系统。

(3) 搜索引擎与网络广告

旅游目的地营销的数字化广告主要依靠搜索引擎与网络广告。在目的地推介系统与主要门户网站建立联系的同时,需要让潜在旅游者在搜索信息时,首先获得该推介系统与门户网站的信息,进而最快地获得希望获得的信息,即进行关键词优化。

网络广告的形式是多样的,除了常规的网络广告之外,还可以利用各种新的网络广告形式,如在各大搜索引擎的地图搜索中植入广告、在地图标注中植入广告、弹出广告,等等,总之,武当山可尝试一些网络广告。

4. 移动数字旅游

可结合"网络导游"、电子地图及旅游电子地图等,规划建设可移动的数字旅游信息提供服务,初步应包括支持车载信息终端(主要针对私家车)并整合地理信息系统(GIS),提供线路设计,按距离范围搜索等功能。

第四篇
散论旅游经济发展问题

智慧旅游的畅想：旅联网[①]

《国务院关于加快发展旅游业的意见》指出，要把旅游业建设成国民经济战略性支柱产业和人民群众更加满意的现代服务业。要实现这一宏伟目标，需要从多角度、多层面进行长期不懈的努力。而这其中，紧紧地依托于科学技术发展旅游业、依托科学技术更好地为旅游者服务则是重中之重。

一、旅游的移动性消费与旅联网的概念

旅游业最重要的特点之一就是离开常住地进行移动消费。由于是离开常住地进行消费，所以多数情况下，旅游者对目的地旅游相关信息的了解并不充分，如果是国外旅游者离开常住地到中国来旅游，还面临着语言沟通等方面的障碍。由于是移动消费，而且随着旅游者阅历越来越丰富、越来越追求个性化旅游形式，旅游者的移动范围就越来越广泛、越来越具有不确定性，这直接导致了为这些人群提供服务以及有效管理的难度越来越大。如果想为这些无论是在熟悉环境还是陌生环境中流动的旅游者提供良好的服务，必须采取象物联网之类的方式，将旅游者最大限度地跟旅游服务供给企业和旅游公共管理部门连接起来，也就是需要在旅游业中广泛倡导并推进旅联网的建设。

借用物联网的定义，所谓旅联网，就是通过射频识别（RFID）、红外感应器、全球定位系统、激光扫描器、移动终端等信息设备，按约定的协议，把任何旅游者与互联网连接起来，以实现智能化识别、定位、管理和信息通讯及交换的一种网络技术。

曾经有一个很形象的描述，略作修改即可以作为旅联网的注解："你现在生活在美国的洛杉矶，希望观看2008年在中国北京举行的奥运会开幕式。你希望能够买到奥运会开幕式的门票，奥运会期间在北京逗留5天左右，前往故宫、

[①] 本文与魏小安合作完成，并以"物联网来了，'旅联网'还有多远？"和"旅联网"将给我们带来什么？"为题，分别发表在《中国旅游报》2010年11月19日2版和11月22日2版上。

长城、十三陵等地游览；并希望住四星级饭店，饭店离奥运会主会场可步行前往，同时预定好往返北京和洛杉矶的机票，是公务舱。此时，你只需要用办公桌上的计算机，输入以上的条件，你的计算机就会通过互联网根据你的条件自动寻找合适的目标，并对选定的目标进行一一查询，最后确定一个最佳方案，从你的信用卡上自动划出款项，预订饭店、场馆门票、公园门票和飞机票，并将所有的结果列出清单通知你。如果届时你因公务或其他原因不能前往北京，你只需在自己的电脑上键入取消，则你的计算机就会通过互联网自动取消所有的约定，扣除你的违约金后，剩余款项将打回你的信用卡"。

当然，旅游业是一个囊括了吃住行游购娱等多样化需求的行业，旅游者的每个旅游行程都可能包括其中的多项需求，由于旅联网的存在，可能有效地整合旅游业这个链条型行业、集群型行业的服务链条联接。但是，旅联网的意义，还不仅仅是可以打包处理出行、住宿、游览等相关需求，减少一项一项单项操作的繁琐，旅联网的意义还在于它对旅游安全、旅游可持续发展、旅游便利性需求、旅游移动性搜索等方面的突出作用。

二、旅联网将极大地改善旅游安全与可持续发展环境

旅联网可以有助于有效地解决旅游紧急救援以及安全保障的问题。随着人们个性旅游需求的不断释放、探险旅游需求的不断提高以及大众旅游需求的不断膨胀，旅游安全问题日益突出，如何有效监控旅游大巴的驾驶状态（包括司机的疲劳驾驶与否）、如何准确定位遇险的自驾旅游者以及野外攀登、徒步、穿越等特种旅游爱好者的位置，都是当前旅游业发展中亟需解决的问题。有了旅联网，游客可以非常顺利地找到野外的避难所、急救站等野外定点旅游救援设施，也方便救援力量能第一时间确定遇险游客位置，实施有效救援。有了旅联网，游客可以最方便快捷地获得有关旅游安全的信息，诸如旅行安全警告、旅游气象预报等相关资讯。

旅联网可以有助于有效地解决我国景区景点管理问题，尤其是旅游景区内游客空间分布不均的问题。由于有旅联网的存在，游客不仅可以通过移动终端购买景区门票，景区更可以充分、完全地了解游客在景区的全时、全域的分布，从而调整景区的管理力量配置，也可以通过景区内配置的游客管理系统引导游客的空间流向，借助旅联网对游客在景区内的流动特征、消费习惯等进行科学

的计量分析,甚至游客自身就可以根据旅联网的终端设备得到景区内客流分布的实时信息,自主调整游览线路。游客还可以将自己即时的旅游体验通过旅联网与更多的人共享,增加对旅游景区(当然也包括其他旅游相关企业)的舆情监督。同时,由于有了旅联网的存在,将有助于加强对敏感地区的安全监测,尤其是对我国山地型景区、温泉型景区等类型景区的监测,从而提高旅游景区的安全管理水平。

三、旅联网将极大地方便旅游者的出行

旅联网可以有助于有效解决旅游行程计划管理问题。出游过程中,最怕是航班延误,牵一发而动全身。因此能否第一时间调整航班安排,可能涉及一系列后续行程的调整。而旅联网将可以自适应地建议乘客调整相应行程,乘客也可以自助进行与此有关的调整,正如美国运通于2007年推出的通过多个GDS的机票自动退票和变更服务。2009年11月,全球最大的职员公务开支管理按需定制服务商Concur公司推出一款软件,用户可使用该软件管理旅程、更改航班日期、添加或删除宾馆房间的某项开支、租赁汽车、订餐和叫出租车;全球最大的中文在线旅行网站——去哪儿网则推出了国内第一款行程管理软件Trip Planner和提供旅游产品搜索的旅行小助手。

旅联网可以有助于提高旅游行程中的诸多便利,诸如借助于移动终端,旅联网可以有助于消费者自主、便捷地处理诸如登机等事务。德国汉莎航空、美国大陆航空公司、新加坡航空公司等都已经推出了移动登机服务。法航则更是开始了智能化登机的尝试,持有智能登机个人卡的乘客将能够根据自己希望的时间随时办理登机,而该卡集合了生物统计技术、射频识别技术(RFID)以及热敏打印技术。

旅联网可以有助于解决陌生环境中语言障碍带来的诸多不便问题。比如,由于旅联网的存在,当游客在陌生的环境中存在对话需求的时候,给你提供解答的未必是你面前的服务人员,而可能是远在千里之外你的祖国的咨询专员。比如在景区,游客不必担心语言不通而无法获取有效的解说,也不必担心导游的服务技能影响旅游体验效果,母语的解说、高质量的导游咨询都可以通过旅联网自动获取。在饭店,可以借助旅联网通过手机房卡直接进入客房而不必经过传统的前台登记步骤。洲际酒店集团已经发布了首个手机房卡方案,旗下两

家分别位于芝加哥和休斯敦的酒店将进行该方案的试运行,以解决越来越多的年轻人和商务旅行者希望以更简单、高效的方式办理入住手续和领取房卡的需求。

四、旅联网将极大地帮助游客进行移动旅游服务搜索

旅联网有助于提供更多基于位置的信息与服务。有了旅联网,当我们在某个特定位置诸如北京的王府井通过移动终端搜索兰州拉面时,系统将会优先提供基于现有位置的搜索结果,而不是漫无目的地提供出全国各地的兰州拉面馆。Amadeus 于 2009 年 7 月推出了 Amadeus 差旅人士短信息联络(Amadeus SMS Traveller Contact)、Amadeus 移动差旅助理(Amadeus Mobile Travel Assistant with conTgo)以及 Amadeus 移动伴侣(Amadeus Mobile Partner)等三项新工具,以期为旅途中的差旅人士提供基于方位和路线的信息,同时使得差旅管理者可以追踪其员工在国外的情况,以提高差旅的安全度。英国甚至利用移动终端和互联网技术为人们提供基于位置的厕所分布信息。

现在已经有越来越多的在线旅游服务网站推出了移动版,并可提供基于位置的搜索服务,也有包括希尔顿等在内的越来越多旅游服务供应商推出了移动预订服务,而利用移动设备搜索相关的在线旅游信息将在不久的将来成为普遍的现实。旅游行业的权威研究机构 PhoCusWright 甚至认为,移动旅游创新被确定为重塑美国商务旅游格局的七大趋势之一。可以想象,在未来,通过使用智能手机之类的单一移动终端作为所有旅行相关票检、核对之类的通用通行证也未尝不可。到那时,我们从出家门、打出租、上火车、乘飞机、住酒店、入景点、下餐馆、进商店,都可以一部智能手机之类的智慧移动终端完事。

在 2011 年 7 月的全国旅游局长研讨班上,邵琪伟局长指出,信息技术革命形成的重大机遇将推动旅游信息化、数字旅游、智能旅游的快速发展,直至改变我国旅游业的产业形态。在这里,可以再加一句,我们有理由相信,物联网已经来了,旅联网也不再遥远。

出境旅游市场发展的三个问题[①]

似乎没有一个国家和地区不重视中国出境旅游市场的,因为中国出境旅游市场有着让人无比羡慕的消费能力。但是对我国出境市场的发展应有清晰的判断和把握,尤其是伴随着出境旅游市场的快速发展,相关各方越来越看好其在推动中国旅游企业"走出去"方面潜力的时候,对出境市场更应有清晰的认识。

一、中国出境市场增长趋势的可持续问题

在过去的近 20 年时间里,中国出境市场总体上维持着高速增长的态势。2010 年更是在高基数的情况下,取得了 20% 的增长。从常规的逻辑和国外的经验来看,市场总量规模继续增长不是问题。中国庞大的人口规模和不断发展的经济形势,必将在不断提高的消费能力支撑下,继续着出境市场规模的增长。

可问题是,每年的增长率显然不能一直维持着两位数的增长,而目前很少有人对中国出境旅游增长率的变化进行过研究和预测。这个增长率的分水岭究竟会是 2011 年、2012 年或者什么时候,大家似乎并不太清楚,无论是政府还是企业,抑或是最应该关注这个趋势的学者们。大家似乎还陶醉于增长带来的繁荣之中,而无暇顾及这么长远的变化(尽管这个增长率的分水岭可能会在很近的将来来到)。

没有长远的预测,注定无法长远地发展。就像有些地方在规划温泉项目时,并没有想到未来 10 年、20 年的气候变化究竟会给温泉资源带来什么样的变化一样。尽管规划看上去非常宏伟,动辄 20 年的规划、巨大的资金投入,但实际上有些地方的温泉资源可能会在未来的 10 到 15 年内枯竭。要想基于出境市场发展而制定企业科学的发展规划的话,就必须关注出境市场增长率趋势问题。

[①] 主体内容发表在《旅游学刊》2011.7

二、中国出境市场的结构问题

从总量上看,2010年中国出境旅游人次为5739万,较2009年增长20.4%。这些出境游客主要集中在亚洲内部市场,占80%~90%左右,其他如欧洲占5%~10%左右,美洲占3%~5%左右,大洋洲占1.5%左右;在洲内旅游市场中,又有约80%是前往港澳台地区的。

但是这些出境游客的消费行为特征是什么?他们的消费结构特征是什么?如此等等。除了现国家旅游局副局长杜江教授曾领衔的北京第二外国语学院出境旅游研究课题小组、中国旅游研究院、艾威联合旅游顾问有限公司(受中国旅行社协会委托)进行过这些结构性问题的研究之外,现有的出境市场研究很少有这方面的详尽分析。除了内地到香港地区的研究外,具体到单个出境旅游目的地国家(地区)的中国出境旅游消费行为研究的成果更少,包括对中国游客在日本、韩国、新加坡、泰国、澳大利亚、法国等主要的出境旅游目的地的消费行为特征都研究甚少。

因此,尽管有越来越多的企业已经参与到出境旅游市场经营与服务中来,希望能够从这个大蛋糕中切得更大的份额,但多数人并不清楚中国出境游客在境外消费的具体构成,不知道游客在境外的消费支出方式中信用卡、借记卡、旅行支票等使用状况,不知道除了组团出境之外,单独出行、夫妻二人出行、家庭出行以及背包客等多种形式的各自比例构成,不知道在出境旅游市场中究竟包含着多少一日游游客、转机游客、邮轮游客,以及这些游客在具体目的地国家和地区的旅游活动类型、停留时间、年龄性别等基本人口统计特征。如果不能清楚地掌握这些信息,则寄希望于通过出境市场发展来推动中国旅游企业跨国经营恐怕并不现实,企业恐怕也很难真正给我国出境旅游者提供更丰富的选择、更高质量的服务。

表1 中国出境旅游主要目的地分布

单位:人次

目的地	2005年	2006年	2007年	2008年	2009年
中国香港	8,029,700	8,434,300	9,092,700	9,379,700	9,663,600
中国澳门	2,369,738	2,627,460	2,806,714	3,057,142	3,282,433

续表

目的地	2005 年	2006 年	2007 年	2008 年	2009 年
韩国	709,836	896,969	1,068,925	1,167,891	1,342,317
马来西亚	352,089	439,294	689,293	943,787	1,015,550
日本	652,820	811,675	942,439	1,000,416	NA
新加坡	857,814	1,037,201	1,113,956	1,078,742	936,727
中国台湾	NA	NA	NA	NA	860,075
俄罗斯	798,661	765,336	765,120	815,469	NA
泰国	761,904	1,033,305	1,003,141	937,358	815,708
法国	554,000	805,000	832,000	778,000	NA
美国	270,272	320,450	397,405	492,958	524,817
越南	717,400	516,300	574,600	643,300	518,900
印度尼西亚	112,164	147,245	230,476	337,082	395,013
德国	418,235	441,495	462,293	421,452	384,576
澳大利亚	285,031	308,484	357,557	356,428	366,362
蒙古	170,345	178,941	211,007	196,832	NA
瑞士	110,004	132,610	145,921	129,176	187,138
哈萨克斯坦	85,696	117,279	171,753	172,083	NA
加拿大	117,490	144,601	152,200	159,927	NA
奥地利	176,777	176,680	171,123	156,190	155,179
菲律宾	107,456	133,585	157,601	163,689	155,019
意大利	95,471	117,446	160,082	158,226	138,210
老挝	39,210	50,317	54,920	105,852	128,226
柬埔寨	59,153	80,540	118,417	129,626	128,210
新西兰	87,850	105,716	120,804	112,398	102,259
印度	44,897	62,330	88,103	98,093	96,997

续表

目的地	2005 年	2006 年	2007 年	2008 年	2009 年
英国	95,000	107,276	143,353	107,860	89,187
埃及	35,327	51,371	80,447	67,714	80,933
比利时	108,702	107,380	98,150	74,959	75,219
尼日利亚	33,290	38,254	65,679	72,984	NA
捷克	17,806	29,710	38,421	53,108	61,798
马尔代夫	11,609	26,396	35,976	41,511	60,666
安哥拉	5,849	9,352	18,500	43,035	51,900
南非	44,228	41,962	47,378	40,320	45,326
缅甸	19,596	24,893	29,551	30,792	36,341
尼泊尔	21,092	15,777	25,762	36,172	33,487

数据来源：UNWTO

表 2　中国出境旅游花费构成（2004 – 2009）

单位：百万人民币	2004 年	2005 年	2006 年	2007 年	2008 年	2009 年
住宿花费	26,733.9	28,477.7	32,148.5	33,483.0	30,327.3	29,871.1
娱乐花费	8,684.3	11,318.1	14,195.5	16,937.4	17,532.3	16,535.8
短途旅行	8,116.7	12,048.3	13,360.4	14,718.7	13,477.0	13,335.3
餐饮花费	25,882.5	28,112.6	32,566.1	34,332.1	30,910.6	32,004.8
购物花费	50,062.2	69,551.4	78,492.5	81,123.7	80,298.0	82,412.3
目的地国内旅行	10,387.1	11,135.5	12,525.4	12,488.4	11,246.3	11,735.1
其他花费	50,423.4	34,820.3	55,823.0	80,709.5	78,457.4	80,812.1
总计	180,289.9	195,463.8	239,111.4	273,792.7	262,248.8	266,706.5

资料来源：GMID/Euromonitor

表3 中国出境旅游支付方式构成(2005-2009)

	2005年	2006年	2007年	2008年	2009年
单位:%					
现金	78.0	76.1	74.5	73.2	73.0
签账卡	-	-	-	-	-
信用卡	15.0	17.0	18.7	20.1	22.0
借记卡	7.0	6.9	6.8	6.7	5.0
预付卡	-	-	-	-	-
旅行支票	-	-	-	-	-
总计	100.0	100.0	100.0	100.0	100.0

资料来源:GMID/Euromonitor

表4 中国出境旅游目的构成预测(2009-2014)

	2009年	2010年	2011年	2012年	2013年	2014年
单位:千人						
商务	7,404.8	7,559.3	8,222.4	8,931.1	9,691.1	10,495.2
休闲	27,566.5	29,504.6	31,472.4	33,659.4	36,062.0	38,656.0
总计	34,971.3	37,063.9	39,694.9	42,590.5	45,753.0	49,151.2

资料来源:GMID/Euromonitor

表5 中国休闲性出境旅游方式(2005-2009)

	2005年	2006年	2007年	2008年	2009年
单位:%					
单人	6.6	6.9	7.5	8.2	8.1
背包客	1.2	1.2	1.9	2.4	2.4
夫妇	23.3	25.0	23.9	24.6	23.9
家庭	24.3	24.8	22.1	23.2	22.2
朋友	9.7	9.9	8.9	10.1	10.3
团队	24.9	26.6	23.8	25.2	24.3
其他	10.1	5.4	12.0	6.3	8.7
总计	100.0	100.0	100.0	100.0	100.0

资料来源:GMID/Euromonitor

表6 中国出境旅游交通方式构成预测(2009－2014)

单位:千人	2009年	2010年	2011年	2012年	2013年	2014年
航空	13,749.2	14,354.0	15,458.2	16,679.8	18,000.6	19,432.0
陆路	13,107.7	14,075.0	15,054.8	16,153.1	17,373.9	18,716.9
火车	3,430.0	3,495.8	3,580.3	3,684.8	3,810.3	3,953.2
海路	4,684.4	5,139.1	5,601.6	6,072.8	6,567.7	7,049.0
总计	34,971.3	37,063.9	39,694.9	42,590.5	45,753.0	49,151.2

资料来源:GMID/Euromonitor

三、中国出境市场是否可以承载缓解贸易摩擦的重任

很多研究都希望通过出境旅游发展来缓解贸易摩擦,同时高度重视日本出境旅游发展推动日本旅游业对外投资的案例价值,希望借出境旅游市场的发展推动中国旅游跨国经营的发展。一方面,如上所述,市场发展能否推动跨国经营尚存疑问,需要深入研究;另一方面,缓解贸易摩擦的重任恐怕也需要科学分析。

比如,2010年我国出境旅游花费为549亿美元,而同期入境旅游外汇收入为458亿美元,旅游贸易逆差达91亿美元,其中逆差主要源自美国、香港、澳大利亚和澳门。旅游贸易顺差主要来自于俄罗斯、台湾地区、韩国、欧盟27国、东盟等国家和地区,而与法国、英国、新加坡、日本等国的旅游服务贸易基本持平。而从整体贸易状况看,2010年,我国对美国和欧盟顺差分别为1813亿美元和1428亿美元;对日本、韩国和东盟等周边国家或地区逆差分别为556亿美元、696亿美元和164亿美元,对澳大利亚的贸易逆差约为175.69亿美元。除了中美及内地与香港间的旅游服务贸易逆差对整体贸易顺差有些缓冲作用之外,在与其他国家的贸易中,出境旅游缓解贸易摩擦的作用还有待深入分析,进而做出科学判断。

相反,据北大学者李国平等人的研究,缓解贸易摩擦在所有15项日本对外投资动机中,仅列末席。当然,如果从把推动出境旅游发展作为培养中国人作为世界公民的视野而言,的确是非常好的一种方式,当年日本推动出境旅游倍增计划的时候,这也是一个重要的原因。

综上所述,中国出境市场这个充满生机的市场,需要我们有更多、更深入的研究。这其中既包括对宏观趋势变化的研究,也包括对市场微观特征的研究;

既包括对洲际分布特征的研究,也包括具体国别的研究;既包括从经济层面的研究,也包括从社会层面的研究;既包括在传统格局下的细化研究,也包括在变动格局下的跟踪研究(如结合中外合资旅行社经营出境旅游业务试点和对国家旅游局关于旅行社委托代理的77号通知的研究)。如此等等,值得深入研究的话题还有很多。我们在关注宏观叙事式的大局时,也需要对那些将深刻影响企业经营发展、政府政策制定的具体问题加以关注。只有这样,蓬勃的市场才会给我们的国家和企业带来蓬勃的机遇。

四、中国出境市场的相关数据

(一)赴日韩旅行情况

从1990年至2010年中国赴日本旅行的数据来看,出于观光休闲目的的比重在不断上升,已由21.92%(1990年)上升到58.86%(2010年),而商务目的的比重则已经由高峰期的29.19%(1994年)下降到16.32%(2010年)。从2006年到2010年五年周期的季节分布情况看,中国赴日旅行的旺季主要集中在4月、7月、8月、9月这几个月。尽管在2008年之前我国一直实施着五一黄金周制度,但是五月份赴日旅行人数一直不是年度高峰,赴日旅游的季节性影响因素值得关注。

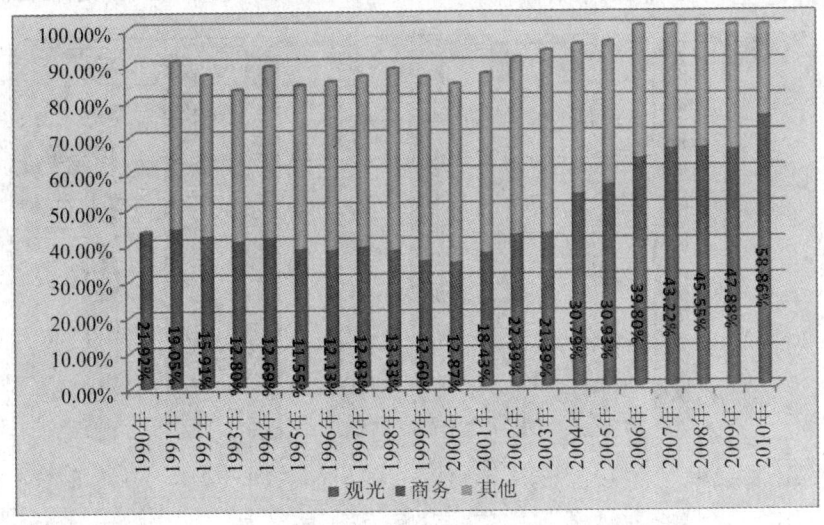

图1 中国赴日旅行动机构成

资料来源:日本国家旅游局

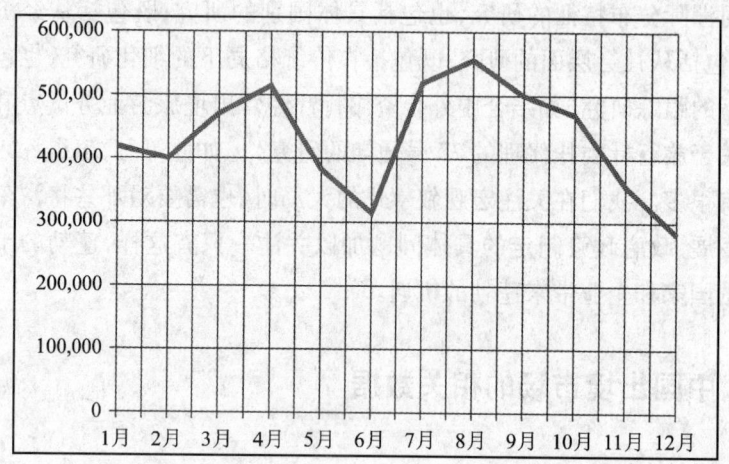

图2 中国赴日旅行季节分布(2006–2010)

资料来源:日本国家旅游局

2011年1月–8月,中国赴韩国旅行男性旅游者比例有所下降,而女性旅游者比例则得到了较大提升;从旅游动机看,基于观光休闲动机的比例持续增长,而基于商务动机的比例则始终处于较低水平;从年龄构成看,40岁以下的旅游者是市场的主流人群;在7月和8月这两个月,20岁以下的人群比例显著增加,与中国学校放暑假重合度较高,一定程度上反映了中国出境旅游决策影响因素特征。

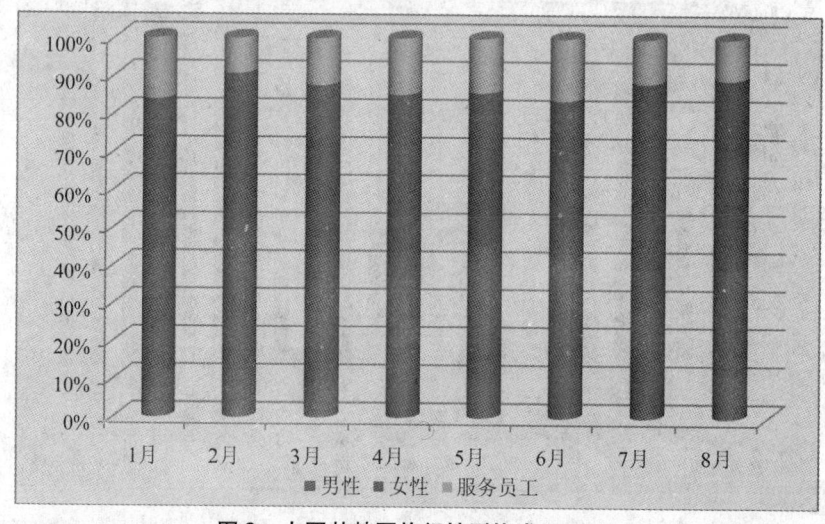

图3 中国赴韩国旅行性别构成(2011)

资料来源:韩国国家旅游局

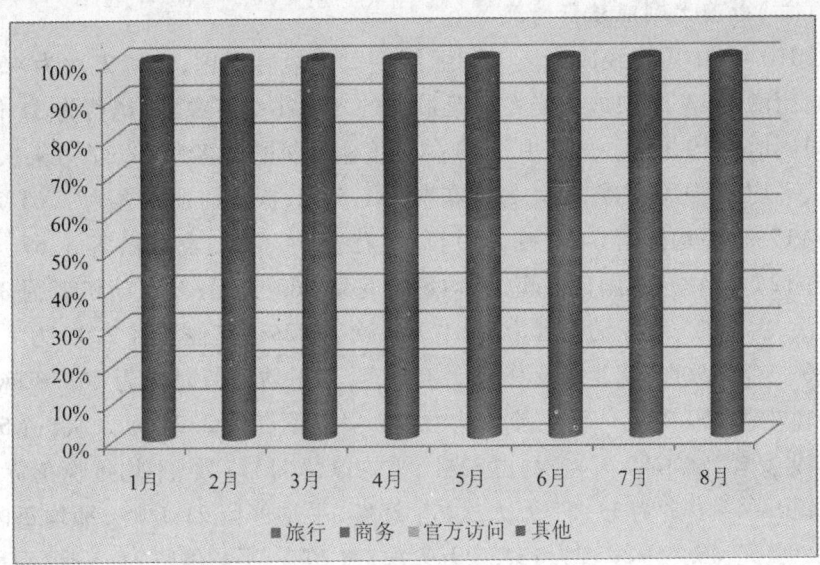

图4 中国赴韩国旅行目的构成(2011)

资料来源:韩国国家旅游局

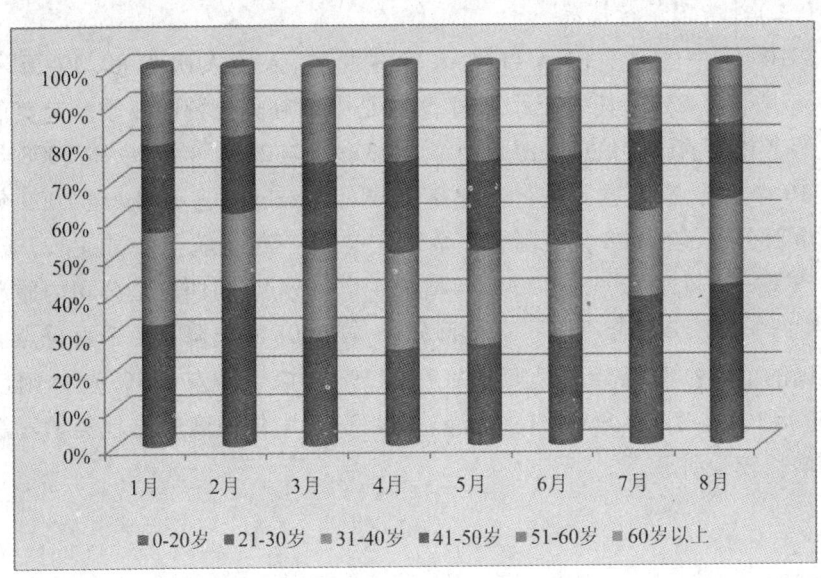

图5 中国赴韩国旅行年龄构成(2011)

资料来源:韩国国家旅游局

(二)赴澳大利亚旅行情况

2010年,中国已经成为澳大利亚第四大入境客源国,入境人次为45.37万,同比增长23.9%;成为澳大利亚最大的入境花费客源国,花费为31亿美元,同比增长19.6%。这其中,出于休闲度假动机的游客为20.37万人次,占45%,平均停留10.7晚,平均每晚花费381美元;探亲访友游客为7.61万人次,占17%,平均停留64.0晚,平均每晚花费54美元;商务游客5.67万人次,占12%,平均停留16.8晚,平均每晚花费263美元;教育动机者为8.53万人次,占19%;就业动机者为0.81万人次,占2%;其他游客2.39万人次,占5%。合并教育、就业以及其他动机游客,其平均停留时长为163.8晚,平均每晚花费109美元。从年龄结构看,15岁以下者为2.24万人次,占5%;15-29岁者为13.87万人次,占31%,平均停留111.7晚,平均每晚花费118美元;30-44岁者为11.57万人次,占25%,平均停留21.0晚,平均每晚花费227美元;45-59岁者为13.37万人次,占29%,平均停留21.5晚,平均每晚花费186美元;60岁及以上者为4.33万人次,占10%,平均停留55.9晚,平均每晚花费58美元。

(三)赴美国旅行情况

2010年,中国是美国第11大入境客源国,入境人次为80.17万[①],较2009年增长了53%,其中7月、8月、9月是中国赴美旅游的旺季。赴美的中国旅游者首要的旅游信息来源是网络,占32%,与2009年持平,较2008年增长了10个百分点;其次是旅行代理商(Travel Agency),占30%,较2009年下降3个百分点,较2008年下降了5个百分点;第三位是航空公司,占27%,较2009年增长3个百分点,较2008年增长4个百分点;第四位是公司内旅游部门,占13%,较2009年下降了2个百分点,较2008年下降了4个百分点。到访美国的前四位动机分别是商务旅行(42%)、探亲访友(25%)、休闲度假(16%)和学习/教学(Study/Teaching,11%),其中休闲度假与赴美学习等的比例增长较为明显。

---

① 不含香港赴美游客。

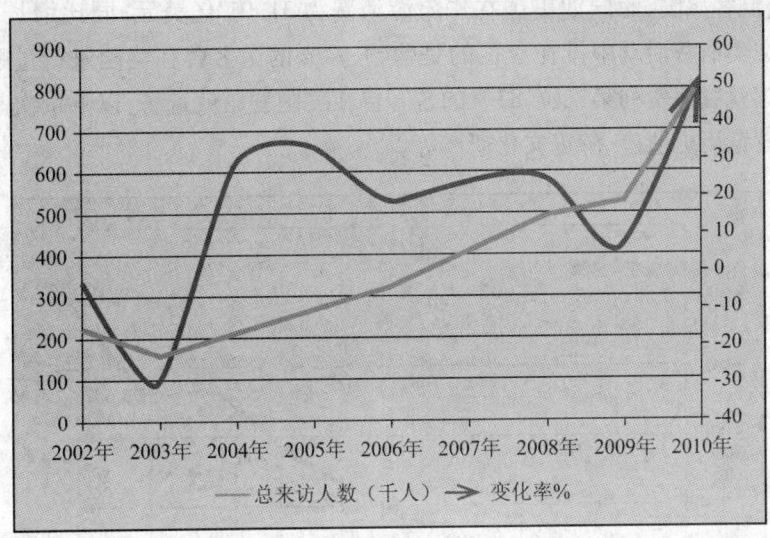

图6 中国赴美游客数量增长情况

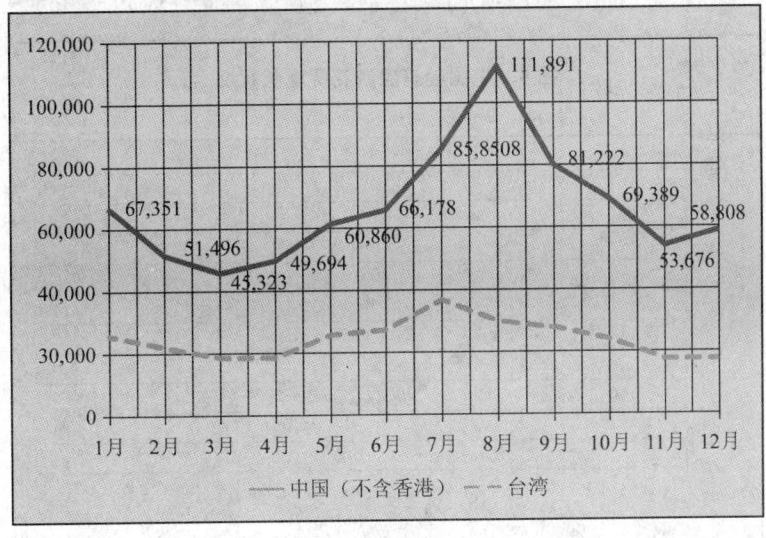

图7 中国赴美旅游季节分布(2010)

2010年,中国赴美旅游花费达50.05亿美元,同比增长39%,是美国第七大入境创汇客源国,而同期美国在华旅游消费为31.01亿美元,同比增长14%。其中,在美消费活动中排在首位的是购物,94%的游客曾在美国进行过购物消费;餐馆就餐消费列第二位,83%的游客曾在美国餐馆就过餐;以下依次是城市观光、游览历史遗迹、游览文化遗产等。

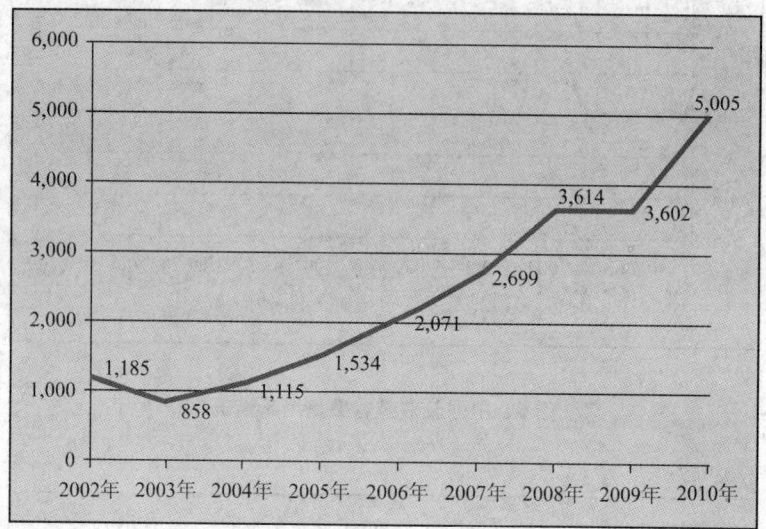

图8　中国赴美旅游花费增长状况

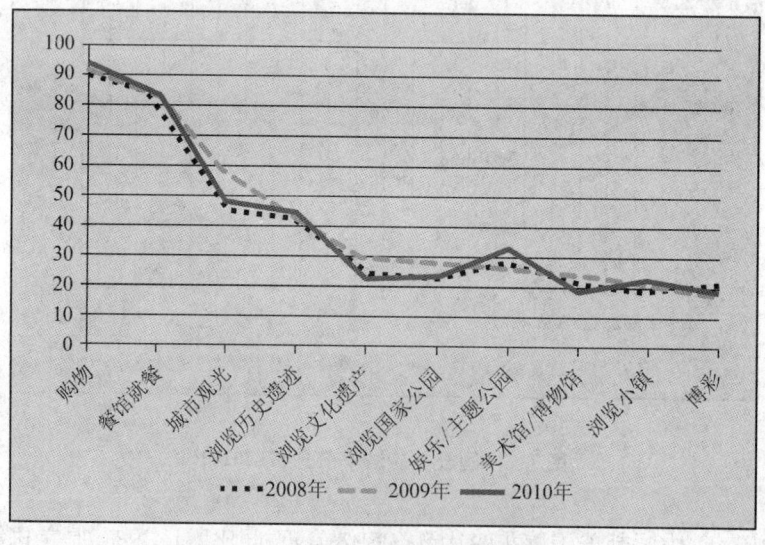

图9　中国游客赴美旅游主要目的

表7　中国游客赴美旅游的主要目的

旅游的主要目的(8 种旅游目的中的前 4 位)	2008(%)	2009(%)	2010(%)
商务旅游(Business/Professional)	49	45	42
探亲访友	22	26	25
休闲度假	11	13	16
学习或者教学(Study/Teaching)	7	8	11

表8　中国游客在美国的交通方式选择

美国旅游交通方式(8 种方式中的前 5 位)	2008(%)	2009(%)	2010(%)
美国航空运输	50	45	46
出租车/豪华轿车	39	38	36
公司或私人汽车	37	34	34
租用汽车	29	30	25
城际地铁/电车/公共汽车	16	20	23

表9　赴美中国游客的特征

游客特征	2008	2009	2010
提前几天决定旅行(均值)	56	50	59
提前几天决定旅行(中位数)	30	30	35
团队游	16%	8%	14%
到美国属于第一次跨国游的比例	40%	41%	40%
在美国的停留时间(均值)	23.0	39.8	32.8
在美国的停留时间(中位数)	10	14	13
访问州的个数(超过 1 个以上的比例)	41%	49%	50%
访问州的平均个数	2.2	2.0	2.0
留宿旅馆的比例(超过 1 天以上的)	77%	79%	74%
在旅馆的平均过夜天数	8.4	11.7	13.6

续表

游客特征	2008	2009	2010
旅游团的规模(平均人数)	1.5	1.4	1.5
男性所占的比例	72%	63%	77%
家庭收入(均值)	79300 美元	60500 美元	67400 美元
家庭收入(中位数)	45100 美元	42100 美元	44100 美元
平均年龄(女性)	37	37	36
平均年龄(男性)	41	38	39

(1)旅行和旅游的总出口数＝旅行收入(购买和旅游有关的商品和服务,包括食品、住宿、娱乐、礼品、游玩以及在当地旅行的交通和其他在外旅游的意外事情)＋游客的交通费用收入(在美国和其他国家以及两个外国地方之间以旅行为目的乘坐飞机或者船舶需要支付的费用)

(2)百分点和百分比的数据都是非四舍五入的数据。

文化旅游发展的问题与对策

一、如何理解文化旅游

中央已经明确指出,"要推动文化产业与旅游、体育、信息、物流、建筑等产业融合发展"。同时,《中共中央关于深化文化体制改革、推动社会主义文化大发展大繁荣若干重大问题的决定》强调指出,"要积极发展文化旅游,发挥旅游对文化消费的促进作用"。

为此,需要首先明确文化旅游的两个问题,其一是文化的范围,其二是文化旅游的含义。

所谓文化,不仅体现在建筑上、文物上,也体现在当地居民的交流语言、生活态度、行为方式、文化取向上。我们还要知道,居民的参与是全新产品观的重要体现,居民对所居城市的记忆和体验是游客感受目的地的重要媒介和信息来源。因此我们要充分重视目的地每个居民的文化力量。

所谓文化旅游,一方面可以指趋向各种形态的文化景观的旅行,这主要是着眼于文化旅游的空间移动特征,是指人们到有文化景观的空间区域的旅行行为,突出的是文化因素对旅游发展的影响,而未必突出在旅游过程中的文化收获。

另一方面,也可以是基于文化追求和文化体验的旅行,这主要是着眼于文化旅游的目的和利益诉求,强调的是在旅游过程中的文化收获,突出的是旅游发展对文化传播和交流的影响。从这个层面理解的文化旅游更是我们在发展文化旅游时需要关注的,当然,这也意味着对文化景观所在的目的地以及具体景区在经营、管理方面提出了新的更高的要求。

二、文化与旅游是相互促进、融合发展的关系

首先,文化是旅游的灵魂,旅游是文化的载体。中央已经明确指出,"要推

动文化产业与旅游、体育、信息、物流、建筑等产业融合发展"。也有很多人包括政府官员都谈到过,没有文化的旅游就没有魅力,没有旅游的文化就没有活力。站在旅游的角度看,我们需要抓住文化在每个旅游环节中的巨大作用,现在体现得比较充分的主要是餐饮、住宿等方面的主题化发展,如果从历史文化和人文山水两个角度看,其实抓住了文化就等于抓住了旅游的核心价值;而站在文化的角度看,这些年的发展经验告诉我们,旅游其实是为文化产品提供了一个巨大的消费市场,有了市场需求,文化的延续才是真正可持续的,有生命力的。正如《中共中央关于深化文化体制改革、推动社会主义文化大发展大繁荣若干重大问题的决定》强调指出的,"要积极发展文化旅游,发挥旅游对文化消费的促进作用"。

其次,文化环境是旅游的基础条件。正如中国古话所说的,"读万卷书,行万里路",文化本身是旅游的重要原因。旅游目的地只有有了良好的文化基础以及基于此的文化环境打造,才能提升目的地的竞争力,更好地吸引旅游者的到来。同时,这种文化环境还包括旅游目的地居民以及旅游从业者的文化素养,因此我们要更加重视在文化旅游过程中来自民间的文化分量。

最后,文化交流是旅游的重要功能。旅游的发展必然促进不同文化之间的沟通与交流,每一个旅游者实际上就是文化的传播者,是促进文化沟通与交流的使者。随着交通条件和信息传播环境的不断改善,旅游将在更大更广泛的范围内展开,旅游对于文化交流的促进作用将在更大程度上得到体现,文化也将在更广泛意义上促进旅游的发展。从这个角度看,旅游所促进的文化交流与文化理解有助于缩短不同文明、文化之间的距离,更好地减少文化冲突的发生,从而有助于构建整体和谐的世界。

三、文化旅游发展中存在的问题

尽管很多地区都已经意识到文化与旅游之间的密切关系,并且在文化旅游发展上投入了相当大的精力,但客观上文化旅游中的一些典型问题依然在不少地区或多或少地存在着。这些问题主要包括:

展示的多,体验的少。也就是说,目前各地还是比较关注自身文化遗存的陈列与展示,将旅游者与文化遗存截然分为两个不同的方面,旅游者只能被动地观看这些文化遗存,而无法融入某种情境或者以某种更主动的方式体验目的地的文化。而我们大家都知道,外观和内省所带给人们的记忆显然有着巨大的差距。

死的多,活的少。我们可能都知道,发展文化旅游需要做到"让地下的东西走上来、书本的东西走出来、死的东西活起来、静的东西动起来",而实际上,文化旅游发展的现实却依然是"死的多,活的少",尤其是展示的传统的、历史的文化元素居多,展示的现代的、现在的文化元素则偏少。不过我们要知道,历史的、传统的文化是我们前人所创造的,对于这些文化而言,我们是一个传承者。但是我们需要在扮演好传承者角色的同时,充分展示我们自身在文化创造方面的价值,我们也有义务更好地展示正在延伸成长着的文化。

厚重的历史多,轻松的解读少。越是久远的文化越显得有深度有内涵,恰恰是因为其时间的久远,厚重的历史往往不为当代人所了解,从而显示出文化旅游强大的吸引力,但同时,我们不能忘记旅游的根本不仅仅包括文化的寻求,同时也包括寻求心灵的放松,如果我们不能以轻松的方式来展示厚重的历史、以积极有效的解说系统(尤其是借助先进的现代信息技术手段)来外化厚重的历史的话,那就存在着价值流失的风险。无论是多么有价值的文化,如果不能转化为当代人喜闻乐见的消费内容,如果不能以现代的甚至时尚的方式来展示的话,那就不可能是一种"活着的、有生命力的"文化。所以,我们在发展文化旅游的时候,一定要秉持一种理念,那就是:让传统变得时尚,让历史变得轻松,让文化变得可读,让所有的诱惑(吸引力)都落实在可以销售的产品上,或公益性或商业性。在中国正繁荣发展着的各地的旅游文化演出市场正说明了这一点。

当然,文化旅游发展过程中还存在诸如"大架势多,大众性少;专业性多,平民性少;历史的多,现代的少;利用仿古的多,创新创意的少;利用有形的多,开发无形的少;封闭的多,融合的少"等问题,需要我们在发展中逐步加以解决。

四、文化旅游的要求和发展着力点

发展文化旅游的要求大致可以概括为四句话,那就是:处处体现文化,不断创新文化;处处感受文化,不断回味文化。

为了达到这个发展目标,就要求从以下几个方面来研究文化旅游的问题。

首先要关注文化设施、文化演出、文化休闲、文化传承等四个方面。尤其是要关注如何面向逐渐成为主流消费人群的年轻人,来研究怎么吸引年轻人、怎么满足年轻人的问题,比如将文化旅游的发展与青年旅舍等符合年轻人需求的住宿设施很好地结合,比如制定专门的面向以年轻人为主体的背包客市场的相关战略和政策,积极发展青年旅舍等符合年轻人消费需求、又有助于强化文化交流的旅游设施,鼓励通过年轻人的旅行来带动更多的文化理解和交流,因为文化的未来在于年轻人。

其次要关注文化氛围、文化展示、文化解读、文化体验等四个方面。尤其是要关注主题性文化体验的创造,要处理好文化创意、旅游开发与购物方式创新之间的关系。如果处理的好(比如创建诸如旅游购物大集、民间创意市集等形式),那不仅可以通过文化创意为购物提供最佳的产品,同时也可以让当地的特色文化通过旅游纪念品实现价值,而且也有可能成为目的地发展旅游的新的重要的吸引物。

最后则是要关注文化来源、文化自觉、文化系统、文化创新的问题。从文化来源看,既需要关注来自传统的历史的文化,也需要关注来自平民百姓的智慧,要相信社会更大的智慧往往藏之于民间;从文化自觉上看,要营造一种人人爱文化、人人是文化的环境本底;从文化体现上看,要做好精致化工作,使人们愿意来消费文化,也要让文化有品位,可以很好地进行市场区隔,还要凸显出独特性,比如建立自己独特的标识系统;从文化创新上看,我们要有创造未来的文化遗产的理念,只有这样,才能保证文化不断代,因为我们不仅承担者守文化的重任,同时还承担着创文化的重任。

传统大型旅行社的变革:技术和转型视角[①]

旅行服务领域正经历着一场大的变革,这其中既有市场格局变化对旅行服务经营的深刻影响,也有技术环境变迁对旅行服务运营管理的颠覆性改造,同时有竞争环境深刻变化对旅行服务战略的多重推进。

比如,随着旅游业作为国民经济战略性支柱产业定位的确立,尽管入境旅游一如既往的重要,但公民旅游在整个旅游市场格局中的地位将日益凸显,在国内旅游层面上,旅游需求将变得更加丰富多彩,从而推动着旅行社在产品开发与创新上的步伐不断加快,甚至更快地做好服务外包与产业融合战略的执行,加快非同业战略联盟的构建,做到异质性专业知识的共享,从而分享市场成长所带来的利润。比如传统旅行社与大型自驾车俱乐部之间的联盟发展。另一方面,随着在处理国际贸易顺差方面的政策转向,加强出境旅游经营的投入对旅行社而言不仅意味着利润率驱动下的选择,更是"走出去"战略下的深耕需要。

当然,对于传统大型旅行社而言,变革的压力和动力更来自于透明的经营环境、快速的技术变迁、分化的细分市场和必然的角色转变。

一、透明环境下的变革

对传统旅行社影响最为深远的恐怕是旅行服务的技术环境的变迁。借助于技术环境的变化,人们分享信息方式、购买习惯也都有了很大的变化。人们未必像以往一样主要通过向旅行社(门市)咨询的方式获取旅游有关的信息,而更可能通过在线信息分享的方式来筹划自己的旅行,即便是对旅行社的品牌认知构建也更多地源自在线信息的分享。在网络化、信息化时代,人们可以更容易地通过网络平台进行旅游产品价格、内容方面的比较,从而迫使旅行社在一个更透明的环境中生存发展。那么,在环境进化透明化的趋势不可逆转的时

---

① 发表于《旅游发展研究》2011.2。

候,大力发展门市的传统大型旅行社是应该一如既往地将变革的重点放在如何统一门市的装潢设计、服务标准上,还是应该将重点放在重新对门市进行分门别类管理、对不同的门市进行不同的定位上?比如,上世纪90年代之前台湾雄狮旅行社也是一个地道的传统旅行社,发展了大量的门店,可是现在雄狮不单单是将旗下实体店铺作为接单销售的渠道,更重要的是将其作为消费者体验的窗口,雄狮在全台湾的52家实体店,从接受订单为主转向接受顾客咨询、体验为主。可是又有多少内地传统大型旅行社在门市发展过程中能够象雄狮旅行社一样深刻地认识到技术变迁带给旅行社的影响呢?

由于旅行服务运营变得更透明,各种"黑箱"的规则自然就会更快地失效,包括以往曾经给旅行社行业带来丰厚利润的"黑箱"规则。同样的,技术变迁带来的透明的经营环境也使得竞争对手相互之间可以比以往更容易地"刺探军情",从而迫使传统旅行社调整自己的竞争管理的思路。比如如何基于网络的平台,加强对竞争对手产品发布速度的监测、加强对竞争对手广告投放的监测、对竞争对手产品重点变化的监测等,自然就成了旅行社需要密切加以关注的问题。

透明的环境要求传统旅行社更加强调核心竞争力的打造和差异化战略的执行,更强调在线声誉管理而非传统品牌打造模式。因为,网络使得人们对于旅行社评价的传播速度更快、传播方式更多、传播覆盖更广。但目前很少有旅行社关注在线评论对企业声誉的影响,也很少有旅行社通过在线声誉管理机制的构建来了解消费者评价旅行社的主要指标和机制。

有时候这种评论可能未必基于旅行社提供的产品,而仅仅是因为旅行社网站的更新速度太慢或者网站的设计风格的问题。网站速度更新慢恰恰又是传统旅行社的通病,即便是信息化程度很高的美国也是如此。比如美国旅行商代理协会最近发布的一份报告显示,每天进行网站更新的旅行社大致占受访总量的17%、31%旅行社则每周更新、15%旅行社每月更新、5%旅行社每季更新、33%旅行社在任何可以更新时进行更新。

二、技术变迁下的变革

总体而言,面对技术环境的变迁,有三点经验教训值得关注。第一,传统的旅行社尤其是传统的大型旅行社未必是缺乏对技术的敏感性,但却缺乏对技术环境变迁的长期跟踪的坚持。也就说,技术敏感性未必等同于合适的市场切入点,发现投资切入点时未必是消费者成熟之时,故放弃了投资,而没有真正把握趋势,进行趋势投资跟踪。第二,传统的旅行社尤其是传统的大型旅行社未必缺乏对新技术应用的投资,但对投资的战略定位却未必科学。也就是说,对旅游电子商务业务的投资是仅仅服务于传统旅行社自身的业务,还是立足于将其发展成一个独立的市场主体。第三,传统的旅行社尤其是传统的大型旅行社未必没有对新技术应用的雄心壮志,但却囿于"公司政治"的影响而没有大展宏图。所谓"公司政治"就是指传统企业长期发展所形成的内部利益格局和关系网络。"公司政治"加上中国传统大型旅行社的家长制模式所带来的"政治的企业家"(而非"企业的企业家")的市场局限,往往是限制传统大型旅行社变革的重要因素。

在任何时候,变革与守成之间总是很难轻易抉择的,尤其是当一个企业(尤其是大型企业)能够从传统的经营中获得比较稳定、可观的回报的时候,守成往往会成为优先选择的战略:即便是变革,也往往是半途而废的居多,因为变革总是意味着风险,意味着额外的成本负担,意味着前途坎坷。

就旅游电子商务的发展而言,最早的介入者显然不是携程,很多大型旅行社在旅游电子商务起步上比携程要早好多年。比如,旅游预订网站大致始于1996年,而国旅在1997年就参与投资创建了华夏旅游网,两年后的1999年携程才成立。此外,很多大型旅行社在住宿、机票等供应商关系方面也比携程起步的时候要强。但为什么传统大型旅行社的庞大订房、订票没有形成自己的核心竞争力,旅游电子商务的先锋华夏旅游网成了"先烈",而最终携程则凭借着传统旅行社的酒店和机票预订业务成长为中国在线旅游的巨无霸?

大型旅行社每年有大量的客房间夜数、也有大量的机票预订,但是目前在风起云涌的团购市场几乎没有传统旅行社的影子,基于技术环境变迁而进行的旅行服务业务创新为什么没有出现在似乎最应该出现的传统旅行服务运营商之中?为什么错过了"携程"机遇,现在又错过了"团购"机遇?为什么传统大型旅行社"背靠大树"、砸下重金打造在线旅行社,却难获预期的效果?

当传统旅行社在为极低的利润率而拼杀的时候,携程则在享受着比这些传统旅行社高十几倍甚至几十倍的利润。大型旅行社与携程之间存在着一道刺眼的鸿沟。要想逾越这道鸿沟,唯有变革。如果不能深刻思考出现鸿沟、错失机遇的原因,在未来的变革发展中一而再再而三地"错过"是完全可以预见的,尤其是当在互联网环境下成长起来的消费者成为市场的主流消费群体的时候更是如此。

三、细分市场深耕下的变革

既然传统旅行社的传统旅游业务的低利润是长期存在的严峻现实,那么市场中的传统大型旅行社是否应该强化变革的决心?是否应该在变革的道路上走得更坚定、更扎实?是否应该在变革的道路上创新思想观念、在创新思维下创新出差异化的产品呢?在这方面,有很多产业实践是值得传统大型旅行社观照的。比如太美·全球主题旅行聚乐部的迅速崛起。

太美是国内第一家定位于服务高端客户人群的高品质旅行服务公司和生命资产管理机构,由旅行、投资银行、房地产、互联网、文化、传媒和娱乐等领域的成功人士共同投资创建,其中包括冯仑、马云等在中国享有极高声望的企业家。

当传统的旅行社还在围绕"吃住行游购娱"设计产品的时候,他们已经通过"人事地物"等元素的补充打造出了太美自己的特色;当传统的旅行社还在为混众旅行而烦恼的时候,他们已经形成了"相聚+分享"的真正会员制服务模式;当传统旅行社在为如何通过"黑箱"制定一个能更好盈利的线路价格时,他们已经明确采用"透明成本+服务费"的定价来盈利;当传统旅行社想着如何吸收更多的客人顺利成团的时候,他们想的是如何为参团的游客开发基于太美平台人脉资源的商业价值;当传统旅行社还在为如何改善服务质量绞尽脑汁的时候,他们已经开始想着如何把"趣皮士"写入字典的问题。所谓"趣皮士"是指一群有钱、有诗意、有品位、讲究生活质量、愿意体验不同的生活、看重旅行创造的生活价值的人,"趣"者,"走"与"取"的组合,也就是说,在行走中取得有价值的收获才算有趣。

四、传统角色转换的变革

传统旅行社更多的是扮演渠道中介和批发销售的角色,传统旅行社的变革与创新更多地也是在这两个方面积极推动和努力,比如推动门市网络建设以强化渠道覆盖率来加强收客能力,以及通过内部流程的再造真正发挥传统大型旅行社的规模优势,以期通过销售终端的强势来强化对上游供应商的影响与控制。

但这仍没有改变传统旅行社所扮演的角色。在变革的环境下,传统的大型旅行社将自己定位在综合旅行服务运营商或许才是一个更切合实践的选择。也就是说,应围绕着旅游者的旅行需求而进行产业链条的延伸,选择产业链条中具有战略意义的节点进行深耕、投资,这其中包括购物、景区和具有独特和创新意义的度假村。这一点中青旅应该说是在传统大型旅行社中做得最成功的。从2010年上半年的公司年报看,乌镇对中青旅的利润贡献达到31%,仅次于中青旅绿城房地产的35%(另外是会展服务业14%、中青旅大厦出租12%、旅游产品服务15%),乌镇为中青旅权益利润全年贡献将达1亿左右。目前中青旅又在北京密云的古北口复制"类乌镇"模式,积极利用传统旅游的客源组织能力和品牌影响力做大做实做强景区文章。有限的优质旅游景区资源将使象中青旅这样的传统大型旅行社获得先行优势。

当然,在类似乌镇的旅游度假业务方面,还有很大的发展空间。如果能够在发展过程中,积极尝试战略合作的模式,引入先进的度假产品发展模式,对于传统大型旅行社的变革发展和契合国家战略思路将具有战略性的价值。比如以"一站式度假"闻名的地中海俱乐部已经进入中国,复星国际收购了地中海俱乐部7.1%的股权,助其在国内发展,瞄准的正是中国的富裕阶层等(海南岛离岛免税政策的实施可以解读为国家希望内需不要外流的一种战略措施,那未来瞄准权贵阶层的度假需求是不是也是符合国家战略意图的呢),传统大型旅行社在类似这种度假业务的投资、合作(以及这种投资所带来的物业和地产的增值)方面将可能是一个至关重要的突破口。对于面临着旅行社业务低利润率和资本市场回报预期的双重压力的传统大型旅行社而言,这种变革与突破可能更为重要。

此外,即便是希望通过销售终端的网络化布局来强化收客能力和自身服务体系的完善,建设传统的旅行社分支机构和门市部是不是唯一的途径? 如果结合目前快速发展的会奖业务,是不是可以探索其他的更具有变革意味、同时也更符合发展趋势的新的路径呢? 比如说目的地管理公司(DMC)模式。很多全球知名旅行服务集团(如 Kuoni 等)都有自己的 DMC。DMC 是超越传统意义的旅行社的一种形态,主要是将会展所需的资源进行整合,提供更有创造力、更加卓越的目的地服务,包括策划组织会奖活动及其延伸的观光旅游,以及利用丰富的目的地知识,在餐饮、交通、娱乐等传统旅行社业务方面提供更专业的安排。2009年开始,广东的易网通在这方面做了积极尝试,而也恰恰是在2009年6月,瑞士Kuoni收购了易网通31.8%的股权。这两者之间或许是纯粹的巧合,但这种变化动向还是非常值得传统大型旅行社关注的。

即便是最传统的门市网络扩展模式,是不是需要采取完全自建门市的方式,是不是还有更快捷的门市网络扩张方式?比如,传统大型旅行社门市网络建设是否可利用目前已有的、其他服务领域的网络?这其中包括庞大的邮政服务网络、庞大的火车票票务销售网络、庞大的银行服务网络、庞大的如国美等传统卖场网络。其实,台湾的"灿星旅游"的115家在台旅游实体店均紧附于灿坤电器的270余家门店。

所以,只要真正怀有变革的心,创新会在传统的领域和传统的企业中不断涌现、闪光……

华侨城的产业融合发展

华侨城是唯一一家被国资委认定为把文化产业纳入主业发展的中央企业。在一定程度上,这是对华侨城"旅游+文化+地产"综合发展模式的认定。在"旅游+文化+地产"模式中,华侨城以文化底蕴兴办主题公园、以文化表演活化主题公园、将文化要素注入主题酒店、将文化氛围融入主题地产,实践着文化产业化、产业文化化的发展之路。华侨城以主题公园起步,形成核心竞争力,又超越主题公园模式。在文化的厚度、文化的多样性、文化的特色、文化作品的创作、文化氛围的营造上,迪斯尼恐怕也难以与华侨城相比。

一、以文化底蕴兴办主题公园

通过"锦绣中华"主题公园这种方式,华侨城让中华灿烂的历史文化成了世界了解中国的窗口,也成了那个时代爱国主义教育最好的方式之一;通过"中国民俗文化村"这种现代化的展示方式,中国的少数民族文化走进了现代人的视野,也实践着"只有民族的,才是世界的"的论断;通过"世界之窗"景区,将世界文化荟萃,打开了中国大众了解世界的窗口;通过"欢乐谷"的持续不断创新,给现代都市人的娱乐呈现了别样的娱乐文化;通过"东部华侨城"的建设,人们对生态文化可以有更深一层的了解。华侨城主题公园的未来还在文化上,正如下文所将述及的,当前的主题公园需要文化活动来活化,而外来的主题公园增量发展也需要更好地"以文化来编织梦、以公园来实现梦、以消费来体验梦、以传承来延续梦","有梦的人最美",能够给消费者编织"美梦"的企业才会有明天之后的明天!

在用文化发展主题公园的过程中,除了重视一般意义上的文化基因外,华侨城企业文化中强烈的危机感也时刻得到体现。不确定的环境随时可以改变一个企业的命运。当1992年主题公园生意还非常火爆的时候,华侨城已经开始谋划考虑改变主题公园危机的事情——任克雷总裁要求企业"吃着碗里的,看着锅里的,想着地里的"或许正是这种危机感的生动体现吧。一个没有危机感的民族是没有希望的民族,一个没有危机感的企业是没有希望的企业。

二、以文化表演活化主题公园

文化表演是华侨城主题公园保持长久吸引力的重要原因。正是因为有了文化表演,华侨城的主题公园才能够在背景与前景、核心与外围之间进行自如腾挪、调整。现在的主题公园更像是一个文化表演的舞台,成了文化表演活动这个"前景"、"核心"的"背景"、"外围"。如果没有文化表演这种形式来活化静态的观赏空间,并且保持文化表演内容的持续创新,华侨城不可能成就今日主题公园之辉煌。主题公园是有生命周期的,但是华侨城主题公园的生命周期是一个中等尺度的旅游目的地生命周期问题,它的生命周期长短是受在这个主题公园群落内部小尺度产品——比如景点增加、景点改造、项目丰富、演出创新、节庆创造[①]等——的生命周期影响的,是这些"小产品"的生命周期共同"烘托"出"大产品"的生命周期,只要创新还在,生命力就在。

据新华社报道,在华侨城的主题公园集群中,共拥有专业的演职人员1100多人,还有自己专业的编导团队。在这里,每天都有十多台大型的文化演出在华侨城各景区和艺术中心上演,还有近百场次的小型景点、村寨式表演与之相配套,形成了一个形式多样的表演体系。从1991年华侨城成功推出第一台大型旅游文艺晚会《艺术大游行》以来,华侨城各景区累计上演大型演出近30台,累计演出2.4万多场次,接待观众超过4500万人次。华侨城致力于完善主题公园的上下游产业链,涵盖创意、研发、设计、制造、展览、交易、编导、演出等所有环节,剧目、剧本、剧团、剧场一体化,将文化的内生机制与市场机制相结合,产业发展呈现勃勃生机。2008年11月,深圳世界之窗大型音乐舞蹈史诗《千古风流》、北京欢乐谷《金面王朝》获得世界娱乐公园和景观协会(IAAPA)最佳演出奖,深圳东部华侨城《天禅》、锦绣中华民俗村《龙凤舞中华》获最佳演出提名奖。这些荣誉充分体现了华侨城发展文化演出产业的成果。为了充分挖掘这些优质演艺资源,整合现有的演艺人才和队伍,逐步构建起国内一流的演艺运作平台和系统,深圳华侨城国际传媒公司于2007年正式更名为深圳华侨城国

---

① 比如民俗村泼水节、世界之窗国际啤酒节、欢乐谷玛雅狂欢节、社区狂欢大巡游等以及国际魔术节、流行音乐节、国际滑稽节,等等。

际传媒演艺公司,以便做大做强华侨城演艺品牌,推动华侨城的演艺产业向纵深发展。而华侨城国际传媒演艺公司本身则是华侨城主题公园与文化表演沉淀、裂变、衍生的产物,这与产业融合一样,也是华侨城产业发展的重要方向。

三、将文化要素注入主题酒店

华侨城的酒店发展其实非常早,1982年深圳湾大酒店就开业了,但并没有构成华侨城发展的重点,是文化改变了华侨城酒店发展的进程。在深圳湾大酒店改进过程中,酒店的一堵墙也成了记录历史、承载文化的元素。近些年,华侨城通过在酒店建设中注入文化元素,以前瞻性眼光,打造了以西班牙文化为主题的白金五星级标准的华侨城大酒店、以意大利文化为主题的威尼斯酒店、以瑞士风格设计的东部华侨城茵特拉根酒店、以东南亚文化为主题的海景奥思廷酒店、以水文化为主题的茵特拉根瀑布酒店、以佛禅文化为主题的茵特拉根檀越酒店、以房车文化为主题的房车酒店等一批主题酒店群。类似华侨城大酒店这样拥有美术馆——国内首家以设计为主题和定位的华·美术馆——的主题酒店并不多见,在主题酒店的多样化、主题酒店的集群化方面,华侨城始终走在全国前列,也为中国酒店业的差异化发展闯出了一条新路。华侨城集团下一步需要考虑的是,主题酒店如何在跟随企业地域扩张步伐,继续做好地产及主题公园的配套外,加强外向型、自主发展的能力,充分利用在深圳基地摸索、积累起来的主题酒店发展经验应用到更多的地区去,在各地的华侨城城区之外寻找到新的发展空间。毕竟,华侨城主题公园的全国连锁空间有限,正如任克雷总裁所说,大致在全国形成欢乐谷连锁的"八大军区"就差不多了,东南西北各一个,加上中部、西北、东北就差不多了,并不是每个地区、每个省份都适合搞欢乐谷连锁。只要能够跳出欢乐谷发展主题酒店连锁,华侨城酒店就会有灿烂的明天。主题的营造未必需要大投入,华侨城的城市客栈也完全可以采取主题化手法来拓展,从而在竞争激烈的经济型酒店市场打出一片新天地。

四、将文化氛围融入主题地产

1991年锦绣中华开业后,华侨城地产售价比1990年上升了131.41%,相当于罗湖区的92.32%,到1992年已经基本与罗湖区持平。但在房地产项目中注入文化元素,绝不是简单借助于主题公园及其形成的文化氛围,而是在房地产项目本身注入文化。比如波托菲诺项目不仅充分利用小区内的自然山水资源,使之成为居家的风景,还吸收意大利的建筑和商业文化,以文化吸引人,在东部华侨城开发了融入瑞士文化的茵特拉根小镇。大型地产项目曦城,完全是西班牙风格的小镇;在上海推出的新浦江城,则是原汁原味的现代版意大利风情。华侨城还通过建设何香凝美术馆、华夏艺术中心以及中国第一个具有博物馆性质的当代艺术空间——LOFT创意社区等方式,使城区4.8平方公里土地上有深圳市单位面积最多的雕塑,有国家级美术馆,有9个歌舞团、10个千人以上的剧场,改变着城内整个房地产业的文化内涵。对此的最佳注脚就是,2007年8月,华侨城被国家文化部授予首批仅有的两家"国家级文化产业示范园区"之一。

  房地产在华侨城的发展格局中将扮演举足轻重的角色。数量客观的土地资源储备为华侨城地产奠定了良好的发展基础,但是需要冷静地意识到,土地资源只能为地产发展商提供不同的发展起点(更何况当前这种获地方式的可持续性会受到外部诸多环境因素的影响),而并不能直接构成地产发展上可持续的竞争优势;城区的不可复制性的确是华侨城地产的核心竞争优势,项目复制却可能实实在在构成对华侨城地产的竞争威胁。为此,需要不断强化地产公司在相对封闭的运营空间(包括深圳华侨城在内的各地华侨城城区)之外发展项目的能力。在市场经济的环境中,只有不断强化对不同环境的适应能力的企业才能继续生存、不断发展。基于加快投资回报的考虑,华侨城地产或许还需要在目前主题地产、高端地产之外,加快丰富其多样化产品系列。

五、"利润奶牛"与"利润侵蚀"的症结

  经常看到的现象是,随着多元化对主业"利润侵蚀"现象的发生,越来越多的声音开始建议把多元化的非主业部分剥离出去。这固然是一种比较简单、快速见效的方法,但这同样可能是一种代价非常高的方式,甚至是一种牺牲专业化发展效率的方式。"利润侵蚀"可能是所涉业务本身的产业盈利空间出了问题,同时也可能是经营管理模式有问题。由非专业化的团队来运作这个需要高度专业化知识的行业,要想养出强大的"利润奶牛"恐怕很难。

  应该客观地看到,多元化本身并没有错,错的只是没有进行专业化的多元

化。一个生产汽车的企业也可以通过多元化生产摩托车、游艇甚至生产变形金刚,但如果它把所有这些生产的内容"拥挤"到一个生产线上来实现的时候,这个企业肯定"一团糟"。而如果把它分成若干条专业化的生产线,并配以专业的管理人员、专业的技术人员和专门的熟练工人,则这些生产线都可以非常顺利地运转并在后续的生产中不断提高效率、增加效益。

在产业发展的实践中,华侨城不仅很好地处理了发散型的多元化和专业化的多元化之间的关系,让专业的人才干专业的事,而且在专业化的多元化过程中,非常重视多元化的产业之间的相互衔接、相互促进,并且在各自的衍生发展中寻求产业推进和深化的路径。

旅游是文化价值实现的渠道,通过旅游可以激活文化的活力,文化是旅游生命力的源泉,通过文化可以升华旅游的魅力,而地产则成为旅游与文化的核心衍生价值载体,旅游带来人气、文化带来品位。华侨城依据三者之间的相互关联关系,摸索出了"旅游+文化+地产"的发展模式。在这种主导创新的基础上,通过每个要素的演变、深化,又形成了衍生创新。旅游可以演变为观光、娱乐、休闲。文化可以是物质文化,也可以是非物质文化;可以是传统文化,也可以是现代文化;可以是本国文化,也可以是异域文化;可以是正统文化,也可以是娱乐文化。地产可以从原来的住宅地产到主题地产、商业地产;空间可以是自然空间,可以是实物空间,可以是无形空间,也可以是虚拟空间,可以是私有空间,也可以是公共空间。比如,"旅游+文化+地产"的模式在后来的东部华侨城、欢乐海岸项目中,旅游就演变为了休闲,旅游地产就演变成了休闲地产、商业地产。

六、着力于双赢,打通旅游与地产衔接通道

一方面,主题公园的旅游业务能够带来稳定的现金流,但缺点是投资会越来越大,回收周期会越来越长。当年华侨城对中国民俗文化村的投资是1.1亿,而现在投资上海欢乐谷要达到20多亿,何况华侨城发展初期之所以能够一年半载就可以回收投资,是得益于特殊区位、特殊地位、特殊背景、特殊时期。随着这些因素的消失,如何快速回收主题公园投资、推动主题公园滚动发展,成了华侨城旅游业发展必须面对的难题。

另一方面,地产业务能够快速回笼资金,但问题是地产业竞争激烈,华侨城

地产如果不另辟蹊径,很难在强手如林的地产市场脱颖而出,如何寻求核心竞争力就成了华侨城地产必须面对的难题。

有鉴于此,华侨城在1999年战略性地提出了"旅游+地产"的概念,主题公园的开发提升了所在区域的人文和环境素质,有助于获得良好的社会效应,为房地产开发获得了成片的低价土地资源,比如,华侨城在成都获得的2平方公里土地,其中主题旅游和地产各占50%,地产部分总地价12亿元,平均80万元/亩,而该区域土地市场价为130万—150万元/亩;而地产则通过高额的投资回报提高了华侨城上市平台资产的盈利水平,支持了主题公园的开发和业务拓展。比如,2000年之后华侨城地产对华侨城旅游的贡献就相当可观,其净利润贡献率一直在70%以上,2008年"波托菲诺"项目为华侨城控股直接提供投资收益3.96亿元,华侨城地产为华侨城控股提供投资收益达3.12亿元。华侨城发展之所以能够闯出一片新天地,与旅游、文化与地产之间的融合密不可分。

假日制度与旅游发展[①]

旅游具有异地性特征,是一种具有较大尺度空间移动性质的消费行为。因此自然与闲暇时间关系密切,合理的假期安排有助于提升旅游需求释放的可能性,假期制度如何安排自然成了影响旅游的重要因素。最引人关注的假期安排非黄金周制度去留问题莫属。尽管曾引发广泛的争论,但还有很多问题需要深入思考:如何定量化分析黄金周的影响?仅仅使用社会零售品销售总额作为定量分析的指标是否合适?仅从经济角度分析黄金周存废符合假期制度改革初衷吗?广东原拟的假日调整究竟是不是未来的改革方向?恢复黄金周只是旅游业的"私欲"吗?黄金周之于旅游的正效应是不是必须以长期假的形式为前提?尽管对黄金周利弊争论近十年,这些问题还是没有取得应有的进展。

这里不拟对以上这些问题展开分析,而是觉得,要理性分析假期制度与旅游的关系,或许需要有新的视角。下面从四个层面做一些简要分析。

一、旅游需要时间,假期提供时间,交通影响时间

在关注假期制度的调整之余,更现实的问题是认真思考交通变革对时间约束的影响。高速公路网、城际铁路、高速铁路、客运专线等铁路交通的发展,将大大提升同城化水平,有效缓解长途旅行的时间约束,并且能符合多数人的支付能力约束,对多数人而言,长假与长途旅行就不是必然的关联了。要知道,到2012年上海到北京只需花大约3小时,而除拉萨、乌鲁木齐、海口外,省会城市8小时即能到达。同城化程度的提高,不仅将深刻影响到旅游供给,影响到旅游目的地之间的竞争格局,而且也将深刻影响到旅游需求,影响到人们对假期时间的需求结构。试想到时远程旅游是否一定需要有类似现在的七天长假期呢?假期制度的调整需要有这种前瞻性,因此对2007年以来的假日制度调整的合理性或许也需要在一个更长时间视角来审视。

[①] 发表于《旅游学刊》2009.10。

二、旅游提升国民，假期造福国民，意识限制国民

安徒生曾说，旅行即生活。如果把旅游放在更广泛的休闲范畴来认识，则休闲同健康、教育一样，是保证生活质量的核心要素。人人有享受休息和闲暇的权利，所有的政府都有义务承认并保证其公民的休闲权利，包括为国民提供合理的假期制度安排。新时期旅游业的定位应该是"发展战略产业，提升国民生活"。但目前真正限制我国国民利用假期进行积极休闲的因素在于国民的休闲意识。的确，民间的智慧是无穷的，在我国历史上也曾经有非常发达的休闲传统文化，但是到现在却断裂了、异化了、迷茫了、萎缩了。因此，假期要造福国民，必须考虑改善意识方面的限制，需要对国民进行如何利用假期的普及教育，让人们知道怎样才能合理积极地进行假期时间消费、究竟有哪些休闲消费方式可供选择、应该如何选择符合自己的休闲消费方式。正如，看体育比赛谁都会，但是文明观赛就需要引导了。

三、旅游需要转型，假期可以完善，战略加快调整

新时期新形势下，旅游面临着转型发展问题。假期制度几经改革，仍需进一步完善，但是基于当前的限制条件，打通假期制度与旅游发展之间"关节"的根本还在于发展思路，假期制度要想真正发挥作用就需要战略思路的调整。比如从主体功能区的角度，需要建设国民休闲旅游基地（国家级、省级等相应级别），这种基地的建设既能为国民提供更好的基础性服务，同时也是主体功能区战略思路真正付诸实施的好渠道，是进行资源有效保护的好方式，是爱国主义教育最好的方式之一，是保证人人享有休闲权利的具体措施。比如，需要加快面向年轻人的廉价旅馆的建设。这些旅馆位置要好，享受税收优惠，得到政策扶持。可以考虑由学生联合会、青年联合会、教育部、团中央、外交部、中宣部、国家旅游局等组织机构，协调具有社会责任感的企业，共同来创建青年旅舍，一方面作为学生社会认知教育的组成部分，一方面作为国民休闲计划的重要构成，也作为开放的中国走向世界的重要窗口。或者可以说，青年旅舍的建设值得从战略的高度上来重视它。

四、旅游需要发展，假期需要配套，措施亟待深入

假期制度的改革还需要公共服务体系的完善来配套，只有公共服务体系完善了，大家感觉真正便利了，假期里想出去旅游的人们才敢、才能真正走出家门，这其中最重要的一项就是旅游咨询中心体系建设。如果能够在旅游咨询中心体系的建设上舍得投入，我国旅游的潜力必将大大得到挖掘。与我国零散、初级的旅游咨询中心建设相比，资源禀赋远不如我国的很多国家则建立了完善的旅游咨询中心体系，形成了公共旅游咨询中心体系和私营旅游问询中心互补的架构，甚至一个小小的村落式旅游地都有完善的旅游问询服务。此外，假期制度的改革还要与更多的资源开发开放结合起来，只有开放更多的资源空间，人们才能有更广泛的空间可以进行休闲、旅游。由于更多的资源其实并没有很好地进行开放，或者即便开放了也没有相应的基础设施配套，人们的消费需求就被"规范"、限制在有限的景区空间内。这样一来，已开放资源的实际容量有限，造成拥挤就难以避免。从而，人们可能会怪罪于假日制度安排的不合理。

上海世博会与休闲旅游的发展[①]

上海世博会将成为一个里程碑意义的世博会。

这个里程碑不仅是世博会自身意义上的,也在于世博会对于上海休闲旅游发展推动的意义上的。无论从休闲消费普及、休闲环境的改造、休闲空间的拓展、休闲设施的规划、休闲理念的更新等方面而言,世博会都为上海休闲旅游的发展做出了巨大的贡献。

一、不应只关注数字,更应关注数字背后的意义

据有关方面预测,上海世博会184天的展期内将有7000万人次的海内外游客(其中海外游客350万左右)前来参观,平均日客流量40万人次,高峰客流量是60万人次,极端高峰日是80万人次,参展规模和参观人数可能成为历届世博会之最。

可是,自5月1日上海世博会正式运营开始,15天来累计入园仅271.53万人次,平均每天入园约为18万人次,离40万人次的平均日客流量尚有很大的差距,很多人对7000万人次目标的实现充满担忧。

对此,需要从三个方面进行分析:

第一,7000万人次是否有可靠的历史数据支撑?在这个方面比较可行的判断恐怕是上海以往接待的旅游人次。据统计,2009年上海全年接待入境旅游者628.92万人次,其中过夜入境旅游者533.39万人次,较上年同比增长1.3%;全年接待国内旅游者1.236亿人次,较上年同比增长12.3%,其中,外省市旅游者8483.68万人次,同比增长8.2%。世博会的宗旨就是促进世界各国经济、文化、科学技术的交流与发展,使参展国能够充分地展示自己在各个领域所取得的最新成就和进展,相信世博会对来沪游客一定会有足够的吸引力。而实际上,除了各国的成就外,世博会还专门设立了"城市最佳实践区",这对于正处于

---

① 写于2010年世博会开幕之初,发表于《中国娱乐产业》2010.6。

城市化快速发展阶段的中国人来说,吸引力不会亚于文艺表演。因此,世博会必然会成为来沪游客的重要目的地。或者我们可以说,在 2010 年,世博会必将成为上海的标志性景区!

第二,游客目标的实现更在于宣传推广。在世博会历史上,的确有实际游客量低于预测值的,比如 2000 年汉诺威世博会的预期游客数量为 4000 万人次,实际游客数量仅为 1870 万人次,也有实际游客量远高于预测值的,比如 1992 年塞维利亚世博会最初预计游客总数为 3600 万人次,实际超过了 4180 万人次。迄今为止历史上参观人次最多的 1970 年大阪世博会当初的预测游客数量大约为 4000 万人次,而实际游客数量达到了 6422 万人次。不过在此次世博会开园之初,每天的游客大致只有 10 多万人次,远低于 4000 万人次预测目标下平均每天应该达到的游客数。后来,通过后期的大力宣传,约有 6200 万日本本国游客入园游览参观,要知道,当时日本本国人口只有 1.04 亿左右。相对应地,到 2009 年末,上海的人口为 1921.32 万人,长三角 7 省市的常住人口约为 4 亿多,约占全国人口的 30%。

第三,关注的不应该是数据,而是数据背后的意义。根据官方公布的售票情况看,目前潜在参观者已经超过 4000 万人次(其中 700 万左右为面向上海市民家庭的赠票),只要通过合理的组织和有效的宣传,达到 7000 万人次应该不是大的问题。但是我们关注上海世博会,难道只是为了达到这个游客人次的目标吗?显然不是!世博会的主题并不是"吸引 7000 万游客",而是"城市,让生活更美好"!我们应该看到,举办世博会对于上海,对于中国而言,更重要的是向世界传递一个开放、现代的国家形象,更重要的是在游客数字背后展现的城市发展战略,通过世博会的举办来带动城市地块的重生和城市发展的整体推进;举办世博会,需要关注的不仅仅是吸引更多的人参观游览,更重要的是让国人更清晰地认识我们所处的这个世界,尤其是认识到我们与世界发达国家和地区的差距,在差距认识中成长、进步;举办世博会,需要关注的不仅仅是游客数量,更要关注游客体验质量,一届成功的世博会绝不是以数字论成败,而应该高度重视游客的满意度,要办成一次让人民群众满意的世博会。

二、城市让生活更美好,休闲让城市更美好

长期以来,中华民族重视勤俭节约,强调勤劳致富,对休闲有着深厚的社会

偏见和误解，尤其是在当前社会转型期，社会矛盾不断凸显的环境中，尽管我国的经济在不断发展，我国的城市化进程在不断推进，但好像休闲离人们总是那么遥远。这次，上海世博会以"城市，让生活更美好"为主题，可以说是为上海休闲旅游发展乃至为中国休闲发展培育了休闲意识，是我国休闲意识的普及教育，是普通大众正确认识城市，正确认识休闲的社会教育，是引导城市管理者重视休闲、发展休闲的生动课堂。

城市要让生活更美好，就要回归到城市的本质。在1933年的《雅典宪章》中曾明确提出，城市的主要功能在于生活、工作、交通与休闲。休闲本来就是城市应有之义，只是因为我们在城市发展的过程中，过度强调了经济的意义，而远离了生活的意义，忽视了城市休闲功能的构建与完善。这种曾经在我国城市化进程中被忽视的价值，通过"城市最佳实践区"的展示，必将重新回到我们城市管理者的视野中，回到城市公民的普遍意识和需求中，通过这种供给者的意识重构与需求者的诉求重生，城市休闲功能必将逐步得到完善。

实际上，在世博会的《城市之窗》表演中，也正是讲述着从农业社会的城市到工业社会的城市，再到休闲的城市的。工业社会的城市使得我们有了不同于农业社会的更坚固的建筑，而休闲社会的城市将使我们有更多的休闲时间、休闲空间。

闲暇是文化的基础。休闲城市的回归使人们有理由对未来的城市生活产生更多的遐想，也使我们对城市文明未来的发展有了更多的期待。同时，世博会期间，有来自世界各地超过2万场次、平均每天100多场的精彩文艺活动，这些数量众多、质量上乘的文化活动本身就是重要的文化休闲产品，它们将成为上海吸引全国尤其是长三角地区游客的强大吸引源。如果游客能够沉浸在这些文化活动中，而不是简单地参观游览各个展馆，观看各色展品的话，本身也体现了人们消费意识和观念的转变，能大大地提升人们休闲消费的境界和素质。正如闲暇是文化的基础，拥有相当数量的有文化的闲暇者则是休闲旅游发展最重要的需求基础。世博会或许正不经意地为培养这样高素质的休闲消费者做出了默默的贡献。

三、拆除的是场馆，留下的是理念和环境

如果能够尽可能多地保留世博会场馆的话，必将为上海未来的休闲旅游发

展提供更多的吸引物,毕竟这些场馆都是各参展国和组织精心设计、精心施工、精心装饰后的精品。有些场馆创意独到,如新加坡馆酷似音乐盒、巴西馆就是一个绿色鸟巢,有些场馆则投资不菲,如沙特馆投资超过10亿人民币,日本馆也耗资约9亿人民币。但因为涉及建筑寿命、税收处理、活动延续、土地利用等方面的原因,多数场馆在会后都会拆除,甚为可惜。

不过,根据世博会会后安排,场馆拆除后,三分之一用于建设公共设施,三分之一留作城市的绿地,三分之一用于商业的开发。这其中包括永久性保留"一轴四馆",即"世博轴"、"中国国家馆"、"世博会主题馆"、"世博中心和世博会文化中心",并将中国馆建设成博物馆。

这其中,三分之二都与上海休闲旅游发展有密切关系,可以说世博会将给上海休闲旅游的发展提供更多的休闲空间,提供更多的休闲设施。城市绿地显然是上海改善休闲环境的重要组成部分。同时,世博会的举办必将在人文环境、出行环境以及包括语言环境、经营环境、服务环境等在内的社会整体环境方面大大改善,让上海居民更愿意走出家门、让外地游客更愿意徜徉在上海的休闲氛围之中。

世博园在建设过程中,最大限度地保留了园区内的老建筑,这其实也为上海休闲旅游的发展保留了身后的人文底蕴。一方面通过世博会让更多的人了解了这些曾经湮没的人文建筑,一方面又通过这些穿越了历史风雨的古老建筑丰富了世博休闲的人文内涵。岂不是一举两得的好事?

世博会会后土地利用规划将三分之一的土地用于公共设施建设,这本身也是世博会将留给上海休闲旅游发展的遗产和机遇。要知道,城市休闲的发展绝不只是包括旅游设施的建设而已,还要包括文化设施、体育设施等诸多休闲活动所需依托的公共设施,大比例的土地用于公共设施的建设必将进一步改善上海休闲设施的供给状况,从而在推动上海市民享受城市休闲设施、享受城市休闲生活的公平性上提供了更大的保障,在保证外来游客更好地体验上海的休闲氛围和环境方面打下良好的基础。只有空间足够大,才能使来沪游客体验到在舒适环境中进行休闲消费的乐趣。

实际上,世博会历史上也曾经非常重视休闲问题,比如1988年布里斯班世博会就以"科技时代的休闲生活"作为世博会的主题,在一定程度上,这个主题的确体现了人们从发展科技以创造富裕生活向发展科技改善生活质量的转变,体现了科技时代人们对休闲的渴望,也体现了世博会对社会发展的深层思考。

由此可见,上海世博会最终选定"城市,让生活更美好"并不是一时的心血来潮,它是世博会关注经济、关注科技、关注社会的自然延伸和必然结果。同时,在世博会上展示的那些有代表性的城市为"生活更美好"而做的各种成功的实践方案,以及生态化城市、可持续城市等新思想,必将影响到未来城市设施的规划与建设,从而为我们身边休闲设施的供给赢在理念的起跑线上。

四、世博会后的休闲发展问题

如上所述,无论从休闲消费普及、休闲环境的改造、休闲空间的拓展、休闲设施的规划、休闲理念的更新等方面而言,世博会都为上海休闲旅游的发展做出巨大的贡献,但是上海休闲旅游的发展还需借着世博会的东风,在更多层面上加以深入研究、扎实推动。

在中国面临交通巨大变革的新时代,各个旅游目的地的角色定位都可能发生根本性的变化。就上海的旅游发展而言,大力抓好休闲旅游的发展是继上世纪90年代提出发展都市旅游之后又一重要的转折,休闲旅游的发展将是上海旅游业发展的新蓝海。上海有关部门可以考虑在会后推出《上海市民休闲发展计划》、《上海发展休闲旅游行动计划》等相关方案,成立推进上海休闲发展的专门机构,高度关注弱势人群的休闲需求,突出强调休闲权利的公平性,积极增加休闲景点、打造休闲社区、修建市民小广场、完善城市公园体系、发展中央游憩区、完善休闲设施(甚至包括在相关区域修建徒步或自行车专用道)、培育宜居的城市环境,不断提高居民生活品质,营造良好的休闲氛围,为将上海建设成真正让生活更美好的休闲城市而努力。

目的地旅游资源分析：以五台山为例

一、旅游资源评价的基本原则

资源是一种客观存在，因此按理说对它的评价应该包含自在性评价，但是对于旅游资源评价而言，这种评价又必然会从自在性评价延伸到应用性评价，而且这种应用性评价往往成了评价的主体方式。通常可以把作为客观存在物的资源看成是一种中性材料，这种材料只有与一定的技术、知识等结合在一起，它才会有价值；如果能够进一步吸引更多的旅游者前来利用它以满足自己的需求，那资源会成为旅游吸引物；而当它吸引的人足够多的时候，它会成为旅游景区，围绕旅游景区的相关企业越来越多的时候，旅游景区就转型成了旅游目的地。

因此，对旅游资源的评价来说，必须要与需求变化衔接进行评价，必须与市场定位衔接进行评价，必须与开发条件衔接进行评价。

（一）基于需求变化的旅游资源评价

基于需求变化的旅游资源评价其实就是对资源的动态性评价。自在的资源，可能在某个发展阶段没有什么价值，而到了另一个发展阶段则变得很有价值；也可能在一个阶段的主体资源变为另一个阶段的非主体资源。这种变化的根本的原因在于利用资源的主体的偏好的变化，即需求的变化。

目前我国旅游需求的最大变化在于开始从原来的观光旅游向复合休闲的转型发展。在观光旅游发展阶段，景观本身质量是决定旅游吸引力最重要的因素，而在复合休闲发展阶段，休闲整体环境成了影响目的地吸引力最重要的因素。复合型的休闲需求本质上是追求生活质量的改善，在重视生活质量的现阶段，城市人开始追求水边人生和山中人生，临水的房地产、园林式的房地产大受城市人的追捧，在出行形式上则衍生出了冰雪旅游、森林徒步、自驾车旅游、异地生活（包括异地养老、避寒避暑）等一系列新的需求形式。

这就意味着五台山的旅游资源不能再局限在传统的寺庙群落上，还需要重视利用五台山的冰雪、森林、水体等实体性资源,也需要重视利用五台山的气候、活动等软体性资源。

(二)基于市场定位的旅游资源评价

基于市场定位的旅游资源评价其实就是对资源的竞争性评价。资源无论是开发成初级产品还是深加工产品,都需要通过市场转让使用价值来实现资源自身的价值。而判断资源在竞争环境中使用价值的让渡可能性则必须考虑到市场定位的问题。而且不同的市场具有不同的地域文化特征,会形成不同的需求偏好。因此,不考虑市场定位的旅游资源评价是没有任何意义的。

这就意味着五台山在旅游资源评价之前必须首先进行准确的市场定位。如果五台山将京津环渤海地区作为主体市场,那对五台山的气候资源的评价就必须考虑承德避暑山庄等潜在竞争对手的竞争性影响,如果将江浙沪等珠三角地区作为主体市场,则必须考虑普陀山、九华山、黄山、庐山、武夷山等佛教圣地或山岳型景区的竞争性影响。

(三)基于开发条件的旅游资源评价

基于开发条件的旅游资源评价其实就是对资源的综合性评价。资源最终都需要通过交通等基础设施建设、外部投资动向、区域经济背景等因素改善,才能真正完成由资源向产品的转换。因此,即便通过上述基于需求变化和市场定位的评价判定具有很高价值的资源,如果开发条件不具备,所谓的旅游资源的价值只能是一种潜在性的价值,资源也只能是潜在性的资源。

对于五台山这个已经具有相当长的开发历史的景区而言,交通基础设施的改善具有决定性的意义。而石太客运专线、忻阜高速公路等工程的建设显然能够大大拉近五台山与京津冀等传统主体市场的距离,尤其是为五台山休闲资源的开发、自驾车市场的发展提供了良好的条件;忻保高速公路的修建则将有效地改善陕西进入五台山的交通条件,五台山机场的建设则将有效地改善南方宗教旅游传统市场的可进入性,为五台山佛教资源的旅游开发提供更充足的有效客源。

二、旅游资源的基本构成

根据上述旅游资源评价的基本原则,可以将五台山的旅游资源概括为"深山藏古寺,高台沐清风。自然阅神奇,佛国悟大千"。

（一）深山藏古寺

深山者暗含五台山的自然生态，古寺者指五台山的寺庙群落。

五台山是中国唯一的汉藏两大教派并存的佛教圣地，以其建寺历史悠久和规模宏大而居于佛教的四大名山之首。就这些寺庙群落的景观质量而言，完全可以配得上"五台归来不看寺"的概念，比肩"五岳归来不看山"的传统说法。

古寺之中，南禅寺是中国最古老的木结构建筑，佛光寺是"中华第一国宝、亚洲第一古建"，五台山"祖寺"显通寺与洛阳白马寺同为我国最早的寺庙；塔院寺、菩萨顶、罗睺寺、殊像寺、南山寺、龙泉寺等诸多寺庙皆各呈特色，为五台山成为我国最杰出的寺庙建筑群落增辉不少。

当然，从旅游资源的角度考虑，对古寺的价值认识还应该做出相应调整。以往利用寺庙发展旅游时，过于强调寺庙的外在，甚至将寺庙等同于佛教。其实，寺庙作为佛教的建筑载体，还蕴含有大量的佛教艺术和以佛教建筑为载体的传统艺术，对寺庙的资源价值认识应该从佛教延伸到佛教文化、佛教艺术、佛教为载体的艺术形式。

另一方面，针对不同的市场，这些寺庙资源有着不同的价值。万佛阁五爷庙主要针对的是大众旅游市场，而台外的南禅寺和佛光寺对高端旅游市场极具价值，而对大众市场而言可能引力略显不足。

（二）高台沐清风

高台者指五台山东南西北中五个高峰台地，而清风者则指五台山"清凉世界"的气候资源。

五座台顶风光各异，东台望海峰看日出云海，南台锦绣峰观百花竞秀，西台挂月峰赏明月娇色，北台叶门峰览群山层叠，中台翠岩峰见巨石如星。五台山又名清凉山，"岁积坚冰、夏仍飞雪、曾无炎暑"，寺庙群落集中地台怀镇最热月（7月）的平均温度为 15.6℃，是理想的避暑胜地。五台山全年降雪日在 60 - 101 天之间，积雪日最多可达 218 天，历年降雪最大深度为 29cm，具备基本的滑雪条件。

高台沐清风的自然资源配置很适合当前旅游需求的发展变化，高速公路、客运专线、五台山机场等交通基础设施的建设进一步凸显出了这些资源的开发价值。优越的气候条件对于五台山开拓会议旅游市场具有非常重要的意义，尤其有助于五台山开拓北京的"总部基地"会议市场。"佛门常会龙门客，禅林时集翰林人"曾是五台山历史上名人云集的真实写照，在五台山旅游发展进入新时期之际,重新重视利用这里的气候资源,大力开拓"龙门客"和"翰林人"市场,吸引他们前来避暑乘凉、研修居住自然也就成了必然的选择之一。

此外,五台山的这些自然资源还与目前流行的新兴休闲需求非常吻合。比如五个高台就适宜开发"五台山大朝台徒步穿越"和"五台山大朝台自驾穿越"这样的户外休闲产品。"六月冰方融,七月雪又至"的资源条件可以考虑在五台山开展雪雕、冰雕、滑雪等冬季休闲产品,而南梁沟的资源条件则可以考虑针对自驾游市场,建设具有国际标准的露营地,并围绕露营地建设开发森林徒步、山地自行车运动等户外休闲产品;如果考虑到与台外其他资源的整合,则还可以考虑利用西龙池抽水蓄能电站开展水上休闲产品,丰富五台山旅游产品的类型,增强五台山旅游的整体吸引力。

(三)自然阅神奇

主要是指五台山的地质奇观和自然奇观。

五台山地质结构古老,其地质历史可以推溯到25亿年前,是地质学上五台群和五台运动的命名地,已成为全国前寒武纪地质对比的标准地区,构成代表地球演化史中重要阶段的突出例证。冰缘地貌是第四纪冰川的遗迹,也是一种比较罕见的自然景观。我国现代的冰缘地貌,主要分布在青藏、西北高山地区、大兴安岭一带,华北地区仅五台山存有,是中国东部第四纪冰期垂直冰原带发育最好的地区之一。"山云吞吐翠微中,淡绿深青一万重。此景只应天上有,岂知身在妙高峰"所描述的就是五台山神奇壮丽的垂直景观。

此外,还有南台世人称奇的佛母洞、东台幻影"佛光"、中台的"龙翻石"、壮观的层积云海、绚丽的高山草甸,如此等等,自然神奇景观不一而足,皆可为旅游开发的重要支撑。

(四)佛国悟大千

主要是指五台山内在的大智慧。

五台佛国是文殊菩萨道场,在大乘佛教中,文殊菩萨位列诸菩萨之首,是般若智慧的化身。文殊可谓是我们国家的智慧神,仅这一点就对希望求取智慧、金榜题名的众生具有很强的吸引力,如果能够配合积极有效的宣传包装,文殊菩萨道场所赋予的"金五台"地位就能充分吸引市场,强化在与其他三大佛教名山竞争中的优势。

上述"佛门常会龙门客,禅林时集翰林人"的景象或许也与五台佛国的智慧意象有所关联。五大禅处之一的显通寺山门上刻有"震悟大千",这完全可以看作世人对佛教善悟大千世界的一种认同和赞誉。只可惜,对于"佛国悟大千"这种隐性资源,五台山还没有给予真正有效的开发。

三、旅游资源的开发性评价

旅游资源开发性评价的主要目的不在于颂扬已经取得的成绩,而在于发现不足,图谋发展。

五台山旅游资源的开发现状可以概括为:初级利用,衍生不足;静态利用,动态不足;观光利用,休闲不足;表面利用,体验不足;自然利用,时空不足。这些不足也是造成五台山旅游停留时间短、衍生消费少的重要原因。

(一)初级利用,衍生不足

五台山佛教建筑历经北魏、唐、宋、元、明、清、民国各个时期,规模宏大、建筑材料种类繁多、建筑结构形式多样,历史沿革上下数千年,可谓"中国建筑史上的活教材"、"东方建筑的艺术宝库",尤其南禅寺的唐代彩雕、佛光寺东大殿的唐代壁画和唐代彩塑为研究唐代建筑和艺术提供了宝贵的史料,殊像寺的明代悬塑、龙泉寺的石雕、南山寺的砖雕等雕刻艺术等都殊为珍贵。

但严格来说,目前五台山旅游的开发还处于资源性利用的初级阶段。五台山有世界级的资源,但围绕这些世界级资源的衍生性利用还大有余地,离世界级的精品还有一定的差距。无论是规模宏大的寺庙群落还是神奇壮丽的自然风光,有意识的有效开发还显不足,向游人供给的还主要是资源的"本来面目",对资源"添油加醋"的开发内容还比较少。

尽管山有五台,而实际上真正利用五台做的文章其实还很少,主要的开发还是固守在台怀镇这些比较集中的寺庙群落上。而且对台怀镇这些寺庙群落的开发利用还更多地只能概括为旅游者"看庙",还没有形成市场广为接受的佛教圣地旅游精品。五台山没有从单一的佛教圣地诉求过渡到潮流的世俗追求,没有围绕佛教故事开发具有宗教特色的主题纪念品,所售纪念品多从外地批发而来。五台山佛教建筑艺术独冠中华,雕刻艺术(包括石雕、砖雕等)甚为细致精巧,可是围绕这些建筑和雕刻艺术而开发的旅游纪念品也数量寥寥。五台山作为文殊菩萨道场,应该有很多智慧的领悟,可是这些智慧的符号却没有被充分利用到五台山的广场建设上,没有能够在佛国建成一个具有浓郁佛教主题的广场。

（二）静态利用，动态不足

目前五台山旅游多表现为或观寺庙建筑、或观大殿佛像、或观牌楼雕刻、或观壁画悬塑，但无论方式如何，皆可概括为，旅游者以外在主体的身份去"观看"五台的各类旅游吸引物，旅游者作为能动性主体的"融入"（即参与）明显不足。这种参与性的不足不仅表现在身体上的客观参与的不足，还表现在思想上的主观参与的不足。

当然，五台山的旅游资源主要都是静态的吸引物，以静态利用为主自然无可厚非，但绝不意味着五台山旅游资源以静态利用为唯一。从国际旅游开发的情况看，主要就是以静态吸引物为舞台，通过开发活动性项目来改善静态吸引物的吸引力。

应该说，五台山并不缺乏能够让这些静态吸引物活动起来的活动性项目的素材，其中最基本的素材就是各类佛事活动。五台山的佛事活动可分日常性、节日性和专门性三类。其中节日性佛事活动主要有六月道场、十寺法会和黄教跳布扎，专门性佛事活动包括讲经听经、传戒受戒、念普佛等。应该充分挖掘这些佛事活动，研究这些佛事活动与旅游开发的结合点，从而既为弘扬佛法、扩大五台山佛教的影响，又为扩大五台山旅游的吸引力做出新的贡献。

（三）观光利用，休闲不足

尽管五台山自古以"两千年文殊道场，五百里清凉世界"而闻名，但从目前旅游发展现状看，文殊道场所衍生而来的佛教圣地的影响力远远超过了深山高台所营造的清凉世界的影响力，"清凉世界"被"佛教圣地"的光环所笼罩，利用清凉世界而进行休闲性开发利用明显不足，观光游览成了五台山主要的开发方式。

但是，随着社会生产力的不断发展和科学技术的不断进步，人们的工作时间不断缩短，越来越多的闲暇时间为人们的休闲活动提供了时间保障；更多的可支配收入则为人们的休闲消费提供了经济保障；交通状况的改善、交通费用的降低、交通便利程度的提高则为人们进行远距离的休闲活动和旅游度假提供了基础设施保障。这一切都为休闲消费的发展提供了坚实的基础，休闲产业日益凸显出作为旅游业发展蓝海的形象。

将休闲作为五台山旅游发展的蓝海不仅仅是五台山清凉世界这一自然资源禀赋的客观要求，同时也是五台山佛教圣地这一历史资源的内在要求。一提到"佛门净地"，人们往往会想到"清静、淡雅、闲适"等概念，可见，佛门净地进行休闲开发是有社会观念基础的。有些佛教圣地就很好地利用了这一点,开发了尼姑茶道表演之类的休闲产品,很受消费者欢迎。

因此,尽管以观光游览为主的开发方式适应了曾经那个时代发展的要求,但是随着需求的变化、社会的演变(尤其是老龄化社会的到来)和外部条件的改善,这种开发方式显然与休闲化的潮流不相符合,也不符合五台山的资源禀赋。五台山要积极探索依托现有资源积进行休闲化开发的路径,将休闲作为五台山旅游发展的蓝海,承接大城市的避暑休闲需求,选准休闲度假空间,提供休闲消费设施,挖掘主题休闲产品,做好休闲市场开发,并着力开发攀岩、露营、徒步、垂钓、山地自行车、探险等休闲产品,做好景区、社区、房地产的和谐共生发展,推进休闲房地产的建设。此外,五台山有自己独特的佛教音乐(已申报为国家非物质文化遗产),本来这是营造良好休闲环境的优秀素材,移步换景,音乐缥缈,该是多么惬意的旅程,但是没有很好地挖掘。五台山的寺庙主体在台怀镇,按理说,在这样一个相对集中的空间范围内打造休闲主题城镇是比较容易的,但实际情况是台怀镇整体发展欠缺规划,为了申遗不得不大拆。

(四)表面利用,体验不足

这主要是指五台山在旅游开发中引导旅游者思想上的融入和参与方面的问题。应该说,在正确认识和分析散客化发展对旅游的影响方面,五台山还有一定的差距。在面对全球性的散客潮时,五台山基本上还是一个"朴素"的供给者,只是将自己所拥有的精华资源毫不吝啬地供给给来自四面八方的游客,而对于这些层次不一的游客是否能够真正从这些精华资源中获取精华的享受却关注不足。

常言道,内行看门道,外行看热闹。只有看出了门道的旅游者才会真正体悟到景区的魅力,才有可能成为景区真正有效的口头宣传者,为景区带来越来越大并且循环拓展的新生市场。

而要让非专业的旅游者感受到五台圣境的真正价值,解说系统是必不可少的。在旅行社主导发展阶段,旅行社导游代替旅游景区承担了解说的重任,而散客时代到来后,景区、导游、游客三方关系就简化为景区与游客之间的直接关系,原来由导游承担的解说任务就必须由景区自己承担起来。鉴于五台山作为佛教圣地,不仅宗教知识具有很强的专业性,而且还内化了很多以寺庙建筑为载体、以佛教为载体的博大精深的文化艺术,所以除了要加强导游的培训外,更重要的是建设电子解说系统。但五台山在利用寺庙群落资源时,对解说系统的建设没有给予足够的重视,仍停留在最原始的牌示解说阶段,数字化解说还没有起步。

(五)自然利用,时空不足

五台山旅游资源开发利用过程中,遵循自然规律有余,而逆时空的利用不足。主要表现为淡旺季明显,夜间项目少。

由于地处北方,五台山传统上的适游季节为 4－10 月。但按理说,人文型的景区应该是全年性的,而且现在人们对冬季旅游项目的热情高涨,五台山完全可以利用人文资源与冰雪资源之间的结合,形成冬赏玩冰雪、夏消纳清凉、春秋体味秀色的全系列产品。

"白天看庙,晚上睡觉"正是五台山旅游现状的真实描述。增加一台主题晚会和实施景观亮化设计是五台山旅游的当务之急。主题晚会是目前我国各大著名旅游目的地(旅游景区)的重要娱乐活动,"印象·刘三姐"、"印象·西湖"、"云南映像"等都是这其中的佼佼者。但目前宗教寺庙型景区还没有开发出具有足够影响力的佛教主题晚会(春节联欢晚会获奖作品"千手观音"曾取材于金阁寺的观音像,这就为五台山佛教主题晚会提供了很好的借鉴),如果五台山能够先行一步,定将有助于形成首位效应,扩展其社会影响力。建议五台山的主题晚会不妨定为"妙不可言"。

通过光与影的科学、艺术设计,已经成为很多人文景区进行二次创作、打破旅游时间界限的重要手段。五台山应以整个寺庙群落为舞台,充分借助现代照明技术的发展,通过艺术照明和动态照明设计,将佛教氛围营造与佛教建筑艺术很好地结合起来,为旅游者提供一个别样的五台山夜景视觉盛宴。而且对于寺庙景观而言,夜幕时分,尘心涤尽,更显宁静庄重,设计"夜访古寺"产品,"相邀僧友,共品茗听雨",或"闲敲棋子,看灯花飘零",或"独坐阶前,听钟声悠远",定会别有风味。

四、ASEB 分析

最初,ASEB 主要用于分析室外休闲需求层次,认为可将其分为四个层次。第一层次为特定休闲"活动(Activity)"需求,比如荒野徒步以及参观城堡或其他历史纪念地等;第二层次为开展特定活动的特定的休闲"背景(Settings)",包括环境性背景如高低不平的地形、令人感兴趣并愉悦的风景,社会性背景如人烟稀少或适宜举家外出的地方,管理性背景如无限制或教育性因素;第三层次为在此种背景下进行此种活动后获得的"体验(Experience)",诸如放松、挑战、冒险等;第四层次为最终从满意体验中获得的畅快"收益(Benifits)",包括个人收益和社会性收益,诸如增强自尊心、增进知识、增加对保护的贡献等。

在此,拟用扩展后的 ASEB 方法对五台山旅游发展问题进行分析。

（一）活动（Activity）

从旅游发展角度来说,活动是深度开发资源的一种方式,活动本身就是一种产品,是相对传统产品而言的软产品,是五台山下一步需要强化的产品。

传统上各景区关注比较多的项目就是盖房子等建设性项目,而实际上,旅游发展中的项目既包括建设性项目,也包括活动性项目和市场性项目。但以往对活动性项目看得比较淡,对市场性项目则看得更淡。很多景区开发过程中,往往花大量的资金用于建设性项目,可是却没有留足够的钱用于举办活动和市场开发,结果景区开发后游客寥寥。五台山目前的游客数量还在持续增长,还不存在没人来的问题,但下一步的竞争主要将体现在活动性项目和市场性项目上,活动性的项目能深化体验,给人留下更深刻的印象。

五台山不应仅仅是一座寺院性的大山,还应成为一座活动的大山。五台山目前已有一系列有优势的活动,主要体现在佛事活动上。对于活动有的需要延续,有的需要强化,有的则需要创新。要保证游客来了之后不仅能看到物质文化,还能看到非物质文化。

（二）背景（Settings）

在背景分析过程中,除了需要关注宏观背景、参照体系、战略转型等因素外,还需要重视景区内部的背景性因素。这包括景区在提供旅游、休闲等相关产品时为游客提供、设定的体验背景,以及游客在消费、体验这些产品的过程中所能够感受到的景区管理当局所进行的管理性活动,以及游客之间相互影响所形成的景区内"小社会"背景。

五台山目前在寺庙景观等"前景"的供给方面整体质量不错,但是并没有为游客体验这些"前景"而设定相应的"背景"。在处理前景和背景的关系中,不能让背景冲淡了前景,喧宾夺主,同时也不能只突出前景而忽略了背景,毕竟红花还要绿叶衬。

（三）体验（Experience）

1. 以人为本、注重细节

体验的核心是以人为本，注重细节。五台山整体非常宏伟壮阔，但细节的问题还不到位，这是目前五台山最大的弱势所在。比如说按照国家五A级景区的要求，游客中心、休憩设施以及各类标识牌都是最基本的细节要求，是为了给游客提供更大的方便，但五台山在这些方面还有一定的差距。再比如五台山的宾馆，就目前来看，总体定位并不清楚，这其中包括到底要建设成什么样的宾馆，功能是什么样，细节如何体现等各个方面。

2. 体验设计

五台山景区相对重视视觉，目前申遗拆迁的一个主要原因也是基于视觉效果的考虑，希望将寺庙群落外围的不合理建筑拆除后能够给游客更好的视觉享受。但视觉毕竟只是各类感觉之一，一个好的体验应该是能满足游客各方面的综合感觉，需要综合研究，从游客视觉、听觉、嗅觉、味觉、触觉、运动觉以及秀觉等多个方面进行规划设计。比如，山岳型的景区往往都会涉及台阶问题，台阶的宽度设计如果不符合常人的步幅，或者台阶设计的节奏不规律，就容易造成游客脚步没节奏，游客就会觉得不方便，感觉就会不好，走起来就会觉得很累。这就是从运动的角度对旅游体验的影响。所谓"秀"（Show）觉，就是在参与活动过程中的感觉，一方面是观看"秀"，一方面要参与"秀"。"秀"觉尤其是五台山将来在活动性项目上要下功夫的关键。

因此，视觉不是唯一的，一定意义上视觉也不是第一的。以体验云海为例，在飞机上看云海感觉是最壮观的，但可能很难兴奋，因为感觉像在看电影。而在台顶看云海则可能会有根本的不同，因为上北台顶本身就是一个很辛苦的过程，而且云海也是可遇不可求的。这时看云海就是眼、耳、鼻、舌、身、心、神的全面体验和深化体验。

体验设计一定意义上要弱化景区的概念，景区概念太强了视觉就变成了唯一，视觉变成了唯一就会进而影响到管理当局对开发相关问题的思路和决策。比如，有些建筑的确影响了景观，那就可以考虑搞一个视觉走廊，而不必进行大面积的拆除；有些地方本来就不是视觉中心，那就更没有必要强化视觉效果。

五、VECO 分析

VECO 分析是旅游目的地可持续发展的内在要求。

可持续是一个系统的概念，它至少应该包括生态可持续、社会可持续和经济可持续三个层面。任何一个子系统的可持续发生了问题，整个可持续发展的目标都无法实现，只有三者的可持续要求都得到保证，才能建立一个稳固的可持续发展的"铁三角"。

首先是通过社会均等和共同参与达成旅游地的社会可持续，使旅游地社会居民能够从发展旅游中获得实惠和尽可能平等的发言权；其次是致力改革获取效益以保证经济的可持续，使投资者能够从开发旅游中获得合理的回报；最后是加强旅游地管理，以保证游客的正常旅游体验需求得到满足，在此前提下，独特的自然和人文生态能够得以维系、循环与传承，推动生态系统的可持续发展。

（一）游客（Vistor）

从游客角度看，一方面是提高体验效果，一方面是强化保护意识。

提高体验效果的有关建议参见 ASEB 分析中的"体验"部分以及具体的措施。

关于强化保护意识方面，主要体现在以下几个方面：自觉减少固体废弃物等垃圾对环境的负面影响；自觉减少对水体的污染和对动植物的干扰；自觉遵守旅游相关部门的可持续发展措施；自觉遵守有关方面基于生态可持续以及环境保护而采取的正当管理措施。

作为五台山旅游管理部门，除了寄希望旅游者不断提升自身素质，强化保护意识外，还需要通过相应的可行性措施进行积极引导。这其中最主要的就是加快完善景区内的解说系统建设。通过解说系统的建设不仅能提高旅游者消费技术，提升旅游体验效果，而且还能够引导旅游者理解管理者的意图，同时也从外部规范约束旅游者的行为。

（二）开发商（Enterprise）

新增投资是旅游经济增长的重要推动力。五台山旅游的转型发展更是需要大量新增资金的介入，尤其是五台山旅游服务基地的建设、建议的新增项目的建设都需要大量的资金。

但同时需要注意的是，资本逐利是内在的天性，因此目的地管理当局应该为这些外来投资的获利创造相应的条件。目前,有些地区就没有很好地处理好与开发商之间的关系,投资没到位的时候,投资商是"爷爷",投资一到位就成了"孙子"。

同时开发商也需要处理好与社区之间的关系。社区是旅游者重要的消费对象,社区的居民以及居民所营造的氛围是旅游目的地竞争力的重要来源。但是如果开发商不能反哺社区的话,社区居民无法从中获得他们需要的利益,最终开发商的利益恐怕也无法得到保障。

(三)社区(Community)

正是因为社区是目的地吸引力的重要来源,而社区在目的地旅游开发相关利益各方中处于弱势地位,所以必须在旅游发展过程中充分考虑到社区的参与。从五台山目前的发展来看,社区还没有获得其应有的地位。从发展的规划来看,应该进一步在如何保障当地居民的持久获利机制上进行更深入的分析。

(四)政府(Organization)

政府应该做的事情有三条。第一是协调市场供求双方的关系,培育市场主体,建立市场机制,维护市场秩序。第二是代表当地居民的利益,毕竟地方政府的重要目标是解决就业,发展经济,而且当地居民在与外来商业精英的竞争过程中往往处于弱势。第三是对外来商业投资进行适当规制,规制的根本在于保持目的地发展的可持续性,如果没有这些规制,开发商完全可以在非持续地利用这里的资源后再前往其他值得投资的目的地,而将"烂摊子"留给地方。

目的地旅游产品开发：以北镇为例

一、开发过程中的主要问题

北镇市旅游发展已经取得了很大的进步，"旅游兴市"战略的提出大大地提升了旅游经济的地位，也有力地推动了旅游产品开发的进程。但是，在成绩中看到不足，以下一些问题需要引起高度关注，在今后的产品开发中逐步加以解决。

(一)资源利用浅层化

北镇的旅游资源主要在于宗教文化、历史文化、镇山文化、田园文化，可是这四大资源的利用程度依然较为单一，尚处起步阶段。宗教文化的挖掘主要还是烧香拜佛，历史文化主要还是塔坊城庙，镇山文化的体现唯见山神一庙，田园文化的体现主要是初级农家乐。

资源是市场的函数、技术的函数、认识的函数。

旅游资源究竟应该开发到什么程度？能够开发到什么程度？这与发展旅游经济的市场定位、技术手段和认识高度有着密切的关系。资源很好，如果市场定位错了，那也很难在市场上形成有吸引力的产品；资源一般，如果市场选准了，那也能够在特定的市场产生特定的吸引力。正所谓，放错位置的资源是垃圾，放对了位置的垃圾是资源。

眼界决定境界，思路决定出路，脑袋决定口袋。见多才能识广，视野高远则艺高人胆大，敢于对手中资源开发进行大胆创新，则资源可以深化利用；视野近视则只能选择简单模仿，无法出新，利用程度自然较浅。比如，大朝阳山城酒店，发展方向是对的，但是离细节还有很大的距离，细节决定成败。在东北，山城多与高句丽有关，因此大朝阳山城酒店不仅可以充分利用这里优良的环境，还应该朝主题酒店的方向发展。

应该说北镇这样一个县级市能够拥有这么多国家级资源，很是难得，但是一个总体的感觉是，好东西没能好好利用：北镇之成名，在于有北镇庙，但是北镇庙现在开发初级、设施破旧；北镇有国宝不少，但是像崇兴寺双塔、鼓楼及李成梁石坊等国宝都已经湮没在现代市井之中。既为北镇人能够在日常生活中与这些国宝相遇的福分感到羡慕，同时也为这些国宝没能发挥更大的价值感到遗憾。北镇虽为辽西二人转的发源地，可是这样的民间艺术似乎并没有被纳入到北镇旅游资源范畴中。虽为我国第一批"中国民间艺术之乡"、早在20多年前就被文化部命名为"书画之乡"，可是这些民间艺术以及众多的民间艺术家才华在旅游产品中的作用和地位还有待进一步挖掘、体现。

（二）开发方向观光化

虽然观光仍然需要重视，但现在旅游产业总体上都在围绕休闲、体验做文章，都在加快转型发展，尤其是一些后发的新兴旅游目的地的开发更是希望能够充分发挥后发优势，即时融入到休闲消费的快车道，加速赶超。而从北镇当前旅游产品开发看，虽然有一些休闲产品，但主体还是观光型产品，走的还是观光旅游的路子。

北镇旅游资源之核心在于"一山一庙两塔"，不仅崇兴寺双塔仍是观光旅游，而且观光入口安排没有详细规划，极大地影响了观光效果。如果能够将景区的大门改至从北面进入，让游客逐渐赏得双塔全貌，远比从南面进入，刚进景区就对核心景观一览无余，接下来游兴必大减的现状要好。加之景区内没有解说系统，无法让游客观出个所以然，观光空间还非常有限，景区没有纵深，游客停留时间自然有限，观光旅游的停留时间自然更短，旅游花费除了门票之外自然不可能再有其他了。

中国五大镇山中唯一遗存的北镇庙，地理位置很好，空间上相对独立，历史地位很高，有很多故事，有很多历史沉淀，庙中也有不少极具价值的文化赋存，且自古游闾山者都要先到北镇庙祭拜，故有"先祭庙，后游山"之说，是很有开发前途的。可实际上目前也仅作为观光之用，而且很多游客觉得庙有价值，但若非考古，当个"大门游客"、在镇山庙门口拍张照足矣。如此结局，甚为可惜。

医巫闾山之名解释甚多，有一说曰，"医巫闾"为东胡语"伊克奥利"的音译，意为"翠绿的大山"。优美的环境在今日之中国，最适合搞市场所需要的休闲类产品，可是当前闾山旅游之中心，在于寺庙道观、香火红烛，休闲项目几无，游客停留时间大致等于游客登山、烧香、叩拜的时间，除了矿泉水等之外，没有其他可花钱的地方。医巫闾山所产生的影响以及衍生的旅游消费现状显然难符"东北三大名山之首"之称谓。

(三) 产品类型雷同化

如前所述,医巫闾山者,东北三大名山之首也。可从开发现状上看,大家好像觉得除了寺庙就没有什么可做的了。闾山在招商引资上取得了一定的成果,但所引资金也是建庙供佛,在闾山的产品类型上并没有突破,而产品类型不突破,所涉细分市场必然有限,要想打造"大闾山"必然难以实现,因为"大闾山"的要义,在于闾山要成为一个真正具有影响力的旅游目的地。

之所以出现这种状况,主要是青岩寺经营比较成功,产生了示范效应,大家觉得既然青岩寺能行,自己搞个寺庙一定也不会差到哪里去,青岩寺每年一百多万人次、上亿收入,自己弄个庙也能成功,以至于一些很可以搞休闲产品开发的位置也搞了寺庙,之前也没有进行科学规划。有不少投资者把大量的钱都花在了建庙供佛上,庙建好了,钱也花得差不多了,基本上不可能再拿出钱来搞营销、打市场,加上众多寺庙又生存于青岩寺的"阴影区"内,又没有自己的独特卖点,市场反应不佳,投资难以回收,闾山旅游的投资形象也因此大受影响。

于是,闾山之名,竟然只看到散落的寺庙。寺庙不是不可以搞,搞得好,也可以像五台山一样。可是,这些散落的寺庙,投资不少,工艺粗糙,难以形成足够的市场吸引力,离精品还有很大的距离。雷同的景观难以形成集群的吸引力,产品开发、项目发展自然就难以为继了。而如果同样的钱用于建设休闲项目,充分利用闾山的生态环境,大可以搞出差异化来,搞出截然不同的经营效果来。下一步可以考虑以青岩寺为主体,加上观音阁等二三个景区继续打宗教牌,其余景区则应突出特色、寻求差异化发展。

二、产品策划的基本思路

(一) 产品策划的出发点一

旅游产品其实是串珠子的事情,企业和政府应该提供的是这些珠子,也就是旅游消费的相关元素和串这些珠子的便利条件,也就是不能单纯就旅游产品而论旅游产品,而是要从旅游目的地的高度来看待旅游产品开发的问题;旅游产品的开发也要有"融入中心、纳入主流"的视野,要能够站在"跳出旅游看旅游"的高度,而不能一味根据"一亩三分地"的东西来盘算自己的未来。

(二) 产品策划的出发点二

北镇旅游资源主体是"一山一庙两塔",即大闾山、北镇庙和崇兴寺双塔。

《全辽志》曰:辽境内,以医巫闾山为灵秀之最,而千山次之,最东侧为东山。虽则如此,闾山的核心竞争力并不在山高水深,而在于镇山以及歪脖老母等元素所承载的平安、祈福,故可以镇山及老母等元素的平安文化做形象和产品主线,在宣传和产品设计上强化"登闾山,保平安"的概念,体现国、民、商、政等之平安祈求。

(三)产品策划的出发点三

做大观光旅游、做深休闲旅游、做好宗教旅游、做特乡村旅游、做精专项旅游。

做大观光旅游,主要在于通过各种方式,做大市场规模,做出人气,形成相应的市场影响,提升闾山旅游的知名度。

做深休闲旅游,主要在于迎合市场需求变化,通过项目,做出财气,形成相应的经济影响,树立闾山旅游的差异化。

做好宗教旅游,主要在于通过空间规划、项目设计、产业衔接,充分发挥宗教旅游的民间信仰力量,其衍生产业链可带动闾山旅游的渐次发展。

做特色乡村旅游,主要在于形成特色的乡村旅游产品,尤其是通过乡村性的充分挖掘与发挥,扩大乡村旅游的市场号召力辐射范围,为农业经济的发展寻求新的增长点,为农村经济的发展寻求提高附加值的渠道。

做精专项旅游,主要在于形成若干个具有区域甚至全国领先地位的特种兴趣旅游产品,面向特定市场人群,此类产品的意义不全在经济收入,更注重其在不断出新的消费细分中寻得一席之地。

三、产品策划的关键

(一)利用

用则活。资源要发挥其价值,必须通过产品化的过程加以利用,但利用的方式各不相同,效果自然也不相同,有事倍功半的,也有事半功倍的。北镇旅游尤其是大闾山旅游资源的利用需要把握"概念化、活动化、仪式化、生态化"等几个核心。

概念化发展,就是要通过营销活动的创新设计,在市场上形成相应的概念和相应的市场符号。一个产品也好,一个目的地也好,只有成为了符号,才能真正成为吸引消费者的具象、成为被消费者消费的对象。历史上,之所以有这么多帝王前来祭山,也正是因为闾山在帝王眼中已经演化成一个能够护佑天下安定、平安的符号;"辽境内,以医巫闾山为灵秀之最"也是一种符号、概念。在今天,闾山依然需要充分挖掘闾山的镇山价值,构建"登闾山,保平安"、"天下镇山,医巫闾山"等市场概念,充分挖掘闾山的生态价值,构建"灵秀绝关外,休闲在闾山"等市场概念。

活动化发展,包含两层意思。其一,静态的景观需要通过动态的表现手法来利用,因此需要考虑在景区中增加一些活动性项目,提高参与度,吸引消费者。其二,深入剖析旅游产品,大抵可以分为线路性产品、资源性产品、概念性产品、活动性产品。现在大家关注比较多的在于前两者,关注围绕本地旅游资源,打造几条旅游线路。北镇则需要在概念化发展,打造概念性产品之外,充分关注活动性产品所具有的独特市场影响力,通过活动吸引眼球,引起关注,带来人流,形成物流,孕育商流,汇聚现金流。

仪式化发展,既是突出景观内涵和价值的重要手段,同时也是串联旅游景观、延长消费者停留时间的重要手段。比如,如果能够通过"先祭庙,后游山"的仪式来衔接的话,则游镇山庙和登闾山顶之间就能够形成固定的关系,消费者在北镇的停留时间就有可能因此而延长。仪式显得庄重、有文化涵养。如果没有仪式化的方式,很多有价值的景观就会被忽略,就如同镇山庙中那些灰尘蛛网下的墓志铭,虽很有价值,但多数游客并不会关注它们;庙中32尊壁画,没有采取任何保护措施,游客或以为是后人所画,没有历史感,自然难以征服消费者的心。

生态化发展,主要是考虑到随着城市化水平的提高,人们的消费水平在不断提高,同时对良好的生态环境的需求也在不断提高,现代人对"山中人生、水边人生"的向往越来越强烈,也包括在城市生活空间和日常消费中,比如在餐饮场所、购物场所等生活消费空间也越来越强调生态环境的营造。闾山宛若一幅水墨丹青长卷,广袤田园有万顷葡萄园,"国家级生态示范区"的称号更是具有极高的价值,可作很多乡村旅游的文章。

(二)创新

北镇旅游产品开发要注意在"转型发展,突出休闲,运动切入,文化为魂"的原则基础上,把握发展潮流,进行有效创新,实施"弯道超车"战略。可以联络文物部门,组织一些研讨、论证活动,对辽墓群进行一些学术方面的探讨,为将来下一步发展做一些铺垫。这对于后起的、不具全国号召力景区的旅游目的地而言显得尤为重要。新兴的旅游目的地更要注意围绕新兴消费群体的消费偏好进行产品的开发,因为这些人的消费是最容易被从那些传统知名景点"截留"的。只有截留了这些潮流性的旅游消费,以自己的强项瞄准新兴市场需求,后发目的地才能有广阔的发展空间。

堡垒最容易从内部攻破。如果依然维持现状,整个大闾山一味地争先恐后地建庙供佛,则大闾山的崛起恐将无望。医巫闾山纵长四十五公里,横宽十四公里,面积六百三十平方公里,有足够的创新发展空间。尽管现在北镇的旅游景区主要都在围绕闾山发展,但不同区位可以有不同的市场定位和产品设计,有些区段可以突出做休闲产品、有些区段可以突出运动专项、有些区段则可以深化宗教旅游,等等。只有差异化发展,才能避免模仿陷阱,以及产品同质化下的恶性竞争。

创新可从发展路径、景区名称和具体形式上入手。发展路径的创新主要是指从观光向休闲的转型。景区名称创新则主要是出于打造大闾山的需要,而且目前这些景区中除了青岩寺较为知名外,其他景区的知名度尚处于打造初期,改名的代价很小,而改名后的发展空间很大。景区改名的基本原则是除了闾山之外,在整个医巫闾山大景区中不再出现带"山"字的景区名,以免对整体旅游形象造成冲突,这在全国所有知名的山岳型景区大抵都是如此。从功能分区的角度看,目前有些宗教性景区今后需要转型发展宗教旅游之外的旅游,也应该有别的名字,比如"灵山"改名"灵鹫峰"、"大芦花"改名为"芦花岭"。改名的来源,既可以结合景区特点来决定,也可以根据医巫闾山历史上的诗词歌赋来取名。比如,屈原对于闾山曾经有诗云,"朝发轫于太仪兮,夕始临乎于微闾",可以取一些诸如三闾大夫亭、微闾峰等之类充满文学气息、又容易让人联系、容易记忆的名称。

生态旅游是北镇未来旅游发展的重要形式,通过生态旅游形式的创新,将有助于北镇在生态旅游发展中开拓一片新天地。生态旅游绝不只是在生态环境好的地方进行旅游活动,更重要的是一种旅游的态度。这既是指旅游者对旅游的态度,更是指旅游经营者对旅游的态度。生态旅游可以体现在景区,也可体现在旅游过程中的吃住行游购娱等各个环节,在这些环节中都可以有生态化改造的形式,从而通过这些形式的创新来丰富生态旅游的内涵。比如,在餐饮环节就可以开辟一些生态餐厅,不仅餐饮的菜肴原材料是生态的,调味料也可以是生态的,就餐环境可以是生态的,就餐场所的建筑物本身也可以是生态的。

(三)调整

创新就意味着调整,调整就意味着取舍,取舍往往造成损失。因此,北镇旅游发展的调整原则是:以增量带动存量调整;链条化发展;先后有次序、调整有重点。

以增量带动存量调整可以保证现已开发的产品、已建设的项目继续发挥作用,同时在这些景区内增设对应当前市场需求、符合景区资源赋存的新项目、新产品,这样可以延长往期投资的投资回报期,同时适当为新项目提供一些现金流支持。比如,灵山景区和大芦花景区就可以在保有已有项目和产品的同时,积极开发围绕十八神松的休闲项目、围绕连接两大景区的峡谷探险项目、围绕良好的生态开发会议酒店及主题酒店项目等;大朝阳森林公园则可以新设一些与户外运动、露营等有关的项目和产品。

链条化发展而非单点式开发可以最大限度地发挥龙头景区的市场号召力,延长旅游者的停留时间和消费环节,增加北镇旅游收入,为实现"旅游兴市"战略提供产业支持。比如,目前最重要的是要围绕青岩寺,在附近开发一些近程休闲性产品、主题性旅游产品,让青岩寺的客人除了上山烧香之外,还能有一些休闲性项目可以参加,主题性旅游产品可以消费,从而形成衍生消费,推动旅游产业链条的发展。延伸方向以尽量往北镇市区方向为宜,以便形成整个北镇旅游主体产品之间的衔接。从产品及项目选择上看,乡村休闲活动(垂钓、乡间小住、乡村民俗体验、蔬菜水果采摘等)为首选,自驾车营地、主题酒店、主题餐厅等为配套。

调整要有先后次序是指,从客源支撑的角度看,应该优先考虑围绕着青岩寺进行调整、衍生;从交通支撑角度看,应该衔接未来北镇交通改善的规划走向进行调整、衍生。现在有好几条与北镇有关的交通要道在规划,只有与这些道路规划相配合,北镇的市场空间才能延伸得更远。

少则明,多则惑。因此,北镇旅游发展需要众星捧月,但调整要有重点,要把握三个亮点撑起整个大闾山框架:青岩寺片区、大朝阳片区、芦花岭片区(灵鹫峰—芦花岭)。

论旅游规划的转型[①]

一、旅游规划现状及评价

（一）规划进程

1. 规划的提出

中国旅游规划是伴随着中国旅游的探索式发展开始的。

1978年我国旅游业开始作为产业来发展时，国内丰富的旅游资源大部分都还处于未开发状态，没有形成接待能力，政府和旅游机构对如何开发旅游也没有经验。1979年7月，邓小平在视察黄山时明确指示：发展黄山旅游业，"省里要有个规划"，第一次提出了旅游规划的问题。到1979年9月，国务院在北戴河召开全国旅游工作会议，国家旅游总局（中国旅行游览事业管理总局）在此次会议上讨论了《关于1980年至1985年旅游事业发展规划（草案）》。该规划虽只是针对国际旅游人数与旅游创汇等几个经济指标，却是我国最早的旅游业规划。

1984年7月21日中共中央总书记胡耀邦指出："旅游事业是很重要的事业，很有希望的事业。要规划1985年怎么搞，到1990年怎么搞，想它30年，想远一点。我们的旅游点严重不足，怎么样把旅游点布局搞好"。

2. 规划的几个阶段

关于中国旅游规划的发展阶段，目前有两种不同的划分。

第一种是四阶段论。根据国家旅游局《中国旅游规划三十年》报告，中国旅游规划的发展可以分为四个阶段，即初步萌芽阶段（1978—1985）、探索研究阶段（1986—1996）、重新整合阶段（1997—1999）和科学发展的新阶段（2000— ）。

第二种是三阶段论。邹统钎、万志勇（2009）把我国旅游规划的发展划分为3个主要阶段，第一个阶段是资源基础旅游规划时期（1979—1991），第二个阶

[①] 本文由厉新权撰写。

段是市场导向旅游规划时期(1992—2002),第三阶段为目的地整合旅游规划时期(2003—至今)。

(二)规划类型

根据国家旅游局2003年出台的《旅游规划通则》,按规划的范围和政府管理层次分为全国旅游业发展规划、区域旅游业发展规划和地方旅游业发展规划。地方旅游业发展规划又可分为省级旅游业发展规划、地市级旅游业发展规划和县级旅游业发展规划等。旅游区规划按规划层次分总体规划、控制性详细规划、修建性详细规划等。

1. 总体规划

总体规划的期限一般为10至20年,同时可根据需要对旅游区的远景发展作出轮廓性的规划安排。对于旅游区近期的发展布局和主要建设项目,亦应作出近期规划,期限一般为3至5年。其主要任务是分析旅游区客源市场,确定旅游区的主题形象,划定旅游区的用地范围及空间布局,安排旅游区基础设施建设内容,提出开发措施。

2. 控制性详细规划

控制性详细规划则是在旅游区总体规划的指导下,为了近期建设的需要而编制的规划,其主要任务是以总体规划为依据,详细规定区内建设用地的各项控制指标和其他规划管理要求,为区内一切开发建设活动提供指导。并要求详细划定所规划范围内各类不同性质用地的界线。规定各类用地内适建、不适建或者有条件地允许建设的建筑类型;规划分地块,规定建筑高度、建筑密度、容积率、绿地率等控制指标,并根据各类用地的性质增加其他必要的控制指标;规定交通出入口方位、停车泊位、建筑后退红线、建筑间距等要求;提出对各地块的建筑体量、尺度、色彩、风格等要求;确定各级道路的红线位置、控制点坐标和标高。

3. 修建性详细规划

修建性详细规划则是针对旅游区当前要建设的地段而编制的规划,主要是在总体规划或控制性详细规划的基础上,进一步深化和细化,用以指导各项建筑和工程设施的设计和施工。

在现今各地旅游发展中,政府主导模式仍是最主要的旅游发展模式。政府在旅游发展中,尤其是在旅游目的地建设中,介入较深。因此,各地旅游主管部门对规划的操作性要求较强,所以以项目为重点的策划性质的规划颇受青睐,尤其是一些地方政府需要用来进行招商引资的具体项目。

(三)规划现状

1. 规划类型众多

上面的分析提到,旅游规划按规划的范围和政府管理层次分为全国旅游业发展规划、区域旅游业发展规划和地方旅游业发展规划;旅游区规划按规划层次分总体规划、控制性详细规划、修建性详细规划等。同时在实际规划过程中,还有旅游战略规划、旅游概念性规划、旅游项目策划、旅游产品体系规划、旅游市场专项规划等等多种形式的衍生。

2. 规划机构众多

规划机构众多主要是指参与规划的机构数量众多和主体众多,据2009年的统计显示,全国具有甲级资质的旅游规划单位有42家,乙级资质单位140家,丙级资质单位107家[①]。在参与的主体方面,既有专门的旅游规划机构,也有高等院校、科研院所等介入的规划机构,还有一些是如城市规划、风景园林规划等机构转型介入的旅游规划机构。

3. 规划逐步规范

1997年,国家旅游局出版了两部重要的旅游规划专著,它们分别是《旅游规划工作纲要》和《旅游业可持续发展——地方旅游规划指南》。前者汇集了全国各省市"九五"计划和2010年远景目标纲要以及世界旅游组织推荐的旅游规划方法、规范以及典型范例,后者介绍了国外地方旅游规划的经验,对当前我国旅游开发研究和实践具有指导意义。

到了20世纪90年代末期和21世纪初期,旅游规划规范化达到高潮。1993年,林业部制定了《森林公园旅游规划设计规范》,1994年1月发布了《森林公园管理办法》。"十五"期间,国家旅游局已经高度重视旅游产业发展规划的编制,并相继出台了《旅游发展规划管理办法》、《旅游规划设计单位资质认定暂行办法》、《旅游规划通则》。这些规定和标准标志着中国旅游规划开始走上规范化、标准化的轨道。

(四)存在问题

从现在的规划文本来说,水平比前几年有了大的提高,但旅游规划还谈不

---

① 该数字为网上网友的统计,且时间截止为2009年12月,不排除存在统计遗漏所造成的数据失真情况。

上成熟，要逐步积累经验。现在需要总结出一些具有普遍指导性的东西，而要做到这一点的条件已基本成熟了。目前也有了一批旅游规划方面的理论研究著作，也有一批实证研究著作，但还处在共同探索的过程之中。现在区域性发展总体规划的需求高峰已经基本过去了，所以下一步势必就要集中在规划的深化上，即项目规划方面，甚至深入到项目设计。到这个时候，有的专家已经不适应了，因为技术性更强了，这也就使另一方面的专家突显出来，但有一些方面的专家数量现在明显不足，尤其是既懂旅游又懂投资、金融的复合型专家国内还非常少。

1. 认识论——供需错位

第一点是，政府（泛指甲方，下同）对总体规划和专项规划、项目规划的理解是存在某种认识上的偏差的，比如从本质上讲，总体规划主要是解决大的发展方向的问题，包括发展战略、发展定位、开发建设什么产品或项目等，这是最主要的，而不是具体的项目怎么做；但政府则希望所有的事情都在总体规划中能够得到解决。

第二点是，政府有时候存在一种"非此即彼"的观念，即随着休闲度假概念的提出和休闲度假旅游的发展，各地"一窝蜂"地发展休闲度假，同时也认为发展休闲度假就应该摒弃观光旅游，或者说观光旅游不应该再占据重要的地位。

但是从机构（泛指乙方，下同）的角度而言，也存在自身的问题，比如很多机构对于总体规划和专项规划的辨析不清，无论是一般的总体规划还是休闲度假规划、产品专项规划等，都采用一个模式，除了在名字上有区别外，内容并无本质差异。

2. 移植性——脱离实际

目前的很多规划，从政府来说，有不解渴、不具有操作性的感觉，做了规划也不知道从何下手去执行，这固然有政府在认识上的问题，但也不可否认，这与规划编制机构在规划的过程中，"唯钱途是瞻"、不重视规划质量也有很大的关系。很多机构往往为了交差、赶活，而简单地进行"复制"和"粘贴"，从原先的规划或者别人的规划中，大量地做"移植手术"，造成与各地的实际不能很好地衔接，因此必然造成可操作性不足。

3. 低门槛——谁在参与

尽管国家旅游局已经在2000年出台了《旅游规划设计单位资质认定暂行办法》，但在实际上仍是烽烟四起，良莠不齐，很多机构都通过各种各样的手段，成功跻身旅游规划编制行列。正是由于没有很好的监管制度,导致旅游规划的进入门槛较低,大量没有经过正规专业学习和培训的人员进入,使得规划编制的质量得不到保证。

4. 资源观——理解不同

在规划编制的过程中,笔者亲身感受到政府和规划机构之间对资源观的理解的差异:政府在考察的行程中,会将每一个庙宇、故居等都详细列入,生怕遗漏,但对于一些非传统的人文资源等,却未必那么重视。而这些对于规划机构而言,则不一定认为是未来市场需求的重点。比如前段时间,笔者去西北的一个地区考察,当地对红色旅游资源极其重视,但对于有可能形成全国性品牌的秦直道、秦长城、屯堡文化等则"不在目前考虑范围"。

国家旅游局2003年颁布的《旅游规划通则》中,对于资源的评价,在市场需求发生了重大变化的今天,也开始显现出了一定的不适应性。如果政府和机构之间不能就此达成一致的新认识,存在理解上的偏差也就在所难免。

(五)规划新动向

这些年由于旅游大发展的趋势和投资热也引发了旅游规划供给的膨胀。旅游规划实际上包括三个层面,第一个层面是区域性的旅游发展总体规划,第二个层面是项目规划,第三个层面是项目设计。这三个层面越往下越难做,越往下越能较量出真水平来。从目前的状况分析,已经形成了两个态势:

第一是多学科介入。目前做旅游规划已经不是一个单一学科了,实际上是各个学科都在介入旅游规划。传统的是城市规划师、建筑师,之后是地理学者、地质学者,后来就是经济学者、市场学者。现在来看,还需要新的学科进入。

第二是全方位开展。这是从规划层次来说的,纵向的是从上到下,从国家级一直到乡镇级,都在开展规划。另外一方面是从项目规划到旅游区规划,一直到旅游市场规划,各种规划也都在开展,尤其是大量转向规划的开展,如乡村旅游规划、产品体系规划、战略规划、休闲度假规划、温泉旅游规划等,极大地丰富了规划的类型和内容。

二、影响规划转型的几个因素

(一)市场需求变化

规划是指导旅游发展的重要依据,因此,规划必然需要对市场的发展趋势和需求变化有着深刻的理解和把握。从目前看,市场的需求有着以下几点变化。

一是休闲度假需求大幅增长,休闲度假旅游在国外已成为一种普通的生活方式,如德国度假旅游人数约占其出国旅游总人数的 75%,而英国休闲度假旅游更占到客源市场的 85% 左右。我国 2007 年人均 GDP 已经达到了 2600 美元,国民对休闲旅游的需求已经进入了快速增长的阶段。

二是自驾游等新形式出现。自驾车旅游市场这几年发展迅速,主要有三个方面的原因:首先是私人汽车的增加;其次国家加大了对道路的基础投资,使得全国的交通道路状况大为改善,至 2008 年年底,全国的高速公路通车里程已经超过了 6 万公里;再者城市白领的工作压力加大,对外出休闲放松的旅游需求增加。但由于受到带薪休假制度的限制,主要采取的是周边自驾车旅游方式。

三是定制旅游兴起。定制旅游是国内刚刚兴起的一种高端旅游方式。对于国内大多数旅游消费者而言,虽然不一定享受过私人定制旅游,但是对其概念并不陌生,据清华大学媒介调查实验室的一项"关于私人定制旅游"的调查显示,82.82% 的人表示在"经济条件允许的情况下,会考虑选择私人定制旅游"。对于选择私人定制旅游的原因,81.29% 的人首选"线路产品更符合自己口味",其次是"行程的私密性",比例占到 13.89%,还有 3.79% 的人选择了"体现一种身份",另有 1.03% 的人选择"其他"。

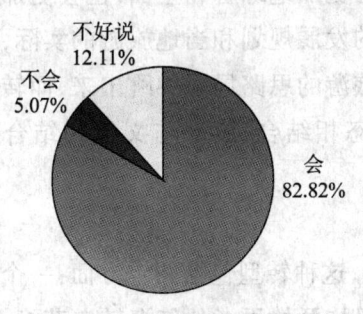

图 4-10-1 是否会考虑选择私人定制旅游服务

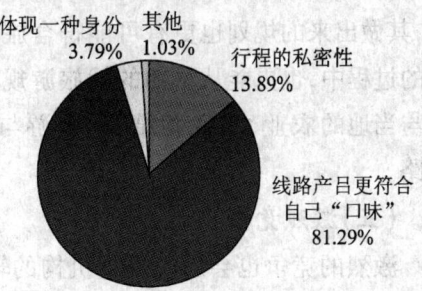

图 4-10-2 选择私人定制旅游服务的最主要原因

另外还有诸如高尔夫旅游、温泉旅游、户外运动、户外探险、商务会展等,都还处于发展的时期。而且随着旅游者对旅游需求的细分,这些市场的发展前景将会更加广阔。

（二）技术革新

技术革新对旅游的发展产生着深远的影响。如高速铁路的发展，使得全国的旅游格局发生了巨大的变化，原先远距离的市场成为了中短距离市场，原先中距离市场成为短距离市场，更重要的是原先就处于短距离的市场已经向同城化发展了。这使得大批原来远离主要客源市场的地区的快速崛起成为可能。

非传统旅游产业，如盛大公司介入旅游产业，也会对旅游规划产生一定的冲击，促进规划的转型。

（三）社会责任

社会责任对规划的影响是显而易见的。一个负责任的企业首先就需要勇敢地承担社会责任，如规划机构需要考虑在旅游发展过程中对当地居民和社区的利益，利益相关者的利益；规划机构需要考虑在全球低碳化发展的背景下，旅游规划和旅游发展如何与之对接相适应的问题；等等。

（四）软件建设

旅游规划的"软件"建设，最重要的就是人的问题。一般来说，一个优秀的规划机构必然有一个稳定的核心团队，而人员流动性过大的机构则很难形成核心的规划思想。一个囊括了市场、管理、战略研究、项目设计、城市建设、古建保护等多方面人才的机构，其对规划的思考会更加地综合和全面，也会更加地长远，其做出来的规划也更有可能符合旅游的发展规划和当地旅游的实际，在规划的过程中，也更能从早期的就旅游规划旅游的思路局限中跳出来，而转向旅游与当地的农业、工业相结合，旅游与生态相结合、旅游与文化相结合的新思路。

（五）激烈竞争

激烈的竞争也会影响规划机构的转型，这种转型包括两个方面：一个是好的方面，就是一批具有责任心和上进心的机构开始思考从红海转向蓝海，思考旅游和社会经济发展之间的关系与衔接问题，开始考虑如何树立核心竞争力，形成自身独特的规划风格；另一个是不好的方面，就是追求眼前利益的一批机构通过移植等捷径，走大批量生产的道路，"捞一笔就撤"。后一种"转型"对于旅游规划的长远发展形成了负面的影响。

三、旅游规划如何转型

（一）紧跟新潮流，与时俱进

规划机构要时刻关注世界经济和政治的发展，要重视新技术发展和应用对旅游的影响。如2009年国务院44号文将旅游定位为：战略性支柱产业和人民满意的服务业。这就要求规划机构进行深入的研究，研究如何推动旅游真正成为战略性支柱产业，如何使其和农业、工业、新农村建设等相结合，和新技术结合，等等；旅游如何成为拉动内需的重要手段。

低碳经济的发展，也要求旅游的规划更加与时俱进，在规划中更加体现低碳的概念和产品规划，要在整个规划中都围绕低碳来设计产品和市场营销，并在运营机制和政府政策等保障方面提出切合地方实际的建议。

（二）整合大资源，突破局限

资源的整合包括三个方面：一是专业人员的整合。每个参与规划的人都有自己的专长，也都会受到专业的局限，只有组合成一支综合的、多元化的人才队伍，才能做好一个高质量的规划。二是要突破地域局限。就是要"跳出地方看地方"，要将一个地方的旅游放到更大的区域来看待，研究其在区域旅游中处于什么样的定位，如何和周边的资源进行优势互补、产业联动、市场联合。三是要进行传统旅游资源和农业、工业、文化等资源的整合。有些原来认为不是旅游资源的资源反而可能成为今后旅游发展的重要资源。

（三）着力高定位，把准脉搏

旅游规划的成功与否，很重要的一点就是要准确定位，定位定准了，就可以很好地对症下药。而且一个准确的定位，可以真正地指导一个地区旅游的长远发展，而不是不到一年就需要重新修编规划，甚至误导地方旅游的发展。如上海，按照传统的规划理念和思维，就没有很好的资源，但经过准确定位和系统分析，上海的都市旅游资源很好，针对此进行深入规划之后，上海的都市旅游现在已经成了全国的典范。

（四）做好深发展，形成特色

"人无我有，人有我优，人优我特"是产品打开市场的经典理论，也是旅游规划未来发展的趋势。这就需要形成几个"化"的特色发展：

（1）专项化。对地方的旅游可以就某个专项产品进行深入而系统的规划，这有时反而更能指导地方旅游的发展。现在总体规划不能解地方政府的渴,问题就在于旅游总体规划涉及的层面较宏观,不能深入研究某个专项产品的发展,也就不可能就此提出系统的解决之道。

(2)休闲化。休闲旅游已经开始成为人们的一种生活方式,休闲规划也必将越来越为地方所重视。2008年河北为了对接京津市场,专门做了《环京津休闲产业带规划》;2009年贵州省开始做《贵州省休闲度假规划》。

(3)国际化。就是要做到"规划产品的国际化,规划视野的国际化,规划标准的国际化",甚至有些时候要做到"规划专家的国际化"。

(4)品牌化。从企业发展的角度,将会形成大的知名规划单位,形成垄断竞争。

(5)合作化。要形成地方机构之间的合作、政府部门之间的合作、政府和规划机构之间的合作、中外专家之间的合作等多种形式。

附　录

附录1：中国旅游企业跨国经营的问卷调查结论[①]

中国出境旅游市场发展迅速，2009年出境规模达到4766万人次，出境旅游花费达到420亿美元，首次超过了入境旅游收入。基于此，普遍都对中国旅游企业跨国经营抱以很高期望，但实际上到目前为止，中国旅游企业进行跨国经营的并不多，也不是很成功。有一些规模较大的国有旅游企业受制于体制和机制，而民营旅游企业则受限于实力，中国旅游企业在全球化格局中尚处弱势。

在缺乏我国旅游企业跨国经营样本的情况下，为深入了解中国旅游企业跨国经营存在的问题、潜在的优劣势、突破的发展方向等方面的情况，笔者专门设计了专家问卷，选取了来自具有典型代表意义的行政主管部门、科研院所和国务院发展研究中心、中国社科院、世界旅游组织、旅游咨询公司的专家进行了调研。调研考虑到调研对象的代表性，也充分考虑到了专家的分布，分别分布在北京、上海、浙江、广东等旅游企业基础比较好的省市，相信这些地区的专家对旅游企业跨国经营问题的关注和思考也相对较深入。下面主要基于对这些专家的调研，分析中国旅游企业跨国经营的问题。

1. 专家所就职单位

在被调查的29位专家中，接近一半的专家（48.28%）来自旅游院校，旅游行政主管部门和旅游科研院所的专家比重一致。24.24%的专家来自其他机构，包括世界旅游组织、旅游咨询公司、酒店、酒店管理公司及酒店培训与咨询公司。

[①] 国家社科基金项目"中国旅游企业跨国经营潜力评估与发展战略（11CJY084）"阶段性成果。

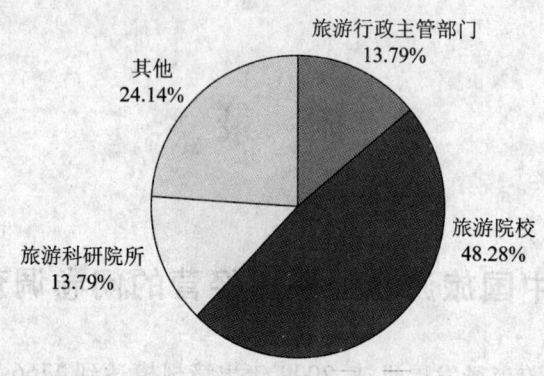

图1 就职单位

2. 我国具有跨国经营发展前景的领域

在跨国经营领域上,餐饮(34.48%)、中高档饭店(20.69%)、旅行社(17.24%)是专家最为看好的三个领域,其次为经济型饭店(13.79%)和旅游购物(6.9%)。

没有专家看好主题公园/游乐园。

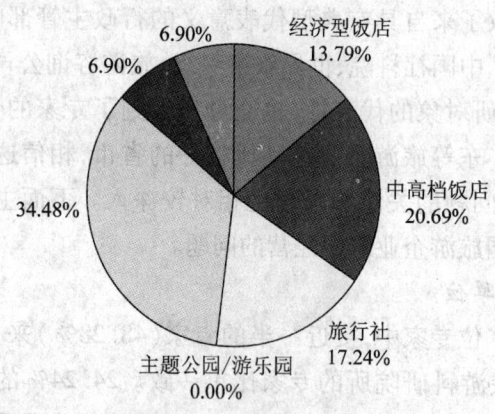

图2 发展前景领域判断

3. 我国旅游企业进行跨国经营的优势

综合专家的反馈,"非常了解中国出境消费者的品位和偏好"、"所提供的产品和服务的范围和种类"是我国旅游企业进行跨国经营的比较优势。其次为

"集团公司的商标形象和品牌声誉"、"广告和营销方法（或营销网络）"、"服务的创新速度和质量控制能力"、"培训体系以及员工的技能"和"公司治理能力/管理水平"。但是，对于优势的选择，专家的选择比较勉强，因为有将近13位专家在排序中选择了"跨国前其实没有明显优势"（见图3）。

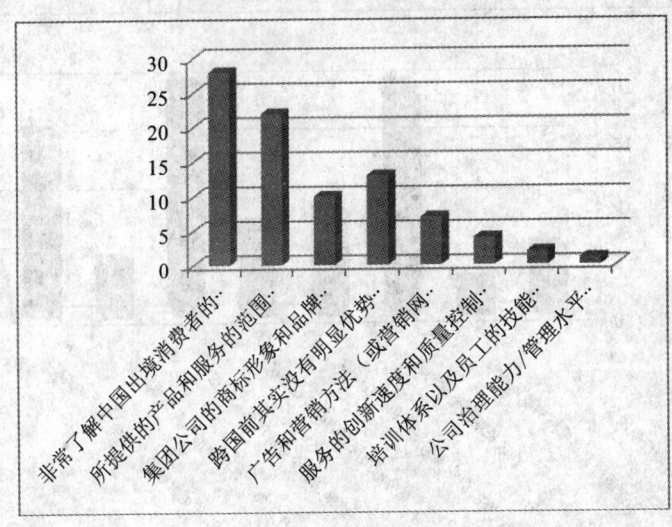

图3 跨国经营优势选择

在按重要性的排序中，"非常了解中国出境消费者的品位和偏好"得到了大部分专家的认可，72.41%的专家都在第一选择中选取了此项。

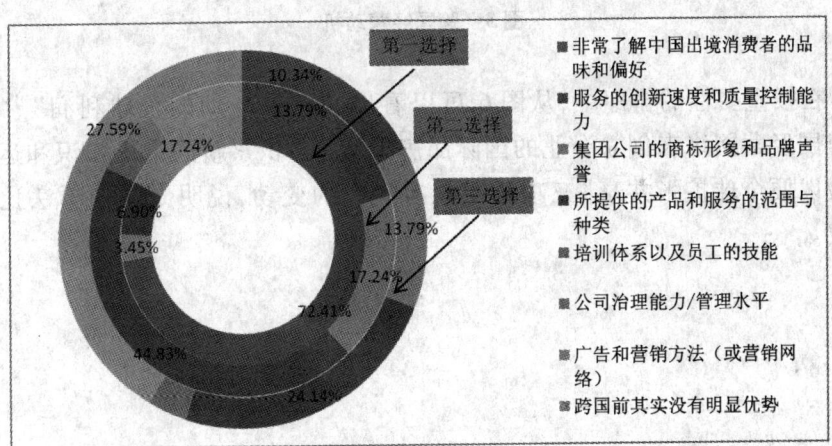

图4 跨国经营优势重要性比较

4. 企业进行跨国经营的动因

从图5可明显看出,专家认为企业进行跨国经营的动因主要是:"获取长期的全球利润"、"通过跨国经营网络来创立企业的国际品牌形象"、"积累新的市场知识和运营经验以便全球扩张共享"。

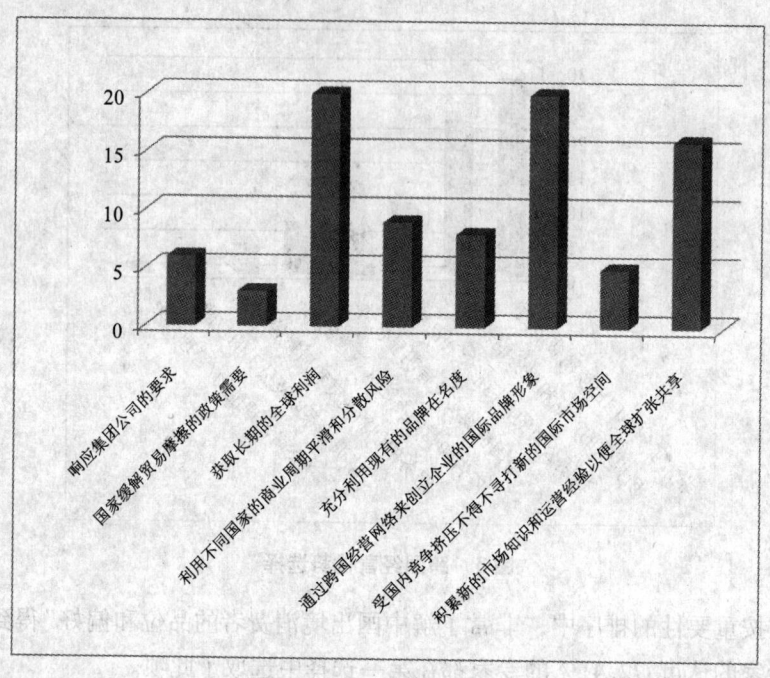

图5 跨国经营动机

在按重要性的排序中,从图6可以看出,"获取长期的全球利润"、"通过跨国经营网络来创立企业的国际品牌形象"、"积累新的市场知识和运营经验以便全球扩张共享"三项比重没有太大的变动,说明专家的看法比较一致。

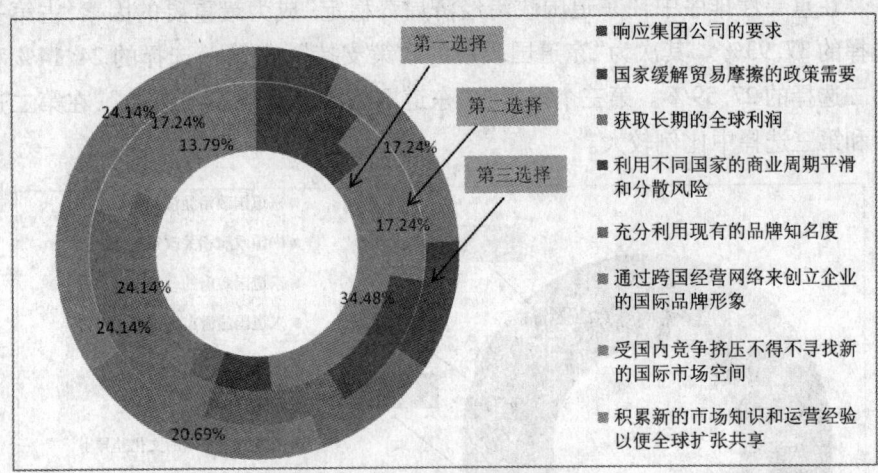

图6 跨国经营动机重要性比较

5. 企业跨国经营区位选择时应该考虑的因素

半数以上专家认为,企业跨国经营区位选择时应该考虑的因素主要是"东道国政府的政策支持"和"东道国政治经济局势稳定"。其次为"东道国旅游市场规模与潜力"和"东道国有独特的旅游资源"。由此可见,东道国的因素是企业跨国经营需要重点考虑的因素。

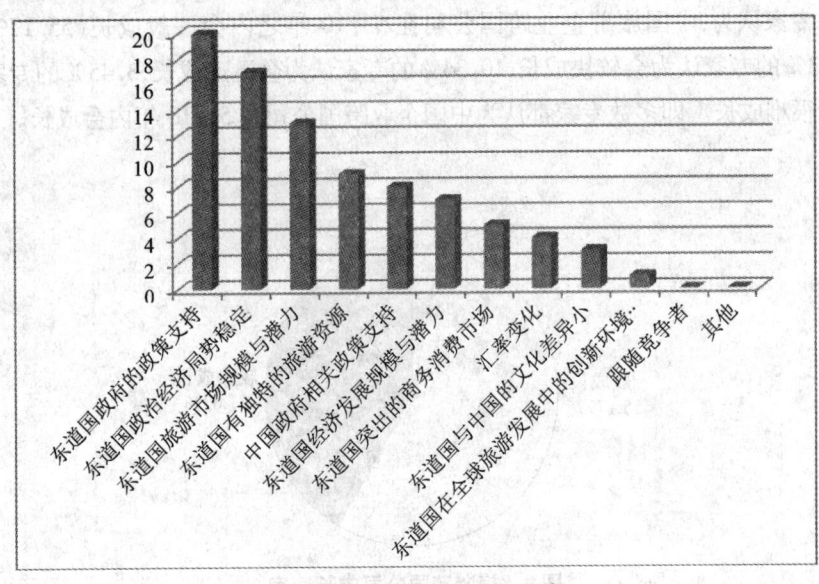

图7 跨国经营区位选择因素

在重要性排序中,"东道国政治经济局势稳定"成为最重要的因素,占第一选择的37.93%。其次为"东道国政府的政策支持",占第一选择的24.14%和第二选择的27.59%。第三个因素为"东道国旅游市场规模与潜力",在第二选择和第三选择中比例较大。

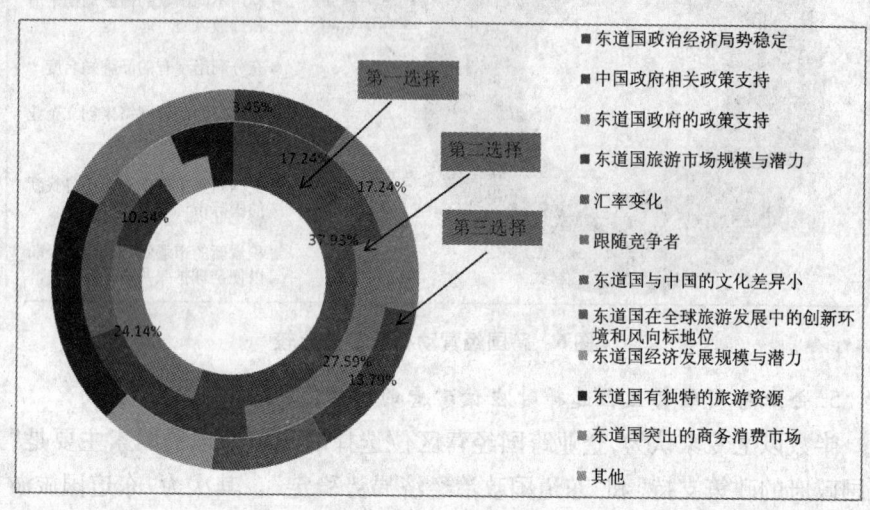

图8 跨国经营区位选择因素重要性比较

6. 中国旅游企业跨国公司5~10年内的发展判断

专家认为,中国旅游企业跨国公司在5~10年之内会一般成长(55.17%),31.03%的专家认为会较快成长,10.34%的专家认为会迅速成长,3.45%的专家认为会很难成长。即多数专家都认为中国企业跨国公司在5~10年内会成长。

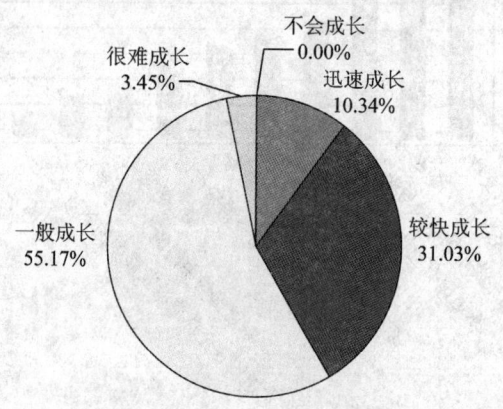

图9 旅游跨国公司成长速度

7. 中国旅游跨国经营优先考虑的大洲

半数以上的专家认为,中国旅游跨国经营应该首先在亚洲、欧洲、北美洲进行。

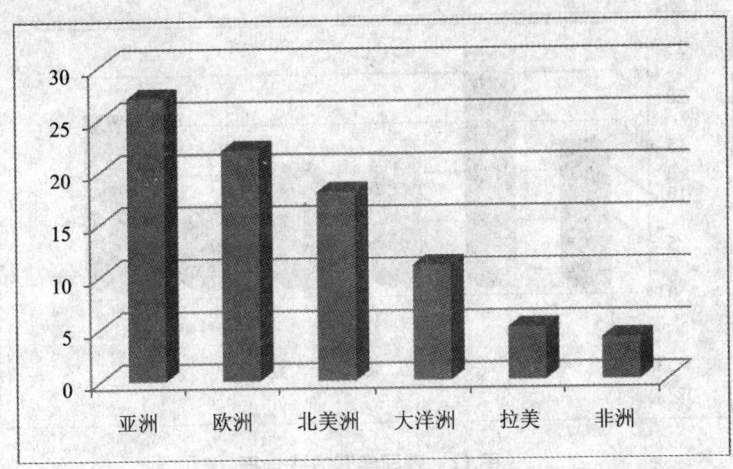

图10 跨国经营地域选择

在按重要性的排序中,"亚洲"是专家认为最可行的区域。79.31%的专家在第一选项中选择了亚洲。"欧洲"在第二选择中比较突出,占到37.93%。"北美洲"在第三选择中比例较高,占到41.38%。除此之外,大洋洲也在第二选择、第三选择中比较凸显。

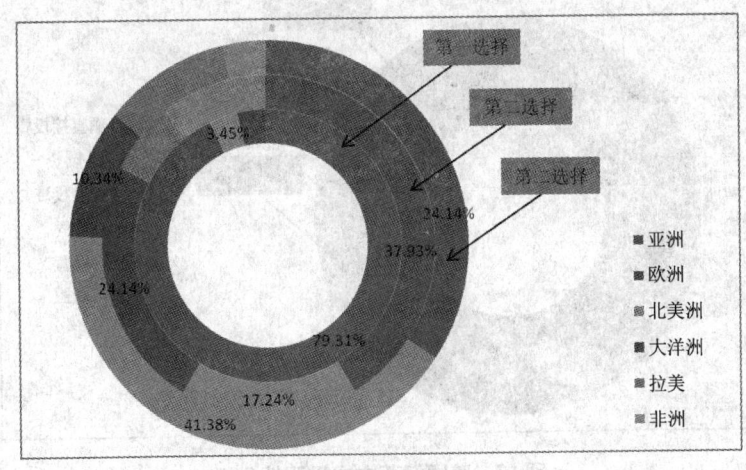

图11 跨国经营地域重要性分析

8. 中国跨国经营的方式选择

在跨国经营方式上,专家比较看好"控股投资"和"战略联盟",对其余方式的选择基本持平。

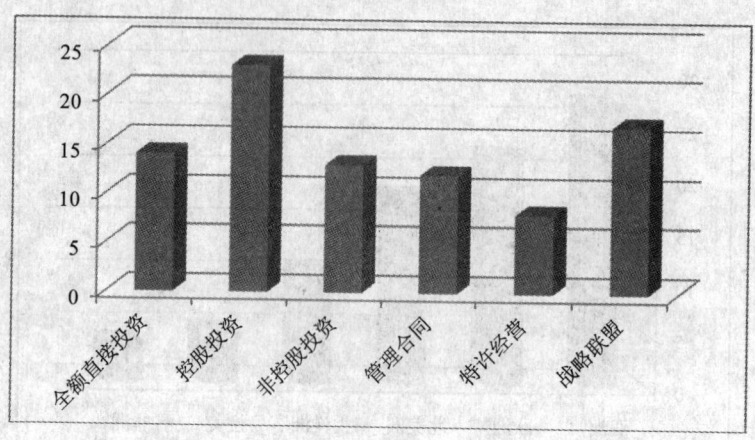

图12 跨国经营方式选择

在按重要性的排序中,"控股投资"的重要性最为突出,在第一选择中占到48.28%。"全额直接投资"和"非控股投资"在三个选择中所占比例基本持平。"战略联盟"主要在第三选择中。依重要性排序,"控股投资"、"非控股投资"、"全额直接投资"应该是最为重要的三种方式。

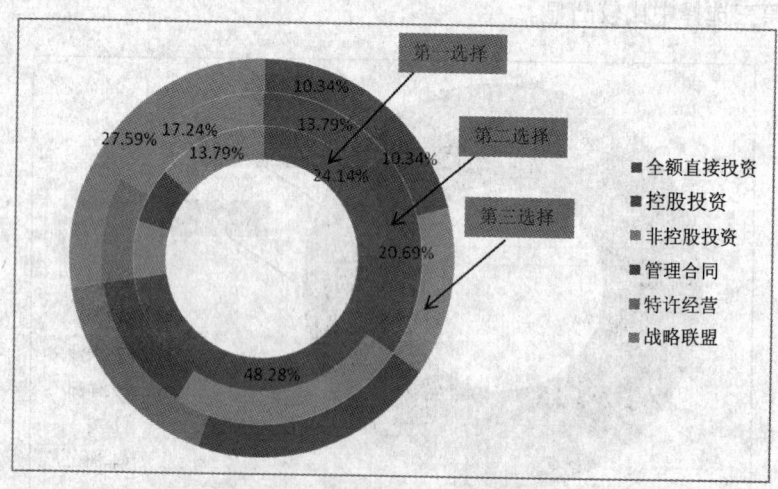

图13 跨国经营方式重要性分析

9. 未来我国跨国经营企业的第一目标市场

58.62%的专家认为,"中国大众出境市场"应是跨国经营企业的第一目标市场,其次为"东道国来华旅行市场"(17.24%)、东道国来华旅游市场(10.34%)、东道国非中国人旅游市场(6.9%)和东道国的母国商务(6.9%)。

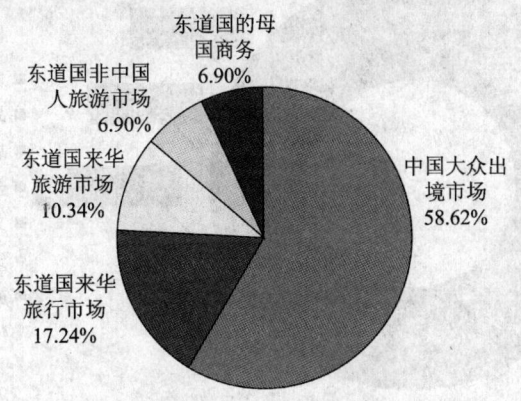

图14 跨国经营的第一目标市场

10. 中国最可能从国外在华旅游跨国公司学到的能力

专家认为,"品牌管理"、"质量控制"、"全球视野"是中国最可能从国外在华旅游跨国公司学到的能力。

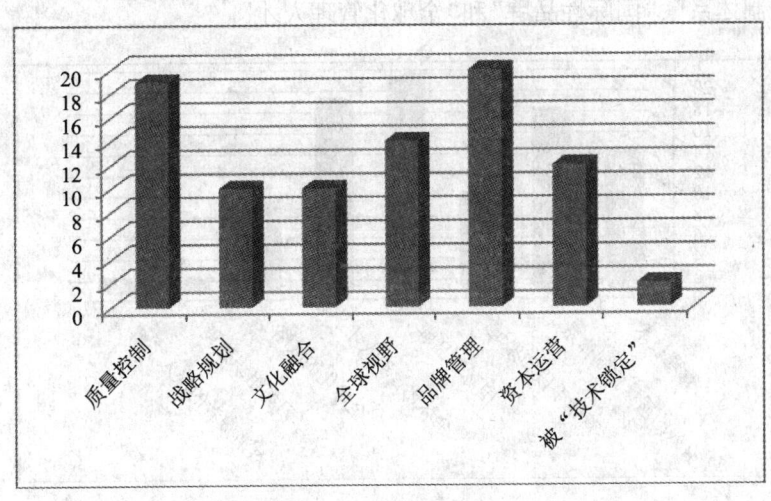

图15 中国最可能从在华跨国公司学习的能力

在按重要性的排序中,"质量控制"和"品牌管理"的重要性不相上下。"全球视野"其次,另外,"文化融合"和"资本运营"也在第二选择和第三选择中占据一定比例。

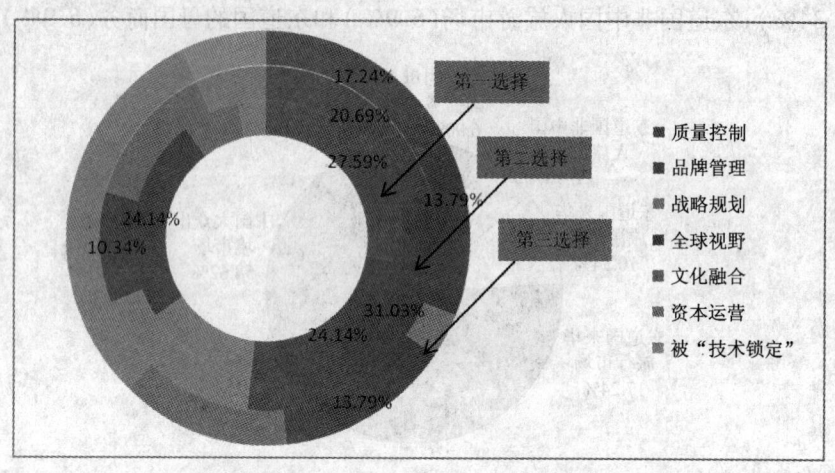

图16 中国最可能从在华跨国公司学习的能力

11. 中国旅游企业的差距

专家认为,中国旅游企业要成长为跨国公司的差距主要在于缺乏"有效的质量控制体系"、"国际性品牌"和"全球化管理人才"。

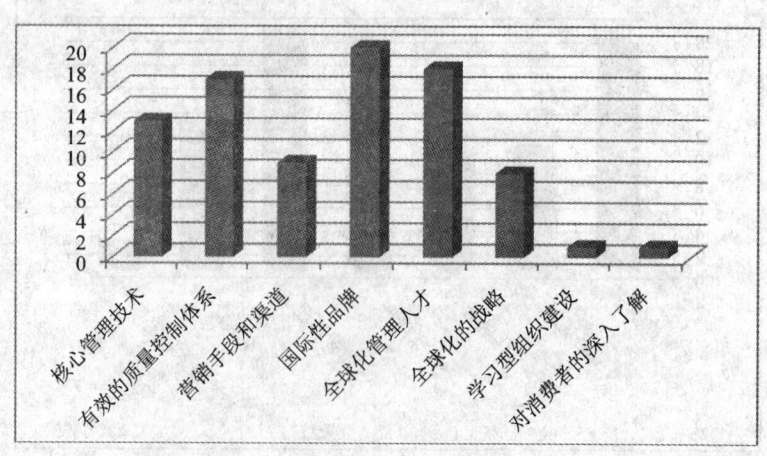

图17 中国与跨国公司主要差距

在按重要性的排序中,"国际性品牌"是专家认为我国企业的最大弱项,37.93%的专家在第一选择中选择了此项。其次为"全球化管理人才"、"有效的质量控制体系"和"核心管理技术"。

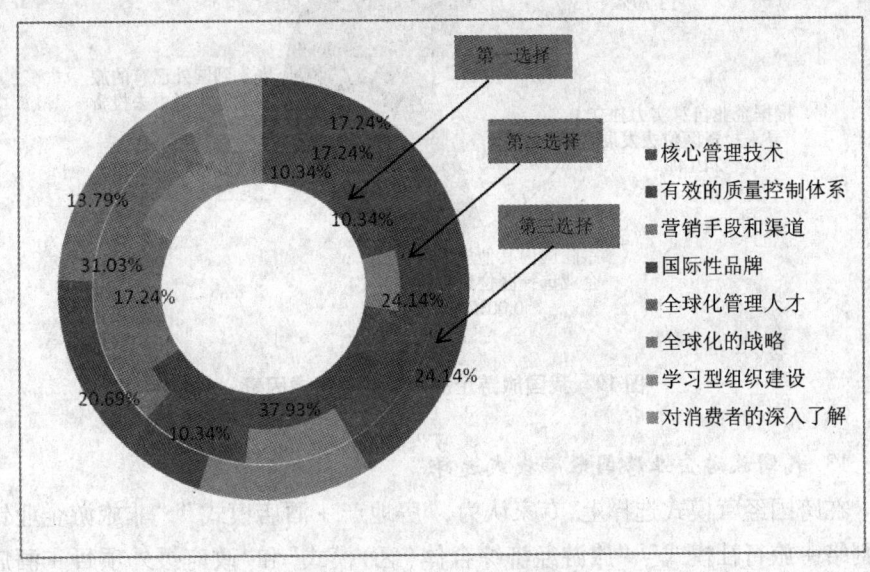

图18　中国与跨国公司主要差距重要性排序

12. 我国旅游企业跨国经营的现实选择

在与国外旅游跨国企业存在差距的情况下,41.38%的专家认为,我国旅游企业跨国经营应该考虑"嵌入到国外已有的旅游企业集群中去投资"。24.14%的专家认为,"根据企业自身实力独立寻求投资区位去发展"是值得考虑的方式。其次为,"联合我国其他旅游企业进行集群式对外投资"和"瞄准海外华人旅行社或饭店等资源进行投资或其他方式进行整合"。没有专家认为企业应"跟随国内其他旅游跨国企业选择区位进行投资"。

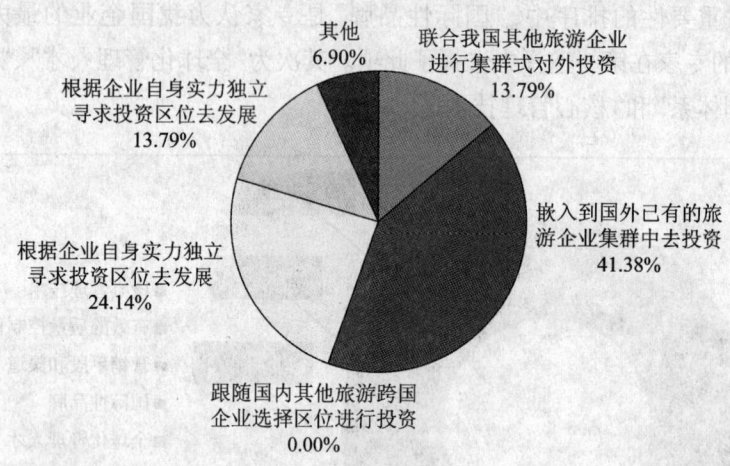

图19 我国旅游企业跨国经营考虑因素

13. 我国旅游企业跨国经营模式选择

在跨国经营模式选择上,专家认为,"房地产+酒店模式"、"非旅游企业销售网络+旅行社模式"、"旅游经济综合体(区)模式"和"政府援外项目+酒店管理模式"有可能运用到未来的跨国经营中。

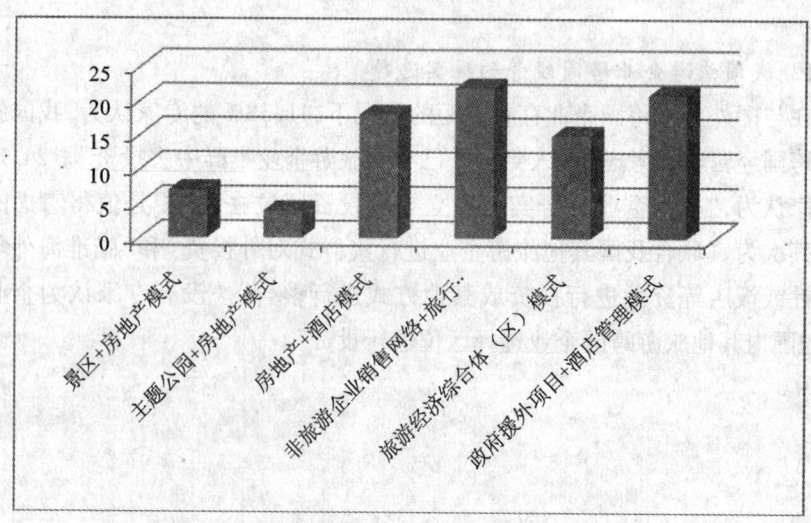

图20 跨国经营模式选择

在按重要性的排序中,"政府援外项目+酒店管理模式"是专家最看好的方式,51.72%的专家在第一选择中选了此项。其次为,"非旅游企业销售网络+旅行社模式"和"房地产+酒店模式"。"旅游经济综合体(区)模式"在第二选择和第三选择中也占据了一定的比例,而"主题公园+房地产模式"和"景区+房地产模式"并不被看好。

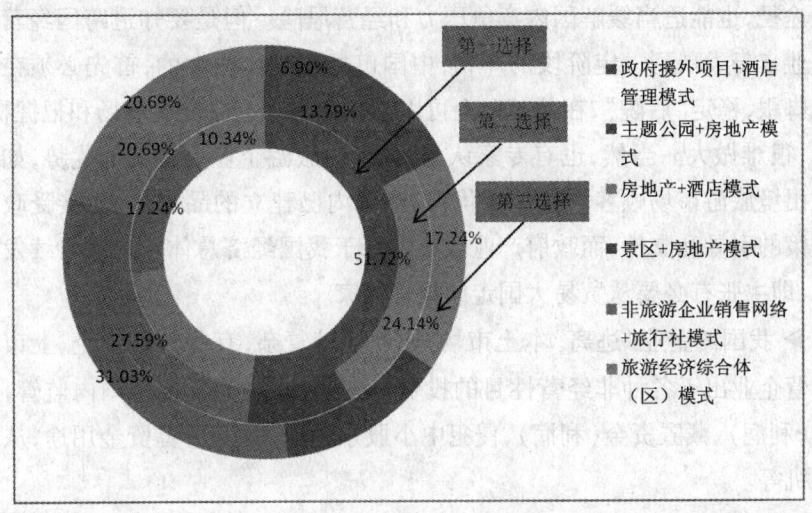

图21 跨国经营模式重要性分析

14. 对我国旅游企业跨国经营与国外企业到中国投资的看法

➤ 尽管出发点各不相同,但是多数人认为,中国旅游企业走出去是一种必然。有的专家从资本流动性上着眼,认为资本的特性就是流动性,只要政策不限制,只要跨国经营者的产品在异乡有市场、有利润(再如果利润较高),资本就会向该国家和地区流动,应该说资本是无孔不入的(比如,不少国家就允许开设赌场、色情场所等)。资本流动性大是好事,寻求全球认可反过来可以促进国内的发展。

➤ 有的专家则从旅游市场客源置换角度指出,外国公司来华"掘金"是一种"出击",我国旅游企业"逃离"也是一种"出击",目的都在于寻求"市场",哪里有市场便去哪里。外国饭店企业来华经营首先看重的是访华的国际游客这一市场,一是这一市场的规模和潜力,二是这一市场对其品牌产品的熟悉与忠诚。外国餐饮企业来华经营所看重的则是中国人这一巨大的消费市场。同理,我国饭店企业外出经营的市场机会在于国人出境规模的增长；餐饮企业的机会在于随着中国影响力的增长而促成的外国人对中餐美食的兴趣；旅行社的出击一是在于可从来华旅游的源头做起，二是随着国人出境游的增长而有可能带来的"地接"市场。

➢ 这种趋势是一种很正常的现象，它是某些大型企业获得继续发展的一条重要途径，也能适当缓解国内竞争压力和经营风险。但是要知道跨国经营必须是企业自身发展到一定阶段的产物，中国市场还是比较大的，首先必须在国内站稳脚跟，稳定"后院"，在此基础上可以尝试在国际上去发现市场和把握机会，否则，很难做大。当然，也有专家认为，我国的旅游企业有自己的优势，如了解我国出境旅游市场顾客消费需要优势、在国内已建立的品牌优势；接受政府产业政策的引导和支持，而政府产业政策则基于我国经济总体布局和持续发展的考虑，即主张有必要从贸易大国走向投资国家。

➢ 我国的企业"逃离"本土市场，原因比较复杂，有些大型国企、上市公司和民营企业出于各种非经营性目的投资海外，有的是为了逃避国内监管，转移资金(利润)、藏匿资金(利润)，侵犯中小股东利益，改变所募资金用途，从事国际投机等。

15. 中国企业跨国经营的问题

➢ 目前最大的问题是我国许多旅游企业尚缺乏跨国经营的意识和战略眼光，缺乏战略规划和执行战略规划的恒心，缺乏战略思路和全球化运作的人才，缺乏对全球扩张的路径、内涵的认识和领悟，不愿投入精力进行科学的市场调研。不入虎穴，焉得虎子，只要勇敢而聪明地走出去，中国人是能逐步做好的。

➢ 鉴于中国旅游企业整体素质较低、人才资源匮乏、战略追求模糊、管理模式落后的基本现实，一些人对中国旅游企业跨国经营的短期前景持悲观态度，并认为中国旅游企业应在国内多学习外国企业经营理念，多在竞争中提升自我，尽可能体验各种成长的烦恼，而不宜急于全球扩张。

➢ 我国旅游企业整体上缺乏核心竞争力，缺乏商业大智慧。在国内市场上，与跨国旅游企业竞争中经常处于劣势，想走出去会更加困难。可以考虑建立一些跨国经营能力或绩效的认证标准，对那些合这些认证标准的具有核心竞争力或绩效的企业跨国经营时，政府积极引导、给予奖励扶持。

➢ 中国企业跨国经营是必要的，但在跨国经营之前，中国企业一定要清楚自己跨国经营的优势是什么,是资本优势、品牌优势、营销网络优势、管理优势,还是其他,然后才能以此为核心,实现跨国经营。应该考虑借鸡生蛋,寻求合作,以自身优势与国外企业寻求优势互补,以快速占领市场。

➢ 中国的旅游或酒店集团应采取连锁酒店品牌收购或单体酒店收购的方式迅速出击,可以先用产权纽带占领战略要地(如:纽约、伦敦、东京、悉尼等国际大都市),再用品牌+产权纽带拓展华人聚集的地区,最后再用网络纽带串联以上地区和中国游客出访最多的地区。

附录2:高铁旅游商品开发与经营模式调研情况

一、调研基本情况

1. 西安铁路局

西安铁路局多经中心正在改组为陕西国铁投资发展集团。现有15000多名员工,注册资金11亿多,通过这次重组,要将214家法人单位整合到40家。

目前,以华山、临潼旅游人员为销售目标,在华山北站、渭南北站候车大厅规划设置商业经营区,面积各在一百平方米左右,经营模式为开放型,柜台为可移动型,旅游产品主要以陕西地方土特产品为主,并设立名烟名酒专柜以及中高档名优商品专柜。方案尚处报批阶段。

西安市旅游局指出,利用高铁这种产品、线路实施组合,共同向境外市场进行推广和推销,已经成为旅游局近年来的工作重点。希望利用高铁开发和设计出若干个产品,包括含景区、住宿、运输的打包产品。

已经与西部机场集团和东方航空公司郑州、洛阳机构开始进行利用高铁,充分发挥航空在旅游市场开发方面潜力的调研,航空方面希望能够与高铁更好合作互补。

将尽量扩大铁路部门尤其是郑西高铁市场化的成分,强化市场运营机制,更好地联合旅行社进行旅游市场的包装,通过旅行社的努力增加乘坐率。在旅游商品的进入、打造以及销路方面,需要旅游部门给予一定的帮助。

西安市旅游局向西安市政府申请在北客站设立旅游集散中心,交通部门和规划部门已经同意,集散中心的作用是方便旅客下了高铁和普通火车以后能直达景区。

2. 武汉铁路局

　　武汉铁路局的站车商业广告和旅游经营开发分别由武铁旅行服务公司和武铁旅游总公司负责,这两家公司都是路局多元经营投资集团下属的子公司。在多经中心的指导下,已经围绕高铁站车商业广告和旅游进行了针对性的经营开发。高铁开通前期,旅游公司按照铁路局的要求做了开通纪念册的发行工作,反响不错。纪念册主要以沿线风光图片、各个站的纪念车票为主要内容。虽已取得了一定的进展,但是由于介入的时间还比较短,对高铁市场的深入研究还不是十分充分,整个开发工作还显得比较单薄,缺乏开放性和较大的突破。

　　目前商业开发的重点在武汉站,但由于该站前期设计时没有考虑到商业开发需求,所以后续的工作难度比较大。经过相应改造,进展较为顺利。目前招商重点是引入品牌,参照的是空港模式。

　　武汉站与高铁传媒的协议是,站房以内是高铁传媒的广告区域,以外是武铁旅行服务公司区域。铁道红线以外是一块很大的区域,武汉站的面积有33.2万平方米,包括路桥下面,面积很大。停车场那面是武铁旅行服务公司的广告位,将近7万多平方米。

　　武汉铁路旅游总公司下属两个国际旅行社与八家酒店,还有三家疗养院和一个出租车队,除了没有旅游景点,可以说是比较完整的旅游企业。武汉局明确要求武铁旅游总公司开拓旅游市场,以旅游的客源来拉动高铁动车的客源。公司策划了一些产品,比如动车千里行一日江城游、广东双休一日游,推出了吸引广东高端客流的长龙野生动物园二日游,与湖南旅行社联手推出乘高铁游长韶二日游活动,与咸宁的温泉企业推出乘高铁泡温泉产品。

　　武汉铁路旅游总公司计划合资成立华运高铁旅游公司,打造高铁旅游的经营平台,专门策划高铁旅游的产品,面向华东、华北、华南高铁和动车组沿线的客源市场,把市场做大,带动整个高铁旅游的发展。这个平台的产品主要是三块,第一个做旅游专列,第二个做旅游高铁产品的研发和销售,第三个做旅游专线,就是和地方的旅行社进行合作,将自武汉出游的一些目的地市场做成铁路旅游的专项产品。目标是把这家公司打造成武汉市旅游的批发商,为武汉成为一个全国性的铁路旅游集散中心做准备。新公司成立后,希望在票源、在专列上给予更大的政策支持。

　　武汉市针对高铁旅游搞了十大主题旅游活动,分别以"春、夏、秋、冬"组成不同的旅游产品进行推介。

武汉市旅游局通过武汉铁路局在武汉、武昌和汉口三个站站口都设立了旅游咨询服务中心，其投资和建设全部都由政府出钱。

3. 上海铁路局

上海铁路局多经投资中心在3年前将旅游广告商业开发列为重点发展的8大产业支柱之一，旅游商品开发主要由上海铁路文化广告发展有限公司负责。从2010年4月1号开始，旅游营业收入是6207万元，日均进账88.9万元；纪念品从年初开始已经收入5468万元，计划在世博会结束前有1亿元的销售收入。到现在为止，已经系列开发了高铁新站、动车、桥梁及文化衫纪念品，如果加上引进的品种，旅游商品数量已经有100多种，主打的有数十种。有自己的核心设计团队，生产方式是协作企业加上优选外包。

旅游商品的销售分为团购和零售。团购的量很大。零售有三种方式，一个是公司直营店，其中包括世博会铁路馆内销售、铁道大厦内销售以及上海站和上海南站的直营店销售；另一种就是与各个区的多经公司合作，设立了14个相应的代销点；第三种就是上动车进行销售。

体会是，第一，领导非常重视旅游纪念品开发工作，这是取得成绩的重要前提；第二，高铁旅游纪念品开发的空间很大，以前没有想过会有这么大的空间；第三，平台的固化很重要。

今后的发展建议是：第一是整合资源，集中开发，建立南北纪念品开发基地；第二是建立统一的品牌；第三是规模布局；第四是用市场化的经营手段进行经营；第五，在车站上建立品牌销售点，真正走销量的是车上的销售；第六，高铁旅游纪念品要有相应的政策支持。

4. 北京铁路局

通过北京铁路局京津城际动车组销售旅游纪念商品的情况看，呈现以下特点：一是动车组属完全封闭类市场，有利于旅游商品的销售及宣传；二是日常乘客以商务流为主，品牌忠诚度高，消费比较理性，消费能力强；三是周末及节假日以旅游和商务流并存；四是常规旅客占乘客的50%，因此，为克服旅游商品老化速度加快，需要加快更新商品品种和种类的频率；五是乘车时间短（全程30分钟），对旅游商品的价格比较敏感，对价格较高的商品，较难促成购买决定，需要提高促销力度和建立激励机制；六是旅客品味比较高，对文化产品的需求比较旺盛，特别是比较看好具有铁路特色的纪念商品，如面向商务旅客的动车组模型、纪念币等,面向普通旅客的动车模型钥匙扣、铁路客站图片扑克牌等。从头一个月的销售情况看,文化用品和旅游商品的销售要好于食品的销售。据初步统计,周一至周四,每天平均销售收入一万元以上,周五至周日,每天平均销售收入在一万五千元以上。

二、调研反映出的问题

如上所述,铁路多经系统已经围绕高铁旅游商品开发和旅游发展做出了积极的、富有成效的探索。但是成绩不能掩盖问题,面对高铁发展带来的系统性机会,铁路多经还有很多问题需要解决。

1. 过于分散,没有形成合力

(1)旅游发展内生地要求网络化发展,铁路系统有着庞大的网络,但是广泛延伸的铁路网络并没有为其衍生的铁路旅游发挥最佳的平台作用。铁路系统的18个铁路局有18个旅游公司、18个广告公司,总体上仍处于各自为战的状态,运营水平有待进一步提高,运营效率有待进一步释放,整体运营构架有待重建。

(2)不应该一个局设立一个广告公司或者是旅游公司,而是应该构建总分结合的运营框架,既要有总部性质的旅游公司和广告公司,也要有区域性的旅游公司和广告公司。应该利用高铁网络,在各个旅行社之间形成组团、交团的资源共享机制。

2. 旅游商品已经起步,但总体上缺乏系统化

(1)铁路内部的旅游公司和广告公司已经做了很多的事情,但大多数都是局部的一个点而已,相互没有联系,没有协作。比如纪念品、高铁的模型等都是各搞各的。上海做的比较系统、比较系列,但也还只是整个铁路系统的一个点。

(2)对高铁购物的理解还主要停留在旅游纪念品的层面上,这远不能适应高铁发展后高铁购物发展的内在要求。当前那种主要围绕高铁自身特色来研究高铁旅游商品的思路,虽然能够促进高铁旅游商品的开发,但远远不能满足旅游业发展以及旅游购物发展的趋势性要求。

(3)上海世博会、广州亚运会、西安园博会都可以成为高铁纪念品的切入点,但是这些大型活动机遇过去之后的高铁旅游购物发展才是真正的难题,才是高铁购物发展的要害与重点。

(4)从普遍意义上看,铁路系统还没有围绕高铁发展进行高铁购物开发与经营的系统性思考和规划,而这是高铁快速发展所衍生的高铁购物、高铁旅游等能否成为未来多经系统重要的战略性赢利来源的决定性因素。

3. 高铁商品开发经营审批程序复杂

(1)商品开发要报部里审批,其中运输局管商品上车问题,宣传部则负责审核广告的图案、文字是否符合铁路部门宣传的要求,外事司负责审核商品的中英文,以确定有没有包含损害中国形象的地方、英文拼写是否正确等。

(2)审批是必要的,但希望有关部门进一步加以改进审批思路,促进企业发展,以应对瞬息万变的市场。可以考虑将审批制转变为备案制。

4. 高铁旅游问题

(1)高铁将极大地改变人们出游的模式以及游客获取旅游信息的模式,但是高铁并没有真正重视自身在旅游发展变化中所扮演的角色,没有真正重视高铁发展给自身带来的系统性机会,并没有针对高铁车站在地方旅游公共服务体系中的价值、高铁车站在旅游集散体系中的价值、高铁站域在旅游流趋势性改变中的经济价值而采取相应的对策。

(2)希望增加旅游专列的运力,提高车体的档次,提升服务水平和质量,使高铁服务有高铁的特色;尽量满足旅游高峰时期旅游团队的客票需求,解决长期困扰旅行社行业发展的瓶颈问题;建议铁路售票采用民航的售票模式;提供旅游团队的绿色通道以及大型团队的停车场,在站点建设的过程中考虑配建旅游咨询预订设施;如果高铁车站离城市中心较远,应完善交通接驳系统,利于旅客到达旅游景点。

(3)应有灵活的票价机制,实行淡旺季不同的价格,散客与团体的不同价格,根据市场实行浮动的价格机制。高铁高价不明智,保证客座量才是赢利关键,进行二次、三次消费才是问题的重点。

5. 高铁营销

(1)多经系统自身已经有一些广告投放,有些广告空间已经由高铁传媒运营,但总体而言,高铁营销的媒介价值还远没有得到充分发挥,在运用高铁媒体资源推动高铁旅游发展、密切高铁与地方旅游之间的合作上也远没有充分发挥出应有价值来。

(2)希望铁路部门能够在高铁列车上提供一些免费的场所让旅游管理部门摆放相应的城市宣传资料,提升高铁的服务功能,同时也希望相应的站点提供免费的公益旅游广告位。

（3）高铁营销思路和效率上还有很大空间,高铁车厢内营销空间以及车上视频媒体利用上也还存在值得改进的地方,对于如何解决高铁娱乐产品供给和视频媒体的广宣价值也还有待进一步研究。

6. 火车客票代售点功能待扩展

（1）随着网络售票等多种售票方式的出现,火车客票代售点需要提高综合服务功能,可以考虑与旅行社门市部功能的整合。西安市旅游局提出可以在这方面提供一些政策上的支持和突破。上海在3年内将把铁路票务代理点改成综合门店。

（2）有条件的火车客票售票点可以考虑转为高铁咨询的"节点",成为高铁购物"直营店"以销售高铁特色纪念品。

参考文献

1. 崔凤军.城市形象电视广告的营销效应研究(J).旅游学刊,2004(2).
2. 高静.旅游目的地网络营销利益相关者分析(J).桂林旅游高等专科学校学报,2004(6).
3. 高静.旅游目的地营销主体研究:多元化视角(J).北京第二外国语学院学报,2007(3).
4. 赵晓燕.旅游目的地营销中应关注的几个问题(J).北京联合大学学报(人文社科版),2008(1).
5. 刘丹萍.旅游者、摄影节(比赛)与目的地营销(J).旅游学刊,2004(4).
6. 何建民.奥运与旅游相互促进的功能及方式(J).旅游科学,2007(3).
7. 成伟光.大篷车促销:中国旅游市场营销创新的成功实践(J).旅游学刊,2002(6).
8. 金准.Web2.0和旅游目的地营销生态系统(J).旅游学刊,2006(7).
9. 巫宁.从社会信息形态变革看旅游营销(J).旅游学刊,2007(10).
10. 齐平书.基于卫星地图的目的地营销(J).旅游学刊,2008(4).
11. 刘绍华.浅议旅游目的地营销系统的区域整合功能(J).旅游学刊,2004(2).
12. 高静.国外旅游目的地营销研究综述(J).旅游学刊,2006(7).
13. 林艳,等.国内外旅游目的地营销研究比较及展望(J).旅游论坛,2010(1).
14. 张翠,等.国内旅游目的地营销研究综述及展望(J).安徽农业科学,2009(24).
15. 杭宇.旅游目的地的营销策略(J).商业经济,2010(22).
16. 王有成.旅游目的地营销系统的功能构成与评估(J).旅游科学,2009(1).

17. 高静. 目的地营销研究中几个迫切需要关注的问题(J). 旅游学刊,2009(4).

18. Chen H M, Tseng C H. The performance of marketing alliances between the tourism industry and credit card issuing banks in Taiwan[J]. Tourism Management, 2005,26: 15-24.

19. Cano V, Prentice R. Opportunities for endearment to place through electronic 'visiting': WWW homepages and the tourism promotion of Scotland[J]. Tourism Management,1998,19: 67-73.

20. Wang YC, Fesnmaier D R. Collaborative destination marketing: a case study of Elkhart county, Indiana[J]. Tourism Management,2007,28:863-875.

21. Buhalis D. Marketing the competitive destination of the future[J]. Tourism Management,2000,21: 97-116.

22. Doolin B, Burgess L, Cooper J. Evaluating the use of the Web for tourism marketing: a case study from New Zealand[J]. Tourism Management, 2002, 23: 557-561.

23. Wang Y, Yu Q, Fesenmaier D R. Defining the virtual tourist community, implications for tourism marketing[J]. Tourism Management, 2002, 23: 407-417.

24. 赵鹏,李享,刘磊. 旅行社与汽车俱乐部经营自驾车旅游的比较研究. 旅游学刊,2008(1):76-80.

25. 周剑锋. 发展我国自驾车旅游的思考. 商场现代化,2009(7):114-116.

26. 代俐. 中国自驾车旅游要有序发展. 学术论丛,2009(6):17-18.

27. 吴娲. 论中国自驾车旅游市场开发管理的问题与对策. 技术与市场,2007(3):80-82.

28. 杨丽. 我国自驾车旅游发展探讨. 现代商贸工业,2009(17):126-127.

29. 张薇. 旅行社开发自驾车旅游的必然性. 科技经济市场,2008(8):108-109.

30. 王永辉. 对我国汽车露营地运营相关问题的思考,四川师范大学硕士学位论文,2007.

31. 林福煌. 广西自驾车旅游营地建设研究,广西大学硕士学位论文,2008.

32. 张宪洪. 中国汽车营地旅游项目开发运作的理论、方法与实务,西北师范大学硕士学位论文,2003.

33. 贾衍菊. 城市中央游憩区旅游开发研究,山东大学硕士学位论文,2006.

34. 楼嘉军,史萍. 上海中央游憩区特征及发展对策研究. 旅游科学,2005(3).

35. 光炜. 北京什刹海准确定位中央游憩区,不再开新酒吧. 北京晚报,2003-09-28.

36. 李慧. 城市历史文化街区休闲旅游开发模式研究——以北京大栅栏为例. 北京第二外国语学院硕士学位论文,2009.

37. 李淑美. 基于居民休闲需求的北京城市休闲功能研究. 北京第二外国语学院硕士学位论文,2008.

38. 孟潇,管其尧,张玉芬. 城市居民休闲化趋势与商业休闲步行街区规划设计. 中小企业管理与科技. 2009(36).

责任编辑：孙延旭

图书在版编目(CIP)数据

旅游经济发展研究：转型中的新思考/厉新建著．—北京：旅游教育出版社，2012.9

ISBN 978-7-5637-2485-7

Ⅰ.①旅…　Ⅱ.①厉…　Ⅲ.①旅游经济—经济发展—研究　Ⅳ.①F590.3

中国版本图书馆 CIP 数据核字(2012)第 216148 号

旅游经济发展研究——转型中的新思考
厉新建　著

出版单位	旅游教育出版社
地　　址	北京市朝阳区定福庄南里1号
邮　　编	100024
发行电话	(010)65778403 65728372 65767462(传真)
本社网址	www.tepcb.com
E - mail	tepfx@163.com
印刷单位	北京科普瑞印刷有限公司
经销单位	新华书店
开　　本	787×960　1/16
印　　张	18.25
字　　数	247 千字
版　　次	2012 年 9 月第 1 版
印　　次	2012 年 9 月第 1 次印刷
定　　价	33.00 元

(图书如有装订差错请与发行部联系)